16	3	2	13
5	10	11	8
9	6	7	12
4	15	14	1

Universidade de São Paulo
Reitor: Prof. Dr. João Grandino Rodas
Vice-Reitor: Prof. Dr. Hélio Nogueira da Cruz

Faculdade de Filosofia, Letras e Ciências Humanas
Diretor: Prof. Dr. Sérgio França Adorno de Abreu
Vice-Diretor: Prof. Dr. João Roberto Gomes de Faria

Departamento de Letras Clássicas e Vernáculas
Chefe: Profa. Dra. Marli Quadros Leite
Suplente: Profa. Dra. Paula da Cunha Correa

Coordenação do Curso de Pós-Graduação em Literatura Brasileira
Coordenador: Prof. Dr. Vagner Camilo
Vice-Coordenador: Prof. Dr. Hélio de Seixas Guimarães

 Apoio: PROEX-CAPES

Luiz Roncari

BURITI DO BRASIL E DA GRÉCIA

Patriarcalismo e dionisismo
no sertão de Guimarães Rosa

Desenhos de Eduardo Haesbaert

editora■34

EDITORA 34

Editora 34 Ltda.
Rua Hungria, 592 Jardim Europa CEP 01455-000
São Paulo - SP Brasil Tel/Fax (11) 3811-6777 www.editora34.com.br

Copyright © Editora 34 Ltda., 2013
Buriti do Brasil e da Grécia © Luiz Roncari, 2013
Desenhos © Eduardo Haesbaert, 2013

A FOTOCÓPIA DE QUALQUER FOLHA DESTE LIVRO É ILEGAL E CONFIGURA UMA
APROPRIAÇÃO INDEVIDA DOS DIREITOS INTELECTUAIS E PATRIMONIAIS DO AUTOR.

Imagem da capa:
A partir de desenho de Eduardo Haesbaert,
Buriti, *2013, pastel seco s/ papel,* 22 x 15 cm

Capa, projeto gráfico e editoração eletrônica:
Bracher & Malta Produção Gráfica

Revisão:
Camila Boldrini

1ª Edição - 2013

CIP - Brasil. Catalogação-na-Fonte
(Sindicato Nacional dos Editores de Livros, RJ, Brasil)

Roncari, Luiz
R668b   Buriti do Brasil e da Grécia: patriarcalismo
e dionisismo no sertão de Guimarães Rosa /
Luiz Roncari; desenhos de Eduardo Haesbaert —
São Paulo: Editora 34, 2013 (1ª Edição).
240 p.

ISBN 978-85-7326-546-0

1. Literatura brasileira - Literatura e história.
2. Rosa, João Guimarães, 1908-1967. 3. Novela
brasileira moderna. I. Haesbaert, Eduardo.
II. Título.

CDD - 801

BURITI DO BRASIL E DA GRÉCIA
Patriarcalismo e dionisismo
no sertão de Guimarães Rosa

Histórico e agradecimentos	9
Introdução: A argúcia narrativa	15
1. A Grumixã e a sua larva	23
2. Iô Liodoro Maurício, o filho da mãe	41
3. Maria da Glória, a filha do pai	79
4. O Buriti-Grande e a ordem patriarcal	109
5. A bela da cidade e o touro do sertão	143
Epílogo: O Chefe Zequiel, o iluminado das trevas	193
Bibliografia citada	235
Sobre os desenhos	238
Sobre os autores	239

à

Denise...
Naomi...

como duas ondas do mar

Histórico e agradecimentos

Devo este trabalho primeiramente à bolsa de Produtividade em Pesquisa, do CNPq, e à de estágio pós-doutoral na Itália, da CAPES, sem as quais tudo teria sido muito mais difícil e demorado. O livro começou com a preparação de uma "Prova oral de erudição", que apresentei no concurso para provimento de cargo de Professor Titular, da área de Literatura Brasileira da USP, em novembro de 2007, a qual chamei de "Patriarcalismo e dionisismo no santuário do Buriti Bom". Desse modo, os primeiros a saberem de meu estudo da novela de Guimarães Rosa, "Buriti", e de como me ocupava dela, foram os membros da banca do concurso, os professores Alcides Celso de Oliveira Villaça, Antonio Arnoni Prado, Francisco Foot Hardman, José Antonio Alves Torrano e Wolfgang Leo Maar, a quem agradeço muito a participação e as sugestões dadas, que procurei acatar.

Depois, o desenvolvimento dessa aula se transformou num ensaio com o mesmo título, que publiquei na *Revista do Instituto de Estudos Brasileiros*, nº 46, de fevereiro de 2008; e num artigo para o livro *A poética migrante de Guimarães Rosa*, organizado pela professora e amiga Marli Fantini (Belo Horizonte, Editora da UFMG, 2008). Também no ano de 2008, a convite de Valquiria Wey, da Cátedra Extraordinaria João Guimarães Rosa, e da Facultad de Filosofía y Letras da Universidad Nacional Autónoma de México, UNAM, ministrei o curso "Patriarcalismo e dionisismo no santuário do Buriti Bom", de 12 a 14 de maio. E, em 3 de junho, dei uma palestra na Academia Brasileira de Letras sobre o mesmo assunto, o dionisismo na novela "Buriti", no 3º Ciclo de Conferências: "Centenário de nascimento de Guimarães Rosa".

O meu interesse pela novela junto com o estudo de outras obras do autor se estendeu e transformei-os num projeto de pós--doutorado, com o titulo de "Neoplatonismo e dionisismo na literatura de Guimarães Rosa — fontes iconográficas e bibliográficas", realizado na Itália, na Università degli Studi di Roma "La Sapienza", de junho de 2008 a fevereiro de 2009, com a bolsa da CAPES e com a assistência e colaboração generosa do professor Ettore Finazzi-Agrò, cujos apoios foram para mim inestimáveis. A convite dos professores Roberto Vecchi e Roberto Mulinacci, fiz uma exposição de meu projeto de pesquisa e trabalho, num seminário realizado na Università degli Studi di Bologna, onde pude discuti-lo com outros professores e alunos, em um dos encontros mais produtivos e agradáveis de meu estágio. Durante o período que estive fora, tive também uma grande ajuda de nossa coordenadora da pós-graduação, a professora Cilaine Alves Cunha, e do amigo e professor Benjamin Abdalla Júnior, além da direção da nossa faculdade, dos professores Gabriel Cohn e Sandra Nitrini, a quem sou muito grato.

No primeiro semestre de 2010, ministrei um curso de pós--gradução, na USP, inteiramente apoiado nos capítulos do livro que escrevia e que chamei de "Os demônios do Amor e da Mercadoria no reino do Buriti Bom". Agradeço muito aos alunos que tiveram a paciência de acompanhar e discutir comigo muitos pontos que não havia ainda resolvido e outros que não sei se um dia resolverei. Em dezembro do mesmo ano, durante o XXVII Seminário Brasileiro de Crítica Literária da PUC do Rio Grande do Sul, a convite da professora Maria Eunice Moreira, ministrei um curso de extensão sobre os temas do dionisismo e patriarcalismo na novela "Buriti", no qual pude expor e discutir um resumo de meu trabalho com alunos de pós-graduação vindos de diferentes partes do país. Esse curso foi uma das experiências mais agradáveis e produtivas que tive, como nova oportunidade de rever o meu trabalho. No mesmo seminário, apresentei um estudo sobre as ideias nietzschianas que teriam fundamentado formal e tematicamente essa novela-pastoral: "Nietzsche, Walter Benjamin, Guimarães Rosa: uma ideia de história". De modo que este livro, depois de passar por tantas etapas e revisões, é ainda um pedido de socorro aos leitores, para ver se me ajudam a enfrentar outros tantos problemas suscitados pela obra, a qual, como poucas, fala do *amor* e da *beleza*. Sei bem que, para o seu entendimento, só dei os primeiros passos.

E, por fim, mas não o menos importante: na tarde amena de 6 de dezembro, num bar de Porto Alegre, propus ao meu amigo artista plástico Eduardo Haesbaert uma parceria nesta empreitada, e deixei a seu cuidado o trabalho de tradução em desenhos do material iconográfico, principalmente fotos, que levantei durante minha estada na Europa. Essa foi, sem dúvida, a decisão mais acertada e fecunda que tive ao longo do trabalho.

era uma cantiga que culpava, de nosso sofrer-de-amor, a doidice da pomba-rola e os espinhos da laranjeira velha.

("Buriti", Rosa, 1960, p. 465)

une epopée à la gloire du dieu Pan.
Pour lecteur très avertis.

(*Les Nuits du Sertao*, La Libre "Belgique", 24/1/1963)

Quando da concepção do deus, o terrestre foi tocado pelo brilho do céu divino. Mas, nesta união do celeste com o terrestre que se exprime no mito do duplo nascimento, o peso das dores da vida humana não é suprimido, mas mantido numa contradição aguda com a majestade sobre-humana. Aquele que nasceu assim não é somente o deus exultante e portador da alegria, ele é o deus sofredor e mortal, o deus da contradição trágica. E a violência interna dessa dupla essência é tão grande que ele aparece entre os homens como uma tempestade, os abala e doma as suas resistências com o chicote da loucura. Toda a ordem habitual deve ser transtornada. A existência torna-se subitamente bêbeda — bêbeda de felicidade, mas não menos de terror.

(Walter F. Otto, *Dionysos: le mythe et le culte*, 1969)

Introdução

A argúcia narrativa

Como as duas outras novelas de *Corpo de baile* anteriormente estudadas por mim, "A estória de Lélio e Lina" (Roncari, 2004) e "Lão-dalalão (Dão-lalalão)" (Roncari, 2007), "Buriti" também foi construída a partir de alguns desdobramentos narrativos. Já a própria natureza do foco é complexa, quer dizer, nunca ele é inteiramente objetivo, com o campo de visão do narrador amplo e o seu ponto de vista descolado da perspectiva do herói ou de alguma outra personagem escolhida; porém, ele também nunca é completamente subjetivo, de tal forma que não deixe passar nada ao leitor além do que é percebido pelo protagonista, ficando restrito à sua versão dos fatos e limitado pelos seus juízos e interesses. Isto significa que a narrativa, através do uso sistemático do estilo indireto livre,[1] requer do leitor uma atenção e argúcia equivalentes àquelas que a arquitetaram. Como o narrador se desloca e narra a partir

---

[1] Isto foi logo notado pela recepção francesa, quando da publicação da novela no país, com o título de *Les Nuits du Sertao*, em 1963. No Brasil, embora de modo um tanto impreciso, por confundir o autor com o narrador, Altair Malacarne observou a importância do fato e escreveu uma crítica chamando a atenção para o emprego do "discurso indireto livre" pelo autor: "Baixando o escritor no personagem — artista de dedos ligeiros a comandar marionetes — passa a falar em uníssono com o mesmo, estabelecendo com ele um profundo elo psíquico, fazendo representar seu pensamento (do autor), suas emoções, mas dando oportunidade, obrigando-o mesmo a exprimir-se em termos de seu cunho linguístico, quebrando assim a barreira que os separava. No diálogo ou no monólogo, o personagem está ao lado do narrador, atuando e atualizando-o" (*A Gazeta*, Vitória do Espírito Santo, 30/5/1966).

da proximidade de pontos de vista de diferentes personagens, o leitor tem que estar atento para saber sopesar o que há de relativo naquilo que aparenta ser um fato e o que há de significativo e verdade onde tudo parece mentira e ilusão. Desse modo, não são apenas os pontos de vista narrativos que mudam ao longo da história; muda também a dose de verdade e confiabilidade de cada um deles. Dependendo do foco, a narrativa pode ser mais ou menos confiável, à medida que varia também a capacidade de visão e juízo da personagem à qual se vincula ou dela apenas se aproxima. Como nada é narrado a partir de um ponto de vista inteiramente objetivo, nada também é inteiramente subjetivo e revela apenas interesse e estreiteza de visão, de modo que o leitor não tenha dela nenhuma dose de verdade a extrair. Tudo o que é contado e o relato das diferentes visões contribuem, ainda que desigualmente, para compor a complexidade do narrado. E o que temos, é um resultado quase milagroso da química do autor, perito em fundir distintos pontos de vista na sua narrativa. A melhor caracterização que achei para esse narrador é a de um sujeito proteiforme e muito móvel, capaz de se deslocar e se amoldar, quase a confundir-se com a visão do outro, mas sem nunca perder por inteiro a autonomia ou se esquecer da missão outorgada a ele pelo autor: parecer invisível e deixar pistas interpretativas sempre desafiantes ao leitor, que podem salvá-lo ou perdê-lo.

Toda a primeira parte da novela "Buriti" é composta praticamente pelas lembranças de Miguel, de tal modo que nos parece ser ele o protagonista da história. Ele a compõe misturando as informações e versões iniciais que recebeu de nhô Gualberto Gaspar sobre o lugar e as pessoas do Buriti Bom com o que ele próprio pôde observar diretamente, quando lá esteve pela primeira vez, há mais ou menos um ano: "Dos de lá, desde ano, nunca tivera notícia" (Rosa, 1960, p. 389). Essas rememorações são feitas quando da chegada à região pela segunda vez e ao longo do caminho de volta ao Buriti Bom. Logo ficamos sabendo que Miguel é o menino Miguilim, da primeira estória de *Corpo de baile*, "Campo Geral", mas agora já homem-feito. Isto, nós reconhecemos quando ele repete a ênfase usada para afirmar a lonjura do sítio onde ele havia nascido e crescido. Foi quando, nessas suas lembranças, Glória lhe perguntou se ele era do sertão, na abertura ainda da novela, e ele lhe respondeu que o seu lugar de origem ficava "No meio dos Gerais, longe, longe" (*Ibid.*, p. 391). Era assim que abria "Campo Geral": "Um certo Miguilim morava com sua mãe, seu pai e seus irmãos, *longe, longe* daqui [...] no Mutum" (*Ibid.*, p. 7, grifo meu). Com a identificação de Miguel como o menino Miguilim, toda a simpatia que o leitor já havia sentido por ele — caso tenha lido *Corpo de baile* desde a primeira novela —, pelos seus afetos maternos, pelas suas dores e perdas, ele a transfere para o Miguel, homem-feito, que parece, de início, retornar como o protagonista também da nova estória. Na verdade, como veremos, ele será só uma promessa, para o leitor, e o esperado, como o mensageiro que viria livrar Glorinha de seus demônios internos e externos, para os moradores do Buriti Bom. É assim que ele é aguardado, como o anjo salvador de Glorinha, que, por sua vez, a ajudará a encontrar o seu destino, com o casamento e a recomposição familiar; de modo que ele só será uma presença-ausência, que chegará ao paraíso do Buriti Bom depois que tudo já tiver se passado e a estória acabado. Ou estará recomeçando e o que nos conta *Corpo de baile* é uma nova versão, na história, do mito do eterno retorno?[2]

---

[2] Como esse mito tem sido muito usado para a leitura da história do Brasil, em nome da dialética, acho útil ter sempre em vista estes dois comentários de Walter Benjamin sobre ele, com os quais concordo inteiramente: "A essência do acontecimento mítico é o retorno. Nele está inscrita, como figura secreta, a inutilidade gravada na testa de alguns heróis dos infernos (Tântalo, Sísifo ou as Danaides). Retomando o pensamento do eterno retorno no século XIX, Nietzsche assume o papel daquele em quem se consuma de novo a fatalidade mítica. (A eternidade das penas infernais talvez tenha privado a ideia antiga do eterno retorno de sua ponta mais terrível. A eternidade de um ciclo sideral é substituída pela eternidade dos sofrimentos)"./ "A crença no progresso, em sua infinita perfectibilidade — uma tarefa infinita da moral —, e a representação do eterno retorno são complementares. São as antinomias indissolúveis a partir das quais deve ser desenvolvido *o conceito dialético do tempo histórico*. Diante disso, a ideia do eterno retorno aparece como o 'racionalismo raso', que a crença no progresso tem a má fama de representar,

A presença efetiva de Miguel no início da novela só se dá, portanto, como uma promessa. O seu percurso até a fazenda do Buriti Bom, passando por diferentes etapas, apenas serve para nos fornecer, a partir de suas lembranças e de alguns diálogos travados com nhô Gualberto Gaspar e sua mulher, Dona-Dona, *uma primeira visão do lugar e de seus habitantes*. Somente quando estamos bem adiantados na leitura é que ficamos sabendo que nos foi dado de tudo uma visão muito parcial e, de certo modo, nublada pela natureza angélica de Miguel, fundada na ingenuidade e no amor. Essa imagem que ele nos dá se mistura com a que lhe passa nhô Gualberto Gaspar, que não é menos apaixonada que a dele. As duas são resultantes de visões obnubiladas pelas paixões, porém, de qualidades muito diferentes: uma, elevada, fruto do amor de Miguel por Glorinha; e outra, baixa, resultante dos sentimentos instintivos de nhô Gualberto Gaspar também por ela. Desse modo, as primeiras representações do Buriti Bom, do Buriti-Grande, de iô Liodoro, Lalinha, Glorinha, Maria Behú, do Chefe Zequiel, enfim, dos principais elementos da estória, devem ser apreciadas com muito cuidado. Elas, em boa parte, serão contrariadas por uma outra visão, esta bem mais confiável, embora fornecida por uma personagem de quem desconfiamos desde o início, pela forma como é apresentada e os signos usados para identificá-la. Essa personagem é Lalinha, e o primeiro retrato que nos é dado dela, logo no início, é o de uma mulher linda, mas toda inventada, quase uma boneca, cheia de ornatos, estranha ao lugar, tipo da cidade grande, maquiada e artificiosa:

> "Dona Lalinha é uma linda mulher, tão moça, como é possível que o marido a tenha abandonado? Nela não se descobre tristeza, nem sombra de infelicidade. Parece uma noiva, à espera do noivo. Vê-se, é pessoa fina, criada e nascida em cidade maior, imagem de princesa. Cidade: é para se fazerem princesas. Sua feição

sendo que esta crença pertence à maneira de pensar mítica tanto quanto a representação do eterno retorno" (Benjamin, 2006, p. 159, grifo meu).

Pã e Eros

— os sapatinhos, o vestido, as mãos, as unhas esmaltadas de carmesim, o perfume, o penteado. Tudo inesperado, tão absurdo, a gente não crê estar enxergando. Isto, aqui nas brenhas, na boca dos Gerais. Esta fazenda do Buriti Bom tem um enfeite. Dona Lalinha não é de verdade. No primeiro dia, pensei que ela não tivesse o juízo normal, e por ser louca a deixavam assim. Será que os roceiros de perto não vão dando notícia de ali haver aquela diferente criatura, e o caso não corre distâncias, no sertão? Uns devem de vir, com desculpa qualquer, mas só para a ela assistir, no real, tomarem a certeza de que não é uma invenção formada. Não entendem. Se, em desprevenido, ela surgisse, a pé, numa volta de estrada ou à borda de um mato, os capiaus que a avistassem faziam enorme espanto, se ajoelhavam, sem voz, porque ao milagre não se grita, diante. Sobre o delicado, o vivo do rosto, tão claro, os lindos pés, a cintura que com as duas mãos se abarca, a boca marcada de vermelho forte." (*Ibid.*, p. 390)

Qual leitor de uma estória sertaneja iria acreditar na versão de alguém assim apresentado pelo narrador? Porém, o que torna a versão de Lalinha mais confiável é o fato de sua visão ser a de alguém de fora, que é e vem da cidade. Miguel vinha também de fora e da cidade, mas mantinha ainda profundos vínculos formativos e sentimentais com o sertão.

Assim, se nós nos simpatizamos desde o início com Miguel e, por isso, tendemos a confiar nele, o mesmo não ocorre com Lalinha. Os sinais que nos são passados dela, de mulher abandonada pelo marido, cujas razões não sabemos, além disso, urbana, artificiosa, capaz de usar a beleza, o luxo e os requintes para aumentar o seu poder de sedução sobre as pessoas, só nos levam a desconfiar de seus intuitos e do que nos conta. Na parte mais substancial da novela propriamente dita, quase tudo o que nos é dado passa por ela, por seu campo de visão e pela sua forma de perceber, compreender e julgar os fatos. Porém, isto não quer dizer que as visões apaixonadas de Miguel e nhô Gualberto Gaspar sejam em tudo mentirosas e a percepção mais crítica de Lalinha em tudo verdadeira. As duas perspectivas nos fornecem tanto elementos distintos, como alguns comuns, sendo uns concordantes e outros discordantes, os quais deveremos usar com o máximo discernimento para compormos a nossa própria visão e interpretação dos fatos: *é este o novo papel do leitor na literatura de Guimarães Rosa, o qual se aproxima em alguns aspectos do de Machado de Assis.*[3] De certo modo, a verdade possível do relato só se realiza de fato na cabeça do leitor, é ela o espaço onde se aglutinam e articulam os diversos fios, fragmentos e versões que compõem o todo. Para cumprir esse novo papel, o autor pede um leitor, além de muito desperto, ativo, para não dizer desconfiado e arguto. Ele deve ter uma atuação fundamental na remontagem da novela a partir desses dados sempre parciais e limitados, quando não enigmáticos, que atuam como armadilhas simbólicas desafiando a sua argúcia e o seu conhecimento. A estratégia é a do autor culto, que usa de toda a sua capacidade de artifício e destreza para compor, com uma linguagem opaca e intencionalmente abstrusa, uma teia de figuras enigmáticas, só acessíveis nos seus significados a um leitor capaz de mobilizar um repertório cultural equivalente. Este é um dos mais difíceis desafios do autor, de exigir para a sua leitura crítica o domínio de suas fontes, que são amplas, variadas, inusuais e que vão muito além das literárias.

Aqui, as duas partes narrativas não representam visões equivalentes, elas têm pesos de verdade diferentes; por isso, a segunda é privilegiada e Lalinha é eleita não só como a verdadeira protagonista, mas também o foco-crítico da novela, a partir do qual os fatos poderão ser melhor percebidos e a estória narrada também ser melhor elucidada. É ela que nos permite ver — pelo seu campo de visão mais amplo e uma forma mais realista e humana de con-

---

[3] Ver os meus estudos sobre o autor, em especial "Ficção e História: o espelho transparente de Machado de Assis" e "Dom Casmurro e os retratos dos pais", em Roncari, 2007.

Introdução: A argúcia narrativa

ceber a vida e o amor, principalmente como fatos integrativos de corpo e espírito —, e, a partir do que vislumbra e de sua ação, poderemos decifrar e interpretar as imagens e os sinais do embate entre a civilização e o sertão, a cultura urbana e os costumes tradicionais roceiros (*natureza*, como *o dado* a ser modificado), no Buriti Bom, sob a égide do Buriti Grande.

1.

A Grumixã e a sua larva

José Gualberto Gaspar de Lemos era o nome completo do vizinho de iô Liodoro, que ele próprio considerava "muito comprido" (*Ibid.*, p. 411). Tudo o que ele era nos é dado logo nos inícios da novela, pelas recordações de Miguel, de quando havia estado pela primeira vez na Grumixã com dois caçadores. Nhô Gualberto se aproveitara dele para vacinar o seu gado e, à primeira vista, parecia ser um sertanejo lento e econômico, como a visão estereotipada que se tinha do mineiro, "nele encontrava a maneira módica do povo dos Gerais". No entanto, Miguel irá verificar que na verdade ele era um homem inteiramente prático, voltado só para o trabalho, sem se dar o direito a nenhum prazer, e visava estritamente à acumulação, "aforrava", e pouco se perguntava pelo sentido do que fazia: "Não podia mais esbarrar para refletir, para tomar uma ideia da vida que levava". É em meio às reminiscências líricas do sertão e de sua infância naquele espaço ainda vivo em seu interior, do tempo do Mutum, agora acordadas pela imagem do fazendeiro, parecido com os homens de sua antiga convivência, que Miguel nos dá de nhô Gualberto uma imagem muito realista e contrastante com as recordações:

> "A se começar, então, nhô Gualberto convidava. Ali reunira a novilhama, quantidade de reses, para as vacinas. E tinha mole pressa. Nhô Gualberto Gaspar parecia ser um homem preguiçoso — e que por isso assustava, quando se via sem fazer coisa nenhuma. A única maneira de cumprir o trabalho era tê-lo como coisa lerda e contínua, mansa, sem começo nem fim, as mãos

sempre sujas de massa. Acolá, o zebu pintado bufou enquanto vinha caminhando, levantava o focinho e anchava repetido os peitos, fizesse um desafogo de cansaço. Nhô Gualberto também tirara de Deus o desejo de viver solto e admirar as outras coisas. Mas, curvado com a vida, desde cedo, a vida tinha de ser labuta. — 'O fazendeiro vive e trabalha, e, quando morre, ainda deixa serviço por fazer!...' Alto se queixava, com orgulho, mas orgulho já cediço, safado no habitual. Sempre que o trabalho dele, sorna, rendia bem. Nhô Gualberto quase não despendia para seu prazer. *Aforrava*. Temia gastar; menos o próprio dinheiro, que a paz do tempo, o ramerro, os recantos do espírito. Não sabia sair daquilo, desperdiçar-se um pouco. Mas adiava. O céu é um adiamento? Nhô Gualberto não podia mais esbarrar para refletir, para tomar uma ideia da vida que levava. Andava para um diante. Assim fazendo assim, podia pegar momentos de descanso, que, por curtos e sem pico de gozo, praziam não dando remorsos. Aí, às vezes quando sobrevinha um parar na obrigação — por ver, quando chovesse forte e ele tivesse de se resguardar num rancho e esperar estiar — sacava fumo e faca, arrumava um cigarro, folgando mansinho e espiando o afirmar do tempo, numa doçura atôa; mas, entre isso, atentava, volta em quando, e se dizia, sem precisão nenhuma, algum projeto de serviço, ilo ou aquilo, a consciência se beneficiava. O outro zebu, o preto, descuidando suas vacas, se lambia e coçava na cerca as partes com bernes. — 'Homem, gente, vergonha: carece de se laçar esse trem e tratar...' — nhô Gualberto proferia." (*Ibid.*, p. 400, grifo meu)

Essa primeira apresentação de nhô Gualberto, apesar de encoberta por uma aparência de sertanejo molenga, na verdade resume perfeitamente a sua *ética do trabalho*, típica do capitalismo: o esforço eminentemente prático, utilitário, mas cego, sem nunca se deter para pensar ou perguntar pelo sentido menos imediato da ação; a visão e o uso econômico do tempo, sem espaço para nenhum lazer; e a sua finalidade última, a acumulação, o verdadeiro sentido do esforço do sujeito, "aforrava". O único projeto que tinha era o "projeto de serviço", que realizava quando era obrigado a parar, como quando chovia forte, para não desperdiçar o seu tempo.

Nhô Gualberto era o dono da Grumixã e, aparentemente, amigo e aliado do pai de Glória; eles se tratavam por "compadres". Porém, se o observarmos com cuidado, veremos que tanto ele como a sua fazenda em tudo contrastavam com iô Liodoro e o Buriti Bom, como se representassem universos distintos e travassem entre si um combate surdo, no qual um negava o outro. Já o próprio nome da fazenda é significativo, Grumixã. Segundo Antônio Houaiss, citando Antenor Nascentes, grumixá vem do tupi, *curubixá*, que quer dizer casulo, "lugar da larva" (Houaiss, 2001, p. 895). Roquette Pinto arrola a *curub* entre as larvas provocadoras de manifestações mórbidas, como as dermatoses: "o *pian*, a *curub*, a *pinhã*, a *munga*, as *pereb*, as *xerodermias* (ictioses), as *leishmanioses*, etc" (Pinto, 1935, p. 182). Nela vivia um casal infecundo e infeliz, em parte por não ter filhos, mas sobretudo pelo fato de a mulher de nhô Gualberto, Dona-Dona, se apresentar como extensão e, ao mesmo tempo, negação do marido. Ela, muito realisticamente, o reduzia a uma deformação de seu nome, que, de Gualberto, passava a "Gulaberto", e aprofundava mais ainda o sentido da redução ao sintetizá-lo no apelido de "Gula". O que correspondia inteiramente a sua natureza mais intrínseca: a da acumulação. Ela não só o reduzia na nominação explícita e realista, como também o negava, na aparência e no ser. Dona-Dona o contradizia em suas apreciações sobre as pessoas e as coisas, ela encarnava um espírito passivo, que se opunha à materialidade ativa dele, e também se situava num tempo oposto, definindo-se, assim, de tal modo que o embate entre ambos dificilmente poderia produzir uma síntese, um filho, um resultado. Antes, o que ocorria era uma anulação mútua: a mulher se consumia nos seus dilaceramentos e contradições e o marido na sua ação carente de sentido mais mediato, pois ela não se fundava nem na continuidade do

A Grumixã e a sua larva

tronco familiar — não tinham filhos —, nem na promessa de um futuro melhor do que *o dado*. Ao contrário, a "gula" de acumulação tendia fortemente a se acentuar e transformar-se em voracidade. A análise da forma e do significado da presença de Dona-Dona na novela nos servirá principalmente para nos revelar quem era nhô Gualberto Gaspar: a larva que vinha da Grumixã e ameaçava o Buriti Bom, pressentida pelo Chefe Zequiel:

"— 'Oé, vô, gente... Em cidade, sempre não ouvi dizer que o que tem é muita regateirice, falta-de-pudor? Digo sem ofensa...' — cruzou Dona-Dona, a mulher de nhô Gualberto Gaspar. Dando que falara aquilo em longo, com roceira doçura; mas começado de arranco, num modo destoante do seu, comum, que era assim um ar de arrependimento de viver.

Dona-Dona não aparecera, enquanto os dois caçadores tinham estado na Grumixã. Só se dera a ver na hora do almoço. Bem antes, porém, da cozinha e do terreiro, se ouvia sua voz, ralhando com os filhos da cozinheira. Eram voz e zanga que começavam com ímpeto maldoso, mas que terminavam quase suaves, numa prudência. A cozinheira preta tinha uma porção de filhos pequenos. Dona-Dona xingava sempre; porém, logo em seguir, se dirigia à própria cozinheira, em tom de gracejo, denunciando e explicando as artes dos meninos, como se os elogiasse. A voz da cozinheira não se ouvia.

Dona-Dona, quando aparecia, não escondia sua infelicidade. Ela mesma era roxa, escura, quase preta, dessa cor que semelha sujeira em pele. Com um desajeitado pano à cabeça, ocultava seus cabelos, o encarapinhar-se. Desparelhava de ser mulher de nhô Gualberto — parecia uma criada. Perto de pessoas de fora, teria ela raiva de nhô Gualberto? Então, quase nunca olhava para ele. Não se sentava, parava no meio da sala, extravagantemente desatenta, às vezes, mas sempre respondendo ou empatando a conversa, quando bem lhe avoava. Dona-Dona queria mostrar que não era uma criada. Nhô Gualberto, mais paciente, ora com um sorriso, não a contradizia. — 'Gulaberto conta para o senhor. Ele sabe...' — ela retrucava, a perguntas sobre o pessoal do Buriti Bom. Não no 'Gulaberto', mas no 'ele sabe', soava mofa ou sarcasmo. Era custoso aceitar-se que Dona-Dona algum dia tivesse acordado o desejo ou o amor de nhô Gaspar, que os dois tivessem tido uma noite. Dona-Dona precisava da maior bondade do próximo, não era imaginável entre as belas grandes árvores, num jardim da banda do oriente, num lugar de agrado. Era preciso olhar e vê-la não assim, mas como devia ter sido, ou como num mais que futuro pudesse vir a ser. — 'Comadre Maria Behú...' — ela dizia. Explicava: combinação delas. Tivesse tido um filho, Maria Behú seria a madrinha. Falava quase com tristeza, mas uma tristeza despeitada, como se o maior mal de não ter filhos fosse a impossibilidade de escolher compadres e comadres, de verdade. E nhô Gualberto menos dizia. Mas Dona-Dona acrescentou: — 'Gulaberto embirra com ela. Gulaberto tem enjoo das melhores pessoas...'

Dona-Dona recebia visitas, de mulheres de campeiros ou trabalhadores de enxada, ou de capiaus vizinhos mais longe. Outra se expandia, no meio delas, que todo respeito lhe davam. Dizia: — 'Quando minhas comadres, filhas de compadre iô Liodoro, vierem me ver...' Depois, uma hora, quando uma daquelas mulheres, mais velha, já se despedira e ia já distante uns passos, Dona-Dona se debruçava à janela, e gritava: — 'Siá Cota! Cê espera! Cê vai no *meeu* cavalo!...' Queria bramar avisando o mundo todo de que ela era senhora de posses, casada com um fazendeiro, e que tinha, dela, dela, só, um cavalo, ótimo de silhão, que ela era senhora de emprestar, a quem bem lhe tentasse. Miguel ouvia, tinha remorso de ter pena.

A Grumixã e a sua larva

Apaziguava falar das coisas, e não das pessoas. Ou das pessoas voltadas para fora da roda, exemplo aquele Chefe Zequiel, homem que chamava os segredos todos da noite para dentro de seus ouvidos. Mas nhô Gualberto carecia de tudo reduzir a um consabido peguento e trivial, feito barro de pátio. Nhô Gualberto explicava.

— Um bobo, que deu em doido, para divulgar os fantasmas... Ao acho, por mim, será doença. Mal o senhor sabe? Cada raça de bicho tem seu confim de ouvir, com isso já crescem acostumados. A gente, também. Cachorro, ouve demais. Por causa, eles dão notícia de muito espanto, que não se saiba. Eles uivam. Cachorro que às vezes dá de uivar, até secar a voz para sempre, vira fica mudo. O Chefe, por erro de ser, escuta o que para ouvido de gente não é, por via disso cresceu nele um estupor de medo, não dorme, fica o tempo aberto, às vãs... Daí deu em dizer que está sempre esperando...

— Oé, vô: só se espera o demo, uai!

— A ver. O demo tem seu silêncio. O Chefe espera é nada. O pobre! Até é trabalhador, se bem, se bem. Derradeiramente, é que faz pouco, porque carece de recompor seu sono, de dia...

— Há-de que aprendeu com iô Liodoro, que também de dia com sol quente é que se-dorme...

— Desdiga, mulher. Compadre iô Liodoro não dorme — sesteia. Hora, meia hora, ou o que nem a isso chega, duvidado... Menhã ou depois, o senhor verá ver, quando lá vamos..." (*Ibid.*, pp. 405-6)

O trecho é longo, mas condensa e resume o núcleo tenso e dramático da Grumixã, composto por dois polos que se anulavam mutuamente e não produziam uma síntese. Dona-Dona se esforçava para ser boa, mas o seu primeiro impulso era mau: "Eram voz e zanga que começavam com ímpeto maldoso, mas que terminavam quase suaves, numa prudência"; visivelmente por ressentimento e inveja da prole da "cozinheira preta". Ela vivia em pleno desacordo consigo mesma: por um lado, queria esconder o que era, negra ou mulata escura, e parecer o que não era; e, por outro, queria ser o que era, senhora dona, como enfatizava o seu nome, e não o que parecia: "Com um desajeitado pano à cabeça, ocultava seus cabelos, o encarapinhar-se. Desparelhava de ser mulher de nhô Gualberto — parecia uma criada". Essas contorções internas e externas nos ajudam a entender os seus momentos de ferocidade, nem sempre contidos, diante dos quais nhô Gualberto procurava se mostrar paciente. Porém ela não dissimulava a imagem grotesca que tinha dele e o chamava de "Gulaberto", "Gula". Talvez isto se desse pela sua falta de beleza e ele não a procurar para o amor: "que os dois tivessem tido uma noite". Fato que também a tornava inimaginável vivendo no paraíso do Buriti Bom, aquele ninho de amores eróticos e transgressivos, que era a cobiça e o desejo do marido: "não era imaginável entre as belas grandes árvores, *num jardim da banda do oriente*, num lugar de agrado". Desse modo, se nhô Gualberto era um presente e um fato acabado, uma força atuante na sua materialidade, ela não era nada, era um vazio no tempo, não tinha presente, só um provável passado ou um futuro mais-que-perfeito improvável: "Era preciso olhar e vê-la não assim, mas como *devia ter sido*, ou como num *mais que futuro pudesse vir a se*r". Portanto, na horizontalidade dos tempos eles se opunham: ela era um vazio de presente, a que não era, e cuja única saída seria a de se voltar a um hipotético passado ou a um "mais que futuro pudesse vir a ser"; e ele era só um presente, que se afirmava e cobiçava o que via como um futuro já embutido no presente, que era o de atravessar a cerca entre as fazendas e penetrar no Buriti Bom, chegar às entranhas daquilo que o repelia. Além disso, nhô Gualberto e Dona-Dona também puxavam para direções opostas no plano da verticalidade social. Enquanto, como veremos, ele buscava a ascensão para ocupar o lugar dos que se posicionavam acima dele, ela procurava se afirmar sobranceira sobre os de baixo, os pobres do lugar: contava prosa a eles, mostrava que tinha bons cavalos e "Queria bramar avisando o mundo todo de que ela era senhora de posses, casada com um fazendeiro". Essas oposições (e, até certo ponto, também

A Grumixã e a sua larva

complementaridades) internas e externas do casal se acentuavam mais ainda quando se tratava da consideração das pessoas, como as de Maria Behú e do Chefe Zequiel. As suas avaliações das duas personagens são inteiramente opostas, o que nos permite ver o quanto são parciais também, ambas dominadas pelo compadrio e tudo o que isso compreendia na vida social brasileira: para Dona-Dona, pior do que não ter filhos era não poder escolher os padrinhos e as madrinhas, "como se o maior mal de não ter filhos fosse a impossibilidade de escolher compadres e comadres". E, quando Dona-Dona diz que o Chefe Zequiel aprendeu com iô Liodoro a dormir de dia, o marido defende o fazendeiro com um eufemismo, dizendo: "— Desdiga, mulher. *Compadre* iô Liodoro não dorme — sesteia". Ao serem as considerações das pessoas mediadas por esse tipo de afinidades e laços pessoais e não por valores mais abstratos e universais, sem dizer dos dilaceramentos internos e psicológicos de cada um, elas têm que ser vistas com todo o cuidado. E, no nosso caso, o que temos entre nhô Gualberto e Dona-Dona não é uma oposição entre negativo e positivo, mas entre duas negatividades. O que não quer dizer que tudo o que dizem seja descartável, como, por exemplo, com relação ao Chefe Zequiel: "homem que chamava os segredos todos da noite para dentro de seus ouvidos". Por isso, nhô Gualberto, que não gostava dele e o considerava um doido e doente, e, como veremos, tinha razões fundas para se antipatizar com ele, o comparava a um cachorro, "por erro de ser". De fato, o Chefe Zequiel tinha os ouvidos sensíveis como o faro de um cão, que, na verdade, metaforizava a sua intuição profunda das pessoas e dos processos gerais *das coisas* ou criaturas, de modo que não eram tão despropositadas como pensava nhô Gualberto. Por sua parte, Dona-Dona exclamava que o que ele prenunciava era o demo e, também como veremos, tinha muito de verdade o que ela dizia: "— Oé, vô: só se espera o demo, uai!".

Como disse acima, o perfil de Dona-Dona nos permite compreender nhô Gualberto externamente, na sua relação com a mulher, mas apenas a sua compreensão interna, do lugar onde se forjavam as motivações de suas ações, é que nos dará a verdadeira

O tempo e o drama

dimensão da ameaça que representava para o Buriti Bom e as pessoas do lugar. Isto em parte já começamos a ver, quando analisamos o seu primeiro retrato, composto pelas lembranças de Miguel. A visão interna de nhô Gualberto Gaspar, daquilo que se passava nos seus impulsos e pensamentos — não tão contraditórios e dilacerados como os de Dona-Dona, maus a princípio, mas que eram corrigidos e terminavam em ações boas —, será completada por ele próprio, como numa confissão, ou pelo narrador mais objetivo, com uma capacidade de visão impossível ao homem comum ou ao próprio Miguel. E é isto que acontece, quando a narrativa ganha distância de uma perspectiva particular e dá ao leitor mais do que ele poderia saber pela boca ou visão de uma das personagens. Ao longo da novela, a apreciação de nhô Gualberto transcrita a seguir nos será sempre confirmada pelas suas ações, o que comprova a sua veracidade:

> "José Gualberto montava a cavalo habitualmente às sete da manhã, à porta de casa, e, tem-tem que rumando para oeste e tocando a reto e certo, chegava entre dez e dez-e-meia à beira do rio.
>
> Mas desse tempo tirava seu proveito. Primeiro, o solto de se ter sozinho, fora do doméstico e da pessoa da mulher, senhor de pensar em negócios. Basculando e tenteando com a mão e calcanhares o fio de entendimento com o animal, repetia cálculos, perto de demorados, em que entravam arrobas de boi, alqueires de pasto, prazos de engorda, e a substância final, o dinheiro. No atravessar o cerrado, pela mais sem festa das estradas, muito raro surgiam interrupções. Feito no terreno alto e tabulado, assim mesmo o caminho se carcomia entre barrancos, com falsas subidas e descidas, por via do estrago dos carros-de-bois. A sela rangia em insistência regular, de um lado, do outro lado, e as correntinhas do freio tilintavam, a cara do cavalo explicando o andar, de uma banda, da outra banda. Mês de chuvas emendadas, ainda em hora de sol o dia era fresco. Xerém, o seu ca-

chorro pintado, acompanhava José Gualberto. Isto, se saiba, tinha sido tempos antes.

Depois, um encontro qualquer fornecia duas ou três respostas, que medidas daí, até ao bagaço, rendiam ideias e informações. Se o filho de um Inácio campeava, teriam adquirido boiada, na Sucupira, haviam de querer alugar pastagens dos limitantes. Manuel Pedro podia encomendar ao rapaz que soubesse o preço de um revólver. O menino com as latas de leite, que passava sonolento, na égua, no serigote sem estribos, coçando a sola do pé na barriga da égua, acordava um instante e saudava, daí ia, por uma vez, sacolejantes. Na descida para o corguinho, da outra viagem, ele nhô Gualberto tinha avistado uma mutamba, grossa e quase sem rugas, que oferecia casca para embira ótima, fácil como corda; valera a pena apear e entalhar meia dúzia dessas." (*Ibid.*, pp. 407-8)

O trecho tem em vista o mesmo objetivo: mostrar como, sozinho, nhô Gualberto Gaspar tirava a sua satisfação de poder concentrar-se todo no interesse que o levava à acumulação, o que realizava de fato a sua natureza, explicitada pelo apelido, "Gula". Tanto o seu pensamento como as suas ações eram numéricos, conduzidos pelo cálculo econômico e pelas motivações utilitárias, em outros termos, se definiam essencialmente pelas finalidades capitalistas. A sua ótica era a da apreciação quantitativa; qualquer fato mais comezinho poderia se transformar para ele em números, mercadorias e dinheiro, o que o opunha frontalmente ao compadre iô Liodoro, que, tal qual o seo Sencler, proprietário do Pinhém, em "A estória de Lélio e Lina", vivia para o amor, como veremos. O que temos no contraste entre iô Liodoro e nhô Gualberto é a representação, no plano literário, da oposição entre a ética da velha camada senhorial brasileira e a da nova burguesia emergente, melhor trabalhada e personificada em Paulo Honório, no romance de Graciliano Ramos, *São Bernardo*. Só que aqui, é ele o protagonista e Ribeiro, o grande proprietário decadente e representante da velha aristocracia rural, o equivalente ao iô Liodoro, é só uma personagem secundária. De modo que se encena em "Buriti" o mesmo tema que atravessa boa parte do chamado romance de 30 e 40 do século passado.

Era essa também a motivação que norteava nhô Gualberto no trato com a mulher, Dona-Dona, ao considerá-la como uma sua posse, "parte de seus pastos", que não deveria ser tocada pelo outro. O que fazia com que estabelecessem entre si uma relação de desconfianças e ciúmes, que os consumia numa agonia como a dos brutos, homens e bichos, algo muito próximo do que se passava entre Paulo Honório e Madalena em *São Bernardo*. Porém, como não é essa relação que está no foco da novela, ela não terá o mesmo desenvolvimento que teve no romance:

> "Nhô Gualberto, se montado adormecesse, o cavalo o carregava a mesmo, tão bem o caminho conhecido. Mas o animal o sabia acordado, e *Gulaberto* não dormia, era moço, na força real da idade, e com bom sangue, para em viagem não cochilar, seu corpo pedia muita comida, seus membros serviam para ação e esbravejo. Apenas, quase nada lhe faltava. Sua mulher, Dona-Dona, fora bonita, para o seu escasso gosto. Agora, estava em feiosa, sem os encantos do tempo. Anos antes, ela não deixava a *Gulaberto* nenhuma sensível tranquilidade. Ciúmes ele também curtira, mesmo sem nenhuma razão, pois Dona-Dona era séria baseada; mas ele não podia constituir que outro homem observasse a mocidade dela, que só ao marido competia. A vai: era como se desplantassem do lugar uma cerca, para roubar parte de seus pastos, como se os ciganos montassem para longe em seu cavalo de sela, se um gambá sangrasse as galinhas de seu poleiro. *Gulaberto* a vigiava, escondia-a em casa, gostaria que ela amojasse, sensata, de muitos filhos, por se precaver. Agora, a bem, esta vida!" (*Ibid.*, p. 415, grifos meus)

Este trecho, no início, é feito por um narrador distante, pois só um assim poderia saber dos fatos da vida íntima e das inquietações internas do fazendeiro. Por isso começa chamando-o pelo próprio nome "nhô Gualberto". Porém, logo a seguir, passa a chamá-lo de "Gulaberto", como fazia a sua mulher, o que revela o seu deslocamento e aproximação do ponto de vista dela, e por três vezes, num curto espaço, repete a deformação do nome usada por ela. Isso tem em vista enfatizar o motivo mesmo do excerto, isto é, nos mostrar o tipo de amor que ele tinha por ela: o amor de posse, em oposição ao verdadeiro amor, desinteressado.[4] Dona-Dona é para ele um bem como outros, mais a ser possuído egoisticamente do que fruído, "o seu escasso gosto", ela valia como uma posse para a satisfação de sua "gula", feito a comida, "seu corpo pedia muita comida". Deste modo, ele a comparava aos seus pastos, "como se desplantassem do lugar uma cerca, para roubar parte de seus pastos"; ao seu cavalo, "como se os ciganos montassem para longe em seu cavalo de sela"; e às suas galinhas, "se um gambá sangrasse as galinhas de seu poleiro". Ela fazia parte de seus bens e de suas propriedades e era com esse zelo que a tinha, a vigiava e a escondia, e parece que nem mesmo a usava para a sua gula, pois não tinham filhos e nos foi dito lá acima, "que os dois tivessem tido uma noite", mas gostaria que ela se consumisse ordenhada pelos filhos, "amojasse", não para o bem e gosto da prole, mas como se a garantia da posse passasse pelo seu esgotamento e sua ruína.

No embate velado entre nhô Gualberto e iô Liodoro, tudo indicava que seria o primeiro o vencedor, pelo menos era para isso que apontavam as tendências e os cenários: de que nhô Gualberto ascendia, num processo de ganho e acumulação, e o compadre do Buriti Bom descendia, num movimento de perda de propriedades;

---

[4] Este é o tema que Guimarães desenvolveu no conto "Sarapalha", onde contrapôs o tipo de amor do primo Ribeiro ao do primo Argemiro pela mesma prima, Luísa.

A Grumixã e a sua larva

este continuava rico, porém menos do que tinha sido o pai e menos ainda do que o avô. Esse quadro é assim dado pelo dono da Grumixã a Miguel, e recordado por este:

"Nhô Gualberto Gaspar não tinha mais de quarenta anos [enquanto iô Liodoro já estava nos cinquenta]. Sem ser perguntado, comunicava isso, com redondo entono, ou por se dar de vivido aguerrido ou para depor que ainda muito antes da velhice estava. Mas, como em tudo e por tudo, ele de si mesmo se prazia, satisfeito santo. — 'Nasci aqui, assisto aqui. Desde, desde. Consolo que tenho: é que, se a rico não vim, também mais pobre não sou, semelhante do que foi meu pai. Remediamos...' Raro nhô Gualberto tirava o chapéu, e mostrava então a cabeça toda raspada. Informava que isso de tosar-lhe o cabelo era tarefa de Dona-Dona. — 'Entenda o senhor: iô Liodoro possui um município de alqueires, terras válidas de primeira; mas o pai de iô Liodoro teve mais do que ele, e mais ainda teve o avô... Eu, cá não deixo filhos. A Grumixã, por morte minha, surge livre de partilhas...' De quando, deixando o cerrado, varavam o cerradão, numa funda estrada, afundável em areia bem clara, Miguel se recordava." (*Ibid.*, p. 418)

A ação interessada de nhô Gualberto Gaspar não se limitava, porém, à acumulação e à ascensão social pelo aumento da posse e da propriedade, o que lhe permitiria um dia talvez desbancar iô Liodoro e colocar-se acima dele. Ela se voltava também para as pessoas, o seu interesse era o de possuí-las como coisas, o mesmo que fazia com Dona-Dona. No trecho abaixo, ele nos revela como tinha uma visão reificante das mulheres e uma concepção amorosa estreita e baixa, reduzida à materialidade, corporalidade e sexualidade. O fazendeiro, assim se referindo a elas, acaba por expor a sua concepção geral da mulher e do amor. Ele o faz numa espécie de confissão desbragada, acafajestada, como se tivesse sido

A devoração

possuído por algum espírito mau, à sombra do Buriti Grande, e é muito útil para revelar a Miguel e ao leitor quem era de fato nhô Gualberto:

"Nhô Gualberto ria em cima de seu mole cigarro. Daí, era um sorriso, com senvergonhice e vergonha. Moderava um desdém, pelas mulheres, por seus dengos e atrevimentos de criaturinhas protegidas, em respeito mesmo de sua qualidade frágil. Assim, de mistura, uma admiração com gulodice, que ele não podia esconder. — 'Mulher tira ideia é do corpo...'

Nhô Gualberto Gaspar contava: — 'Vai, não aguentei, eu quis mostrar uma coisa, elas [Lalinha e Glorinha] haviam de abrir a boca! Estimo que nem a Maria da Glória, que é de casa, não conhecia...' Ele descera do cavalo, pegou o machete, caçou um pau-terra. Torou o pé. — 'Torei!...' Mostrara que, naquela árvore viva, com copa folhada e porção de flores que eram estrelinhas amarelas alegres — que o tronco era oco, como uma flauta grossa, e todo cheio de terra, uma coluna de terra, de chão, terra crua, de verdade, subida em tanta altura. Essa terra seca, interna guardada, dentro mesmo do corpo todo da árvore verde. A bem que elas duas — Dona Lalinha e Maria da Glória — levaram um espanto, no aquilo avistar como se fosse uma coisa imoral. — 'A bem...' Nhô Gaspar ria, quase com maldade. Assim, parecia de repente muito mais velho, diferenciado. Contava o caso — era como se tivesse tirado com delicadeza alguma estúrdia vingança. Miguel atentou nele melhor — homem amigo. O nhô Gualberto Gaspar, a cara alarve, o chapelão de palha, os olhos astutos, os ombros caídos, os compridos braços, a mão na rédea, as muito compridas pernas nas calças de brim cáqui, abraçando o corpo do cavalo, os imensos pés nas botinas. Tudo nele parecia comprido e mole." (*Ibid.*, p. 416)

Esse retrato final de nhô Gualberto, que nos é dado pela visão de Miguel, destaca nele, para além da ironia, "homem amigo", os aspectos tolos e rudes das feições, que se acentuam com a lembrança da cabeça raspada, tosada pela própria mulher, possivelmente por economia. Ele descreve apenas as suas extremidades, mãos que seguram e pés imensos, os membros enormes no corpo desconjuntado, braços e pernas, e o comentário final, sutilmente sintonizado com o tom insidioso do retratado, deve se referir a outros membros também: "*Tudo* nele parecia comprido e mole". Na continuação desta cena carregada de alusões grosseiras, o pau-terra como o falo, que ele se comprazia em mostrar às moças, nhô Gualberto continua falando maliciosamente da vida íntima das mulheres e dos homens: de Lalinha, dona Dioneia, Alcina, Maria da Glória, do Inspetor e de iô Liodoro. Ele conta a Miguel como se estivesse fazendo "revelações" de traições, adultérios, desconhecidas vontades e inclinações pessoais, como se a vida toda ali se resumisse em satisfações corporais e sexuais, e pede ao moço vindo de fora que guardasse segredo do que estava dizendo.

Essas confidências valem mais pelo que nos dizem sobre o próprio nhô Gualberto do que sobre as pessoas às quais ele se refere, e é essa a intenção narrativa ao aproximar-se dele e contar a partir de sua perspectiva: expô-lo em toda sua crueza. O que, de certa forma, nos alerta e prepara para outros acontecimentos futuros. É sintomático que, quando estão saindo do lugar de trânsito, na passagem para a fazenda do Buriti Bom, ele e Miguel encontrem dependurada num galho do fálico pau-terra — como aquele mostrado com malícia pelo fazendeiro às moças — uma galinha preta morta. Ele mesmo diz que aquilo era uma "simpatia", para que o vento levasse para outra parte "a peste" que "decerto por ali estava dando". Como outras bruxarias e tentativas mágicas praticadas nesta novela, veremos que essa também não deu inteiramente certo, pois a larva já estava instalada no lugar.

2.

Iô Liodoro Maurício, o filho da mãe

O GARANHÃO DO BURITI BOM

É nessa mesma sequência que nhô Gualberto nos revela — a partir sempre de sua visão deformada pelos interesses próprios e ressentimentos, por onde não passa pouco veneno — um ponto chave para o entendimento da novela. Ele centra a sua fala no desregramento sexual de iô Liodoro (ou no modo como ele reproduzia as "regras sexuais" do patriarcalismo brasileiro). Ao contrário dele, no qual tudo "parecia comprido e mole", a imagem que usa para referir-se ao pai de Glória é a do "garanhão ganhante". É assim que ele o descreve a partir de seu bestiário: "feito cavalo inteiro em cata de éguas". E ele diz isso com respeito, pelo menos é o que afirma, sem a intenção de reprová-lo, mas como se só pretendesse sublinhar a sua natureza: uma fonte de vida e potência incontidas. Porém, como compensação ao mau costume fora de casa, "pelo restante", ele era feito o esteio de sustentação da autoridade na vida da família, "Dentro das paredes de sua casa":

> "Iô Liodoro, por sangue e sustância, carece é dessas assim, conforme escolhe. Ah, essa Alcina, mandou vir. Os olhos, quando ela remira, dão para derreter de longe ceras de abelheira e resinas de árvore... Até no ela comer comida ou doce, o senhor toma impressão que ela está fazendo coisas, o senhor saberá. Iô Liodoro, compadre meu, está certo, não diverjo. Há-de, ele é viúvo são, sai aos repentes por aí, feito cavalo inteiro em cata de éguas, *cobra* por sua natureza. Garanhão ganhante...

Dizem que isso desce de família, potência bem herdada. Reprovar, que não reprovo, mais longe de minha boca, que não diga. Mesmo, porque, em todo o restante, compadre iô Liodoro é um esteio, no legal; essa autoridade! Dentro das paredes de sua casa." (*Ibid.*, p. 417, grifo meu)[5]

Até aí, iô Liodoro não se singulariza, ao contrário, ele realiza por inteiro a duplicidade do comportamento ou da hipocrisia patriarcal: a máscara de integridade e seriedade, na vida oficial, privada e pública, como aparecem em toda iconografia a respeito, quadros e fotografias; e a realização de todos os impulsos incontidos, clandestinamente, na vida noturna, geralmente com as mulheres de agregados e clientes pobres. O *"cobra por sua natureza"* traz toda a ambiguidade do verbo, *cobrar*, que lhe garante o poder de proprietário, e do substantivo, *cobra*, de quem se resume naquilo que lembra o réptil. Essa reunião de qualidades contraditórias numa mesma pessoa está excepcionalmente bem exposta em quase todos os perfis dos senhores de engenho feitos por Júlio Bello, nas suas memórias, "sentimentais", como as caracterizou Gilberto Freyre na apresentação que escreveu ao livro *Memórias de um senhor de engenho*. Embora o objetivo de Júlio Bello, ele próprio um senhor de engenho, fosse apologético e carregado de simpatias pelos tipos, ele não deixou de expor as trinchas todas que fendiam os caracteres desses homens. Um exemplo muito a propósito é o perfil que nos apresentou do sogro de seu irmão, o Coronel João Batista Accioly. Todos ali eram meio aparentados e

---

[5] Karl Kerényi, cuja proximidade com a concepção do dionisismo de Guimarães Rosa veremos mais adiante, quando comenta o significado do coro de sátiros entre os atenienses, observa que ele, composto pelos confrades seguidores de Dioniso, costumava travestir o deus portador da qualidade fálica em roupagens semibestiais, e uma delas era justamente a do garanhão: "Tratava-se de grupo de homens que representavam os míticos companheiros do deus, os portadores da sua qualidade fálica, num travestimento semibestial. Na Ática, eles tomaram os elementos de seu travestimento não do bode, mas sim do garanhão" (1998, p. 298, grifo meu e trad. minha).

O garanhão

apadrinhados, e é impressionante como a endogamia e as intervenções pessoais de proteção e favores criavam uma rede de relações que os emaranhava, como se fossem também vítimas da própria teia que teciam, transformando-os em aranhas e moscas ao mesmo tempo. Júlio Bello nos deu desse Coronel o retrato de um homem aparentemente em tudo íntegro — ele havia sido governador de Alagoas, no triênio de 1915-1918, e era senador pelo seu Estado quando morreu:

> "Era um homem alto, barbudo, bem-apessoado, ativíssimo, enérgico, que construiu com o seu trabalho honrado [a] maior parte da fortuna que legou aos seus filhos. Extravagante em muitas coisas da vida, a começar pelo vestuário: montava muita vez a cavalo de comprida sobrecasaca e chapéu-coco. Tinha em grande conta a sua patente, a sua farda e o seu espadão de coronel da Guarda Nacional." (Bello, 1948, pp. 141-2)

Quantos quadros e fotografias desses tipos já não vimos nos museus e casas antigas. E ele continua o relato, exalta a força e o arrojo do homem junto à família, e, sem solução de continuidade com as virtudes arroladas, ele acrescenta o seguinte comentário, como se as novas qualidades fossem algo natural e mais um galão na farda do Coronel, só que elas nunca saem no retrato:

> "Temido de todos pelas explosões do seu gênio, era no entanto facilmente acessível, generoso e popular. Para ele, na satisfação de seus apetites carnais, o resto do mundo não tinha olhos. Nunca o constrangeu, por si, a presença de outros nos atos íntimos de sua vida. Em *Casa-grande & senzala*, Gilberto Freyre fala-nos de velhos senhores de engenhos que eram assim desabusados.
> Homem muito inteligente, argutíssimo em negócios, agia nas ações puramente animais quase que com a inconsciência de um bruto ou de um irracional. Das margens do Persinunga às do Manguaba, deixou uma

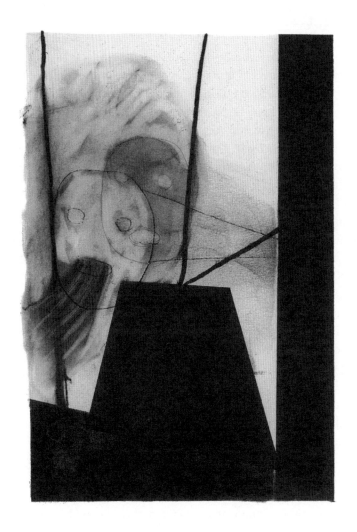

A máscara, a posse. Bichos

numerosa descendência de filhos bastardos. Plantou-os com o mesmo ânimo inconcusso com que cultivou as suas vastas e férteis terras de canaviais. E a natureza como que abençoava todas as suas sementeiras..." (*Ibid.*, pp. 142-3)

Na relação descrita nesse precioso quadro da vida senhorial, onde tudo se misturava e se nivelava, generosidade, autoridade e apetites carnais, não havia pessoas propriamente ditas, tudo se passava como se fosse apenas entre bichos, "agia nas ações puramente animais quase que com a inconsciência de um bruto ou de um irracional", e coisas, "plantou" os seus "bastardos" "com o mesmo ânimo inconcusso com que cultivou as suas vastas e férteis terras de canaviais. E a natureza abençoava todas as suas sementeiras". Era sempre a mesma relação, fosse com gente, bichos, plantas, ou coisas; aqui, a mulher ou a terra eram o objeto de uma ação natural do sujeito ativo sobre o outro passivo. Porém, isso mudava quando se tratava da família; brotava no seu ser uma nova camada constituinte, que parecia transformá-lo num homem moral, restaurando nele uma dimensão que havia sido suprimida nas suas relações com as mulheres pobres, os bichos e as plantas: a sensibilidade e o respeito ao outro. Só que agora, junto à família, ela brotava exacerbada e chegava perto do ridículo, caso fosse vista por olhos não tão complacentes e sentimentais: "Na intimidade da família era uma rara sensibilidade. Diante da moléstia grave de uma filha, achavam-no a chorar pelos cantos como uma mocinha de quinze anos" (*Ibid.*, p. 143). É de chorar, mais ainda quando o autor o compara a Napoleão I.

Iô Liodoro já trazia em seus dois nomes as diferentes faces da camada senhorial brasileira, os quais servem também como chaves importantes para a compreensão da novela. O primeiro, *Liodoro*, ressalta o cuidado que tinha em manter os "laços de ouro" das relações familiares, como, por exemplo, quando trouxe de volta Lalinha, a nora abandonada pelo filho Irvino, para o Buriti Bom. Isto, na esperança de que ele retornasse um dia e reatasse com a mulher as relações rompidas ou, então, para evitar que ela se acasalasse com outro homem e maculasse o nome da família. Tanto uma razão como outra tinham em vista manter a ordem familiar e a sua aparência, garantia da integridade moral do patriarca. O outro nome que possuía — poucas vezes referido ao longo da história, de modo que fica um tanto oculto e, justamente por isso, talvez o mais importante de ser lembrado —, revelava o seu outro ponto comum com o sistema patriarcal, só que agora com a sua face noturna, que era o de *Maurício*, iô Liodoro Maurício. É este segundo nome que o lembrava da ferida que carregava e o fazia temer a sua sina; ela já tinha sido antecipada um pouco antes por nhô Gualberto Gaspar, quando comentou o seu desregramento sexual: "Dizem que isso desce de família, potência bem herdada". Era esse o nome que o completava, como a segunda meia-face do patriarcalismo, o qual havia herdado da mãe, Vovó Maurícia. O fato nos será revelado só mais adiante, pela boca de Glorinha, num relato feito à amiga, Lalinha:

> "'Lembrei de Vovó Maurícia, você sabe? Ela é quem diz: — *A gente deve de ter muitos filhos, quantos vierem, e com amor de bem criar, desistidos cuidados de se ralar, sem sobrossos: que Deus é estável. Mas a gente se casa não é só para isso não — a gente se casa será é para lua-de-mel e luas-de-méis!...* Sabe, Lala, você havia de querer bem e mesmo que a Vovó Maurícia fosse sua avó: por gosto, pagava... Ou, então, a prima dela, menos velhinha e mais bonita ainda, tia-vó Rosalina, as duas tão amigas, foram casadas com dois irmãos... Agora, faz tempo, Vovó Maurícia está no Peixe-Manso, nos Gerais, em casa de meu tio Silvão, tia Beia. Nem sei quando iremos lá, ou quando ela vai vir, para se ver, querida bem. Cá em casa tem retrato dela, mas não acho parecido justo. Todo retrato enfeia...' Lalinha pensava: essa Vovó Maurícia, quando moça, teria sido parecida com Maria da Glória? Que continuava contando: — '... Viveram como Deus com os Anjos — ela e Vovô Faleiros, já falecido...' Ela dizia: — *Seu Faleiros, o senhor sempre,*

olhe lá, me tenha muito amor... Conforme os usos: mesmo Mamãe e Papai toda a vida se trataram por *a Senhora, o Senhor...* Vovó Maurícia gosta de vinho. Vovô faleiros cheirava simonte... Ela conta coisas da mocidade, tão divertidas: reproduz em assovio as músicas das danças antigas, com a mão no ar reparte o compasso. Dançava carola e varsoviana. Botava perfume nas pregas da saia. Vestia saia de balão, mas não gostava de pôr espartilho..." (Rosa, *op. cit.*, pp. 445-6, grifos do autor)

Quem era Vovó Maurícia? Segundo Glorinha, ela era prima de Rosalina, a mesma Lina ou Rosa ou Zália, da novela "A estória de Lélio e Lina", portanto, a sua tia-avó. E estava no Peixe-Manso, nos Gerais, em casa de tio Silvão e tia Beia. A avó, possivelmente, estava agora junto de Rosalina, pois esta, quando deixou o Pinhém acompanhada de Lélio, o mocinho, foi justamente para o Peixe-Manso: "Aí era hora de saírem, de fugida, dizendo adeus ao Pinhém, sem dizer adeus a ninguém. Iam para o Peixe-Manso, um lugar forte, longe rota, muito além da Serra do Rojo, dias e dias" (*Ibid.*, p. 237). Rosalina, na mocidade, não tinha sido nenhum exemplo de "moça de família", ao contrário, como confessa e os seus vários apelidos comprovam, teve namorados em todos os estratos do lugar, do coronel ao peão, porém, ao contrário da ave de Minerva, antes do entardecer, resolveu se aprumar. E foi ela também que disse que tinha tido duas irmãs, uma fogosa demais e outra certinha demais, por isso, entre a puta e a santa, tinha preferido ficar no meio:[6]

"— 'A daí, e olha, meu Mocinho, eu tive duas irmãs: uma foi para o convento, na Piedade, viveu e morreu como santa; a outra moçou, dizem que não houve rapariga que fosse mais dos homens. Agora eu, que es-

[6] Cf. "Irmão Lélio, Irmã Lina: incesto e milagre na 'ilha' do Pinhém", em Roncari, 2004, p. 151.

tou aqui, fiquei mais ou menos no meio... Assim que sempre tive alguma inveja de cada uma das duas... Elas eram lindas escolhidas.' Soando e sendo sutil o novo que ela falava, o simples e justo. — 'Trovão com azul... O Canuto carregou o caso. Criatura humana é muito constante na tolice, tem a tolice na natureza, meu Mocinho. Custa muito para um poder solto se achar...' Assim dizendo, e sorrindo, a passo igual. — 'Atrasmente, meu Mocinho: ao que Nosso Senhor, enquanto esteve cá em baixo, fez uma Santa. Vigia que essa não foi uma puras-virgens, moça-de-família, nem uma marteira senhora-de-casa, farta-virtude. Ah, ai, aí não: a que soube se fazer, a que Ele reconheceu, foi uma que tinha sido dos bons gostos — Maria Madalena..." (*Ibid.*, p. 216)

No universo familiar patriarcal, estruturado por nomes e sobrenomes, no qual todos eram aparentados, devido à endogamia e ao apadrinhamento, e o incesto não era um fato tão extraordinário, se acreditava firmemente que as heranças genéticas transmitiam não só as características físicas e biológicas do indivíduo, como também as morais e psicológicas.[7] Desse modo, Vovó Maurícia, se compartilhava dos dotes genéticos e podia ser enquadrada nos modelos familiares das primas, pelos conselhos que dava à

---

[7] A hereditariedade tem aqui também uma dimensão maior do que a de simples transmissão de características e tendências atávicas. Ela deve ser entendida com a mesma amplitude que a vê Karl Kerényi, possível fonte de Guimarães, como veremos adiante, como manifestação da "infinitude temporal": "Desde que a vida contém em si a hereditariedade — de outro modo ela não seria 'vida' — ela supera os confins do ser mortal vivente singular e se demonstra indestrutível em cada caso individual, prescindindo do fato de que a hereditariedade encontre uma efetiva realização. A vida vive com a hereditariedade — e *apenas* com ela — e graças a ela possui o germe da infinitude temporal. O germe existe também quando nada dele emana; ele autoriza a falar da 'vida indestrutível', a reconhecer o seu arquétipo através do testemunho de uma religião e a mostrar o seu valor para o homem religioso como experiência histórica" (Kerényi, *op. cit.*, p. 15, trad. minha).

Iô Liodoro Maurício, o filho da mãe

Glorinha e pelas atitudes descritas por ela, estava muito mais perto da promíscua do que da santa. O conselho sublinhado pelo próprio autor em seu texto é este: *"a gente se casa será é para lua de mel e luas-de-méis!..."*. E é assim que Glorinha descrevia os seus modos, como os de uma mênade ou coribante dos afrescos, baixos e altos-relevos, vidros, espelhos e cerâmicas greco-romanos, justamente as fontes principais dos estudos de Karl Kerényi: "Ela conta coisas da mocidade, tão divertidas: reproduz em assovio as músicas das danças antigas, com a mão no ar reparte o compasso. Dançava carola e varsoviana. Botava perfume nas pregas da saia. Vestia saia de balão, mas não gostava de pôr espartilho...". Pelo menos era bem mais alegre do que triste, estava mais próxima do espírito pagão do que do cristão. Isso ainda é comprovado pelo marido, *seu Faleiros*, que ela escolheu para que ele lhe tivesse sempre "muito amor", e cujo nome explicita as suas qualidades fálicas, *Faleiros*, do amor baixo, atestadas tanto pelos costumes dela, que gostava de vinho, como pelos dele, que "cheirava a simonte". Aqui, o simonte, *somonte*, o mais correto, pode ser rapé, como registra Nilce Sant'Anna Martins (2001, p. 455).[8] Porém, quando perguntamos por que o autor usou um termo e não outro, *simon-*

[8] O nome do avô de Glória, *Faleiros*, indica que iô Liodoro, devido ao seu comportamento, era tanto filho da mãe como do pai, portanto, de inclinação duplamente baixa. Walter F. Otto, quando defende a natureza humana de Sêmele, ao contrário de outras teorias que a tinham também como uma deusa, Gea, procura ao mesmo tempo interpretar o significado do fato de Dioniso, no seu segundo nascimento, ter sido extraído da coxa de Zeus e não, como Atena, de sua cabeça. O que dava a ele uma dupla inclinação baixa, tanto no primeiro nascimento, vindo de uma humana, como no segundo, saído de uma parte de um dos membros inferiores do deus: "Para voltar a Dioniso ele mesmo: o mito de seu nascimento, que se tentou reduzir às puras contingências históricas, é a expressão a mais grandiosa do seu ser. Como a imagem prodigiosa de Atena tirada da cabeça de seu pai não pode ser concebida a não ser com o espírito de uma autêntica revelação de sua essência, o mesmo se acredita, entre as fulgurações de Dioniso, a certeza de que o deus enigmático, espírito da dupla essência da contradição, tinha ele uma mãe humana, e, por consequência, era já pela sua origem cidadão de dois reinos" (Otto, 1969, pp. 79-80; ver também p. 173, trad. minha).

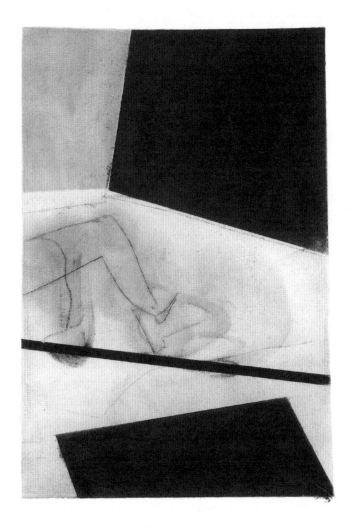

Mênade e coribante

te e não *rapé*, entendemos que ele tenha querido designar também algo de qualidade inferior, como é o simonte (cuja etimologia vem de *sub+monte*), que pode ser usado também como adjetivo, para se referir a algo baixo, inferior, bruto, coisa natural e não elaborada: *Faleiros* (cf. Houaiss, 2001, p. 2.607). Era esta a sina que iô Liodoro herdava dos pais e carregava no nome da mãe, *Maurício*, o qual não o deixava esquecer do estigma que o ameaçava e ele temia, mas o conduzia para fora de casa quando a noite caía e ele ia se realizar, como *o filho da mãe*.[9]

Os retratos do patriarca

Desde as páginas iniciais da novela aparecem referências à pessoa de iô Liodoro, o homem e senhor do Buriti Bom, o seu dono. São lembranças de Miguel, observações de outras personagens, afirmações de nhô Gualberto, que falam de sua aparência, de não ter mais de cinquenta anos, que é um dos homens mais ricos do sertão do rio Abaeté, que era um senhor de mando, "o que permitia, queria, e o que queria mandava, silenciosão", e, um pouco adiante, é dito: "Iô Liodoro era o pai de todos" (Rosa, *op. cit.*, p. 399). Em doses mais ou menos homeopáticas, vamos recebendo informações que só acrescentam e engrandecem a sua figura, até que, num certo momento, um primeiro arremate desse homem do mundo do mando é feito por nhô Gualberto, e que só parece comprovar tudo o que foi dito no item anterior:

"O senhor ver um homem em mando, vê iô Liodoro. Ele mesmo não põe mão em trabalho, de jeito ne-

---

[9] Vale acrescentar aqui, em apoio à nossa interpretação, a lembrança muito pertinente de Cleusa Rios P. Passos: "na designação científica, 'buriti' é *Mauritia vinifera*, vinculando-se igualmente à Vovó Maurícia, matriarca da família" (Passos, 2000, p. 62, nota 45). Num outro estudo, apoiado nas canções do vaqueiro Pernambo, procurei mostrar como Guimarães Rosa usava a palmeira buriti para metaforizar o amor (Ver Roncari, 2004, p. 190).

nhum, mas tudo rege, sisudo, com grandeza. Quase todo o povinho deste nosso derredor, figuro que trabalham para mim ou para ele. O que iô Liodoro é, é antigo. Lei dum dom, pelos costumes. E ele tem mesmo, mais força no corpo, açoite de viver, muito mais do que o regular da gente. Não se vê ele estar cansado, presumo que nunca esteve doente. Aqui, confio ao senhor, por bem, com toda reserva: fraqueza dele é as mulheres... conto assim, que, por não saber, o senhor não fique não sabendo. Dentro de casa, compadre iô Liodoro é aquela virtude circunspecta, não tolera relaxamento. Conversas leves. Mas, por em volta, sempre teve suas mulheres exatas. De tardinha, de noitinha, iô Liodoro tem cavalo arreado, sai, galopa, nada não diz. Tem vez, vem só de madrugada. Esse homem é um poder, ele é de ferro! Dentro de casa, um justo, um profeta. Afianço." (*Ibid.*, p. 404)

Nhô Gualberto aqui, além de resumir a figura elevada e forte de iô Liodoro, homem de mando e poder, sintetiza a sua duplicidade e o seu comportamento contraditório, dentro e fora de casa, e os relaciona com a sua base objetiva: o fato de ele ser um proprietário e homem do mando e não do trabalho, "Ele mesmo não põe mão em trabalho, de jeito nenhum", um sujeito que só reina e rege. Ele confirma os termos que já havia usado ao contar a Miguel, um pouco atrás, como iô Liodoro foi à cidade e levou Lalilinha para o Buriti Bom: "agarrou a mulher do filho, buscou", "iô Liodoro regia sem se carecer", "o cabeça", "firmeza mansa e onça", "Temiam iô Liodoro?", "Tinham respeito" (*Ibid.*, pp. 397-8). Era em grande parte isso o que lhe permitia voltar a sua saúde e energia ao amor. Porém, como sabemos que havia uma competição surda do vizinho com iô Liodoro, também deduzimos que ele deixava passar entre as afirmações aparentemente elogiosas sobre o compadre muitos reparos, sempre com uma ponta de maldade. A imagem que nhô Gualberto nos transmite dele deixa dúvidas e trincas que nos obrigam a confrontá-la com as que são oferecidas por outras personagens.

Iô Liodoro Maurício, o filho da mãe

De certa forma, essa imagem inicial é compensada pelo primeiro grande retrato feito dele, como o de uma figura senhorial e alta, só que agora apresentado com maior objetividade pelo narrador e da perspectiva do Chefe Zequiel, um sujeito humilde, mas com um papel importante na novela, que estudaremos mais adiante. A representação é feita num momento muito revelador da narrativa, quando Miguel e nhô Gualberto chegam ao Buriti Bom e o moço que vinha de fora começa a contrastar o que o fazendeiro da Grumixã lhe havia dito com o que ele próprio agora via, e observa interiormente: "Tudo o que nhô Gualberto Gaspar dissera, se desmentia ante o real. Dava uma certa decepção. *Onde esperava encontrar sombra de segredos, o oculto, o errado, Miguel só deparava com afirmação e clareza*" (*Ibid.*, p. 423, grifo meu). Na verdade, tudo lhe parecia diferente, quando não o oposto do que lhe havia sido dito, a começar pela Maria Behú. Miguel é apresentado ao Chefe Zequiel, que a princípio havia se conturbado com nhô Gualberto e, por isso, desviara o rosto, balbuciando um esconjuro; porém, depois, ao ver iô Liodoro, Zequiel se compraz e manifesta a sua admiração por ele com palavras e gestos. É a partir daí, da perspectiva de um agregado problemático — um tanto tolo, mas com uma capacidade de percepção e "visão auditiva" agudas, poderíamos até dizer, extraordinárias, como a de um visionário, todavia já incapacitado para o trabalho e tolerado pelo senhor —, que o narrador nos dá este retrato da postura elevada e serena de iô Liodoro:

> "Iô Liodoro não olhava para suas botas, para suas roupas. Ele se sentava e tomava um modo de descanso tão sem relaxamento, e legítimo, que não se esperava em homenzão assim tendinoso e sanguíneo, graúdo de aspecto. No defrontá-lo, todos tinham de se compor com respeito. Mas era mudamente afável. Exercia uma hospitalidade calma, semissorria ao enrolar seu cigarro de palha. Cidadão que comesse com maior apetite e prazer que o comum das pessoas, mais vivesse vivejando. Sua grande mão surpreendia, no toque, por ceder apenas um

contacto quente, polpudo quase macio; mas que denunciava espontânea contenção, pois, caso ele quisesse, aquilo poderia pronto transformar-se num férreo aperto. Iô Liodoro falava pouco, mas essa reserva não constrangia, porque ele era quieto e opaco; sentia-se que ele não guardava sem dizer alguma opinião para o momento. Os pensamentos que ele pensava e que ele vivia seriam bons e uns. Iô Liodoro não dava intimidade. Conservava uma delimitação, uma distância. Falava ou respondia; mas, entremeado, voltava-se tranquilo para uma banda, olhava uma outra pessoa, dava a terceira uma sílaba, ou brincava com um dos cães, observava os vaqueiros que se moviam no curral. Mas isso só afastava alguma coisa na gente: parte da gente. No mais, até aproximava, dava para se ter nele mais confiança. Como era aquele homem: que nunca haveria de recriminar ninguém inutilmente, nem diminuir as ações da vida com a vulgaridade dum gracejo, nem contribuir para que alguém de si mesmo se envergonhasse. Com simples palavras, ele poderia convidar para um crime — sem provocar susto ou cisma no cúmplice; ou para uma boa-ação — sem que ridículo nisso entrepairasse. Tal iô Liodoro — iô Liodoro Maurício, sendo Maurícia sua mãe, que no meio dos Gerais residia. Assim explicou mais tarde nhô Gualberto. E tinha o queixo forte e todos os dentes, e muito brancos — não do branco do polvilho ao sol, que só em boca de moça às vezes se vê, mas o branco dos ovos de coruja, que é são como uma porcelana, e limpo calcareamente." (*Ibid.*, p. 424)

Se a versão dada por nhô Gualberto Gaspar de outras personagens, como as de Maria Behú e do Chefe Zequiel, era contrariada pelo que Miguel enxergava na realidade, no tocante a iô Liodoro, ela parecia se confirmar em quase tudo. Apenas não trazia agora aquelas observações, aparentemente fortuitas, sobre a duplicidade de sua vida, destiladas como um veneno oculto na descrição anterior. O novo retrato se detém no porte majestoso de iô Liodoro, principalmente na distância e limites que ele sabia manter e assim se resguardar, sem expor nem a si nem ao outro, tendo com todos sempre um trato respeitoso. Nessa relação, o que mais transparecia, porém, era a sua autoridade e liderança, a confiança que inspirava, sem precisar de muitas palavras para convencer alguém a segui-lo nos crimes ou nas boas ações. Essa imagem parece nos querer dizer que ele possuía um carisma mais poderoso do que o medo que deveriam inspirar as suas armas. Quanto aos aspectos físicos, são destacadas justamente as mãos grandes e fortes, que serviam tanto para o agrado como para a violência, instrumento mais de exercício do poder do que do trabalho, e os dentes de uma brancura um tanto enigmática, "o branco dos ovos de coruja". Essa qualidade da segunda arma — se entendermos que as armas naturais do homem e dos bichos são as garras e as presas —, o branco dos dentes, é um índice não da delicadeza das moças, "que só em boca de moça às vezes se vê", mas do que têm de simbólicos e enigmáticos a ave e o ovo, "o branco dos ovos da coruja". O que temos assim no primeiro grande retrato de iô Liodoro é um perfil muito positivo e elevado dele, mas que se fecha com um sinal intrigante, o branco dos dentes. O que deveria ser um fecho de marfim conclusivo, na verdade intriga e deixa uma inquietação, chamando para o quadro a coruja e os seus ovos. No sertão brasileiro, ela é por excelência uma ave agourenta.[10] Porém, aqui, como ve-

---

[10] São ilustrativas estas inquietações de Júlio Bello com as corujas, diante das quais ele hesita entre uma visão racional adquirida e a mentalidade do sertão. Guimarães Rosa se aproveita disso para explorar as possibilidades simbólicas da ave, que aponta para algo agourento e negativo, e com isso destoa da tonalidade geral positiva do retrato do patriarca: "Nos ramos do pé de tamarindo, lá no alto, onde, quando criança, eu marinhando pelo tronco subia, para abranger com a vista toda a planície, o vale inteiro do Persinunga e talvez o mar por cima dos coqueiros da costa, a quatro quilômetros para o nascente, têm seu ninho as corujas fatídicas da família./ Alguns meses antes do falecimento de minha mãe, a coruja pousou na cadeira onde ela costumava rezar a Ave Maria. Em princípio de abril de 1923, outra assentou-se em cima de um velho móvel da sala de jantar. Um copeiro matou-a. N'este

remos mais adiante, a sua simbologia parece radicar-se mais na tradição grega da ave noturna, como o próprio iô Liodoro, da luz reflexiva lunar, como a de Atena, e o ovo místico das oferendas funerárias, símbolo também do intercâmbio dos deuses subterrâneos com os homens e da renovação periódica de Dioniso.

O que ocorre, é que essa mesma visão enobrecedora de iô Liodoro continua sendo afirmada e confirmada ao longo da novela, até o final, quando nos é apresentado um seu novo retrato. Agora, ele nos é dado também pelo narrador, porém da perspectiva de Lalinha, que se constitui no foco dominante de toda parte central e mais substantiva da narrativa. A descrição é feita quando a nora abandonada trazida da cidade está em pleno processo de aproximação erótico-amorosa com o patriarca e num alto momento, para ela, de revelação de si e do outro. A intensidade do que se passa a faz sentir-se como se tivesse chegado só então ao Buriti Bom. E por estarmos muito próximos do ápice e do fim da novela, o novo retrato reflete a atração vigorosa que ele já exercia sobre

mês faleceu, no dia 11, minha sobrinha Maria Olympia Wanderley, a neta querida de meu pai, aqui criada com honras de uma pequena princesa da família, a cujos gestos e menores vontades, todos se curvavam; no dia 21 do mesmo mês, meu irmão Carlos; a 23 de setembro, meu irmão mais velho José Francisco; a 6 de novembro, o antigo administrador do engenho. Antes do fim do ano, a morte do copeiro como que completava a vingança da coruja. E lá tem elas ainda o seu ninho. Nas lindas noites de luar n'essas noites do fim do ano, em que pelas estradas o perfume das flores da japaranduba, do carrasco, do tremenhém abrange tudo, mistura-se e espalha-se tão intensamente pelo ar que a gente tem a impressão de que é a própria luz da lua que está cheirando, as corujas voam por cima da velha casa-grande 'rindo alto', 'rasgando mortalhas' em desafio com os bacuraus boêmios que na sua 'gagueira' tudo vão prometendo para 'amanhã'./ Sei que essas entradas de corujas na casa, seguidas de mortes de minha gente, são meras coincidências. Não podem ser outra cousa. Minha religião, o que li e o que ouço de pessoas cultas e superiores, obrigam-me a repetir [repelir?] as superstições e o fantástico d'essas histórias de prognósticos. Quando reflito com a mentalidade que os livros e os doutos me criaram, repilo-as; quando porém me descuido e meu espírito fura esse halo de conhecimentos e cultura adquiridos, investigando-as com a natureza primitiva e ingênua que Deus lhe deu, não fico nada satisfeito com as visitas das corujas" (Bello, *op. cit.*, pp. 60-1).

Iô Liodoro Maurício, o filho da mãe

ela e, ao mesmo tempo, a atenção delicada e curiosa que ela tinha a tudo que era dele. Com isso, complementa-se e fecha definitivamente o perfil do patriarca:

"Iô Liodoro. Os cães vinham com agrado ao pé dele, erguiam o focinho e os olhos, repousavam cabeça entre suas pernas. Ele passeava pelo curral, no meio das vacas, os vaqueiros tirando leite; se destacava. Levava, à noite, um copo d'água para o quarto. Punha a grande capa fusco-cinzenta, alargava-se seu vulto, não receava montar e sair, nos dias de chuva. Escovava o cabelo, demorava-se ainda um pouco na varanda, o chapelão ainda derrubado às costas, sustido pela jugular. Chegava, depois, seu sorriso sempre era franco, voltasse ele encharcado a gotejar ou empoeirado todo, um sorriso de fortes brancos dentes, com aqueles dentes podia cortar um naco de carne-seca, de golpe. Tinha pelos ruivos nas costas da mão, à mesa comia ligeiro, mas tão discreto — mesmo essa pressa não se notava. Bebia o café muito quente, quase sem adoçar, dava estalidos com a língua, sempre a bondade do café ele elogiava. Esfregava as mãos, chamava os enxadeiros e campeiros, um por um, para o pagamento, no quartinho de fora, o quarto--da-varanda; não vozeava nunca, não se ouvia que se zangasse. Sua mulher, mãe de Glória e Behú, de Ísio e Irvino, se chamara Iaiá Vininha, diziam que sempre a tratara bem, carinhoso, ela fora linda. Os vaqueiros respeitavam-no e obedeciam-lhe com prazer, tão hábil quanto eles ele laçava e campeava. No quarto-de-fora guardava seu selim pradense, e a sela maior, tauxiada, seus apeiros ornados de prata; lá tinha os livros de escrita, e a pilha de cadernetas, na escrivaninha. E iô Liodoro se alegrava com as canções das filhas; às vezes, com palavras poucas, aludia a algum fato de sua meninice. Ele era meio dos Gerais e dali — de seus matos, seus campos, feito uma árvore. Tudo geria, com um silencioso saber, como se de tudo despreocupado. O espaço da testa, os lábios carnudos, suas grandes sobrancelhas. Era espadaúdo e grande, e forte, não, não era corpulento. Não se sentava no banco para afivelar as esporas, calçava-as mesmo de pé, num fácil e ágil curvar-se. Apoiado ao peitoril da varanda, num cotovelo, levava a outra mão em pala, ou acenava com largueza aos homens, apontava. Recuava uma perna — suas botas pretas, sempre limpas, era Tia Cló quem delas cuidava. Tomava um cálice de restilo, secava os lábios, ia ficando mais corado. Todas as peças de sua roupa cheiravam bem, arrumadas nos gavetões da cômoda, com feixes de raízes-de-cheiro, Tia Cló zelava-as com apreço. Na gaveta da mesa de seu quarto, guardava o relógio de ouro, um livro de orações que tinha sido de Iaiá Vininha, os óculos, dois ou três retratos amarelados, revólveres, uma faca com rica bainha e terçada de prata, um coto de estearina, um almanaque farmacêutico, e umas fichas coloridas, de jogo; guardava-as, àquelas fichas, não era como se conservasse um brinquedo, ele não parecia um menino grande? A cama, estreita, um travesseiro só, à cabeceira um tamborete, com o lampião, a caixinha de fósforos. Apalpados, a cama, aquele travesseiro, o colchão, pareciam demasiadamente duros. Seria que ali dormisse bem, tivesse o conforto merecido? A janela dava sobre o poente, para rumo dos Gerais, para as matas do rio. Iô Liodoro gostava de angu, de jiló com carne de porco, de palmito de buriti, de vinho-do-porto, de vinho-da-terra. E as mãos dele eram quentes. E qual seria, no mais, hora por hora, a vida dele? Quando no campo, quando percorrendo longemente os grandes pastos, as roças, perpassando pelo que possuía. A parte com aquelas mulheres — a dona Dioneia e a outra — como se queriam, o que conversavam, e o que ele encontrara nessas, por que as preferira: se incansável carinho, ou uma destreza de viciosas, uma experimentada ciência lasciva, ou por gostarem muito de homem. Aí como seriam, em todas as minúcias, as casas onde elas moravam, aonde ele ia, voraz, às noites, como a um assalto, contra que ninguém o pudesse conter. E por que precisava de uma Lala? Ah, ele a trouxera da cidade, fora buscá-la, tinha trazido, de trem, de caminhão forrado com couros de onças, no carro-de-bois, trouxe. Instara por que viesse, queria-a ali no Buriti Bom para sempre, retinha-a. Ela ali estava." (*Ibid.*, pp. 496-7)

Agora, o quadro é muito mais detalhado, ele capta minúcias físicas, gestuais e comportamentais de iô Liodoro, dadas não só pelo seu corpo e rosto, mas também pelo universo de seus objetos pessoais, públicos e íntimos, de trabalhos e lazer, que só um olhar muito agudo e interessado poderia reparar e guardar na memória. A figura senhorial é realçada pelo chapelão "sustido pela jugular" e o capote, a grande capa fusco-cinzenta que alargava o seu vulto. A postura altiva, sem ser arrogante, era a mesma, distante e próxima, sabia manter a sua distinção, uma espécie de preservação de si da invasão do outro e de seus limites, mas que na verdade atraía e possibilitava a aproximação: "os vaqueiros respeitavam-no e obedeciam-lhe com prazer". E não apenas por ser o proprietário, mas porque tinha também as mesmas habilidades que eles: "tão hábil quanto eles ele laçava e campeava". Novos aspectos físicos e faciais agora são fornecidos: o espaço da testa, os lábios carnudos, suas grandes sobrancelhas, o corpo forte, espadaúdo, porém sem ser "corpulento". E de novo estavam ali, em vários momentos, as mãos, com pelos ruivos nas costas, "as mãos dele eram quentes", e os dentes brancos, como armas poderosas, manifestações mais de força do que de beleza: "um sorriso de fortes brancos dentes, com aqueles dentes podia cortar um naco de carne-seca, de golpe". Esses detalhes só são destacados agora pela visão amorosa e penetrante de uma mulher já sob a sua influência, de Lalinha, que o observava com curiosidade e interesse. Aos poucos, a visão factual e externa do narrador é substituída pelas próprias percepções curiosas dela, que nota só o que uma mulher atraída

Ariadne abandonada

por algo poderoso poderia se interessar. Assim, ela demora-se na descrição de seu quarto e de tudo o que as suas gavetas íntimas guardavam: armas, retratos, fichas de jogo, tocos de vela e os mínimos pertences que o acompanhavam na vida, os do dia a dia, não havendo nada de mais secreto ou revelador de alguma parte sua desconhecida, "ele não parecia um menino grande?", é o comentário que lhe vem, que chama talvez para a sua inocência. Ela repara também na sua cama de viúvo, estreita e dura, tendo ao lado o tamborete com o lampião, o mesmo que ele levava à sala quando ia se encontrar com ela, e a consideração que faz, mais do que simples pergunta, é a de que ele merecia uma cama mais macia e melhor. E, aos poucos também, os dados observados por esse olhar agora cobiçoso são substituídos por perguntas levantadas pela curiosidade de quem queria saber mais da intimidade daquele homem: o que ele buscava nas suas mulheres e o que elas lhe davam? Até chegar à verdadeira questão: o que ele queria e esperava dela, Lalinha? E ela dele? É o que o leitor também pergunta, mas do que só trataremos mais adiante.

O touro do Buriti Bom

Como já vimos, iô Liodoro reproduz na íntegra o modelo do patriarca brasileiro, as suas duas faces: a clandestina e noturna, sem maiores freios e limites civilizatórios na contenção dos impulsos instintivos; e a familiar externa e diurna, de portador da ordem e preservador dos laços que todos deveriam respeitar, parentes ou não.[11] No entanto, ele tem aqui uma outra representação que o

[11] O seo Senclér, de "A estória de Lélio e Lina", é a expressão mais bem acabada desse patriarca. Porém, como ele é recoberto por um véu de altaneria e simpatia, a sua crítica só será possível se o leitor se ater à sua ação: a rapinagem que praticava com as mulheres do Pinhém. No entanto, aos olhos cínicos patriarcais de um primeiro Oliveira Vianna e de um maduro Gilberto Freyre, isso era um bem: uma potência incontida que proliferava e, talvez, para eles, no sentido da melhoria da raça (cf. Vianna, 1938, p. 79; Freyre, 1953, pp. 89-90; e Roncari, 2004, 1ª reimpressão, p. 154).

faz ser mais do que um exemplo típico do nosso patriarcalismo, porém também menos do que um *caráter*, um sujeito autônomo, consciente e senhor de suas ações, um verdadeiro *indivíduo*. O seu papel agora é o de ser investido de duas missões e de deter a força, o poder e a proteção necessários para realizá-las. A primeira missão é a que está inscrita, como já vimos, em seu primeiro nome: Liodoro. É ele que deveria lutar para preservar os laços ou os fios de ouro familiares, ameaçados também internamente, por todos os lados, ou melhor, pelas fraquezas de todos os filhos e filhas, que não conseguiam resistir às atrações do informe e dos Gerais (os dois filhos estavam acasalados com ex-prostitutas; e, das duas filhas, uma tendia à promiscuidade, Glorinha, e a outra era uma carola rezadeira e sem atrativo sexual, Maria Behú). Com isso, estava em suas mãos a manutenção e reprodução da ordem patriarcal. Já a segunda missão seria a de usar a força que possuía para resistir ou bem conduzir a sua sina, que, como vimos, herdara do segundo nome, Maurício, e que poderia destiná-lo a realizar-se como o *filho da mãe*. Desse modo, ele tinha uma missão *positiva e conservadora*, que era a de preservar os laços familiares e reproduzi-los para garantir a continuidade da ordem patriarcal; e uma outra *negativa e modernizadora*, que era a de escapar de seu passado e da sina da mãe ou tolhê-la, de modo a redirecionar os impulsos para um plano mais elevado. Era esta segunda missão, a negativa, que poderia salvá-lo, porque ela exigia dele uma atitude de superação e transcendência. Para isso, ele contará com uma ajuda extraordinária, mas que não independe de sua ação, ao contrário, será também o resultado da própria iniciativa, e o que a permitirá serão os seus dotes: a força e o poder do *carisma* pessoal, graças à proteção e influências que recebia do Buriti-Grande e às energias que extraía do lugar, do Buriti Bom.[12] Portanto, o

---

[12] O modo como é trabalhada a presença do divino e de elementos da mitologia clássica na novela vai muito além de seu uso como recurso artificioso para dar-lhe maior estatura literária. Ele está mais próximo da forma como Walter F. Otto descreve a antiga religião grega e a experiência que os gregos tinham dos deuses, tal como a deixam transparecer na literatura épica,

que possibilitará a continuidade da história não será a vitória final do arrivista nhô Gualberto Gaspar, mas a superação do que já existia, da tradição, por mais erradia que ela tivesse sido, por meio da assimilação e incorporação do que parecia negá-la, mas que poderia revigorá-la e modernizá-la. Esta estória, como outras e o próprio *Grande Sertão: Veredas*, reencena, só que agora na perspectiva refinada da tragédia e do ditirambo dionisíaco, o nosso processo de modernização conservadora.[13]

lírica e trágica. Isto torna Otto, creio, junto com Karl Kerényi, de quem foi colega, uma das fontes principais do helenismo de Guimarães Rosa. Segundo Ordep Serra, Kerényi começou a escrever seu *Dionysos* logo depois do de Otto, publicado em 1933 (ver Otto, 2005, p. XV). O que distingue o Buriti Bom dos lugares desencantados, como a Grumixã, é que ali outras forças ainda teriam vigência, transportadas para um sistema de crença de tipo *vitalista*: "Aqui, as forças da vida humana que nós conhecemos sob o nome de disposições, tendências, transportes, são figuras do ser de natureza divina, que, enquanto tais, não concernem unicamente ao homem, mas reinam com suas naturezas infinitas e eternas em todo o mundo terrestre e o *kosmos*: Afrodite (o encanto do amor), Eros (a força do amor e da procriação), Aïdôs (a apreensão e o pudor delicados), Eris (a discórdia) e muitos outros. O que anima o homem no mais íntimo é ser tomado por forças eternas que, enquanto divinas, estão atuando em toda parte" (Otto, 2006, p. 83, trad. minha). Antes, o helenista alemão havia escrito: "A antiga religião grega concebeu as coisas deste mundo com o mais poderoso senso de realidade que jamais houve, e todavia — quiçá por isso mesmo! — aí se reconhece o maravilhoso traçado divino. Ela não gira em torno das ânsias, carências e secretas delícias da alma humana; seu templo é o mundo, cujo transbordar de vida e agitação lhe nutre o conhecimento do divino. Só ela não precisa refutar o testemunho da experiência, pois é com toda a gama de tonalidades claras e escuras desta que ela se liga às imagens grandiosas dos deuses" (Otto, 2005, p. 8).

[13] Caberia aqui inclusive discutir a apreciação que faz Roberto Schwarz do uso da mitologia clássica na literatura modernista universal, em seu ensaio sobre a atualidade de Brecht e a prática do mesmo recurso pelo autor, embora num outro sentido, e se essa apreciação não seria aplicável também à literatura de Guimarães Rosa. No entanto, por outro lado, seria preciso também especificar a função e o significado do uso do mito em sua literatura: "Noutra chave, vários dos principais escritores modernistas procuraram dar parentesco mítico a seus episódios contemporâneos, para atenuar a contingência e lhes emprestar generalidade, dignidade arquetípica, eternidade etc., mesmo que

Iô Liodoro não era um sujeito só portador de poder e força, ele era também fonte de *forma*, ou seja, a sua ação era ordenadora, ela tinha o germe de determinada ordem e se guiava pelo coração — que aqui não significava apenas fonte de emoções e afetos, mas também de coragem e inteligência. Isto é percebido por Miguel, quando o contrasta com nhô Gualberto Gaspar, que lhe aparentava ser apenas um homem comum, "como todos", e que se cansava na sua vida medíocre, "naquela vida meã, se debatia de mansinho":

> "Porém, a despeito de tudo, tinha-se de querer bem a nhô Gualberto Gaspar, perdoando-lhe. 'Ele é como eu, como todos...' Assim, lutava todo o tempo por agarrar uma ideia de si, do que ainda não podia ser, um frouxo desenho pelo qual aumentar-se. Nhô Gualberto Gaspar, naquela vida meã, se debatia de mansinho. O que ele não sabia não fosse uma ilusão — carecia de um pouco de romancice. Triste é a água e alegre é. Como o rio continua. Mas o Buriti Bom era *um belo poço parado*. Ali nada podia acontecer, a não ser *a lenda*.
>
> Modo estranho, em iô Liodoro, grande, era que *ele não mostrava de si senão a forma*. Força cabida, *como a de uma árvore*, em ser e vivescer, ou como as que se esperdiçam no mundo. Aquele homem não era para sentir paixões, ceder-se. Nele escasseava, por certo, a impu-

irônicas, ou para lhes acentuar a sordidez. Basta pensar em Gide, Proust, Thomas Mann, Kafka, Joyce, Eliot e outros mais" (Schwarz, 1999, p. 138). São interessantes também as observações de Vagner Camilo sobre o modo de aproveitamento por Drummond do mito e da mitologia grega em sua poesia, como uma oposição entre história (ação humana e liberdade) e natureza (mito e determinação), que terminaria numa "História naturalizada". O que seria problemático para o poeta, segundo me parece, teria uma função mais produtiva para Rosa, seria mais um fato da essência da construção literária do que de uma visão do mundo, embora uma coisa seja para ele intrínseca à outra; o que coincide, embora de modos muito distintos, é a cosmovisão trágica de ambos (Camilo, 2005, p. 232).

ra substância, que arde porque necessita de gastar-se, e chameja arroxeada, na paixão — que é o mal, a loucura da terra. A terra do Buriti Bom tinha muita água. *Iô Liodoro balançava a paciência pujante de um boi.* Assim ele circunvagava o olhar. Também praticava, constante, um hábito ou preceito de moderar-se, no trato com as criaturas femininas, que eram sua família; delas, sem desapreço, nem desafeição, ele parecia contudo gravemente muito apartado. Capaz ele fosse maninho e seco de coração? Decidido que não era. Bastava vê-lo conversar com iô Ísio. Aí, austero que fosse, e por mais que quisesse demonstrar, nem sempre conseguia." (*Ibid.*, pp. 425-6, grifos meus)

Esse quadro enigmático que Miguel nos dá de iô Liodoro, ao contrastá-lo com nhô Gualberto, é um dos mais curiosos. Para significá-lo, primeiro ele situa o Buriti Bom como um espaço fora do rio do tempo, "um belo poço parado", e propício não aos fatos comezinhos da vida, mas aos verdadeiramente narráveis e memoráveis, "Ali nada podia acontecer, a não ser a lenda". Depois, ele aproxima o senhor do Buriti Bom de um feixe de elementos simbólicos do dionisismo: a árvore, a água, o boi.[14] Quando diz que ele não era homem de sentir paixões e deixar-se guiar por elas, "ceder-se", ressalta o seu controle sobre as mesmas e a escassez nele da "impura substância, que arde porque necessita de gastar-se, e chameja arroxeada, na paixão — que é o mal, a loucura da terra". Entre as duas substâncias informes, o fogo, que tende a subir e procurar o olímpico, e a água, que corre para baixo, para as

---

[14] Guimarães Rosa, numa carta a Edoardo Bizzarri, o tradutor de *Corpo de baile* para o italiano, diz que o livro "tem no espírito e no bojo qualquer coisa de dionisíaco (contido), de porre amplo, de enfática 'desmesura'". Creio que seja importante notar que ele ressalta justamente esse aspecto do dionisismo, a desmedida ou perda dos limites (Bizzarri, 1981, p. 83). Heloisa Vilhena de Araujo se detém mais no exame do dionisismo na novela "Buriti", nos seus dois livros sobre *Corpo de baile* (ver Araujo, 1992 e 1996).

profundezas subterrâneas, ele estava plantado na segunda, "Mas o Buriti Bom era um belo poço parado", "A terra do Buriti Bom tinha muita água", que é justamente o elemento de Dioniso, um deus *chthonico*, subterrâneo. Como complemento disso, iô Liodoro era moderado no trato com as mulheres de casa, "as criaturas femininas, que eram sua família", das quais, apesar de tudo, se mantinha "muito apartado". O que Miguel nos descreve é a atitude ativa de iô Liodoro na efetivação dos laços familiares, porém sem exercê-la apenas com o medo e o mando autoritário, mas com "a paciência pujante de um boi"; até a sua incapacidade de anular de todo o afeto e manter a postura austera com o filho amasiado com uma mulher-dama, "por mais que quisesse demonstrar, nem sempre conseguia". A sua atitude era ditada por uma força interna, "como a de uma árvore", que tinha por fonte um coração fecundo, "ele fosse maninho e seco de coração? Decidido que não era".

Essa visão contaminada de índices e signos dionisíacos — o caráter subterrâneo, o parentesco com o feminino, as identidades com a água, o boi e a árvore — é confirmada por Lalinha, ao recordar quando ele foi buscá-la na cidade para trazê-la ao Buriti Bom. Ela lembra que os pegajosos laços familiares que ele estendia e com os quais atava a todos — como aqueles nos quais ela própria iria se enredar, "Há de ser sempre minha filha", "minhas outras filhas suas irmãs", "Lá é nossa casa" — não eram impostos. Eles vinham do carisma e da confiança que inspirava e da segurança que a vítima sentia, "como o chão, como o ar", ao ser enleada pela presença e pelas palavras daquele homem, as quais despertavam "um neutro e operoso amor":

> "Ela não cobrara tempo de relutar, tudo se passou em rápida necessidade. Mal mesmo hesitou. A ida para a fazenda, por uns meses, proposta por iô Liodoro, com poucas palavras aprontadas no meio de um sólido silêncio, logo lhe parecera, no nascer do momento, uma decisão possível. Os modos de iô Liodoro — que conveciam, fora de todo costumado. Uma presença com pessoa, feito uma surpresa, mas sem o gume de surpresa,

firme para confiança, como o chão, como o ar. Perto dele, a gente podia fechar os olhos. A voz, e o que falou — como o fecho de alguma longa conversa, de uma discussão não havida: — 'A senhora vem, todos estão lhe esperando. Há de ser sempre minha filha, minhas outras filhas suas irmãs... Lá é sua a nossa casa'. Falava baixo, sem a encarar, com um excessivo respeito. Aquele homem devia de alentar um neutro e operoso amor para com todos os seus parentes, mesmo para os que ele nem conhecia." (*Ibid.*, p. 436)

Logo, porém, Lalinha se dará conta de que não estava lá só "por uns meses" e que não era uma estranha no lugar, ao contrário, ela se vê como mais uma peça do xadrez familiar, consolidado pelo peso dos laços trançados por ele, "seu maço de coração, governando ouvinte os silêncios da casa", e pelos afetos das filhas, além do poder simbólico da aliança, que ela não deixou de usar e que a mantinha presa a todos:

"Entendia-os, pensava. Mesmo, bem, a iô Liodoro, que, ainda quando mais presente, semelhava sempre estivesse légua a longe, mudo, apartado, no meio d'algum campo. E no entanto se sentia seu maço de coração, governando ouvinte os silêncios da casa. Era como se iô Liodoro de tudo desprendesse sua atenção, mas porque tudo supusesse constantemente andando pelo melhor. Ele, a qualquer hora assim: quieto de repente, diferente de todos mas sem mistério, mais que um dono e menos que um hóspede. Tinha-a ido buscar, e trouxera-a, com especioso afã, durante o caminho todo, quase serviçal. Mas, bem chegados, e ele se desfizera dela, como se desabafado de uma incumbência. Entregara-a às filhas, sossegara-se a seu respeito. No mais, não seria outro, caso ela ali estivesse residindo havia anos, ou se tivesse de ficar lá para sempre. Lalinha, de começo, estranhou. Mas Maria da Glória tranquilizou-a: que não, que o pai

O touro

toda a vida fora assim, retraído, retraidão, canhestro, e com o miúdo das coisas não se importando um avo. E, outro dia, Glória brincou e disse: — 'Sabe, Lala? Papai gosta mais de você, porque você não deixou de usar a aliança...' Seria verdade." (*Ibid.*, p. 442)

O que veremos, com o desenvolvimento da história, é que não será apenas a presença de iô Liodoro um desafio à Lalinha, que se sentirá enredada e não saberá se irá querer ficar ou partir dali; também a presença dela será um desafio a ele, que, antes de enfrentá-lo, hesitará muito. Porém isto fica para depois, quando examinarmos o papel que ela irá cumprir junto ao pai e à filha. O que nos interessa agora é entender de onde vinha essa força de iô Liodoro e como ela é representada. Se nhô Gualberto, na sua visão estreita e maliciosa, como já vimos, o considerava um "garanhão", devido ao seu vigor com as mulheres, no Buriti Bom ele era associado ao *touro*, compreendendo aqui as significações simbólicas muito distintas dos dois animais. É a partir da conduta muito direta e, pelo menos aparentemente, inocente de Glorinha, numa cena reveladora — que também analisaremos integralmente mais adiante —, que Lalinha apreende essa associação de iô Liodoro com o touro:

"De repente, pensou compreender porque Glorinha gostava de se referir, entre risos, à cópula dos animais e aos órgãos de seus sexos. Ainda na véspera, dissera, repetindo noção corrente entre os vaqueiros: — 'O zebu é frio, preguiçoso. Touro curraleiro ou crioulo é que é macho de verdade: bravo, fogoso de calor. Um marruás curraleiro carece de muitas vacas, para ele não tem fêmeas que cheguem...' Falara assim, forte de inocência. Mas Maria Behú, se franzindo, brandamente censurara-a. 'Ela disse isso, sem se lembrar do pai... E Maria Behú, teria pensado nele, quando ralhou?' — Lalinha não tinha podido deixar de cogitar." (*Ibid.*, pp. 444-5)

Se Maria da Glória, de certa forma, ao apreciar o touro só como potência sexual poderia reduzir também o pai, como nhô Gualberto já havia feito ao considerá-lo um "garanhão", e, pelo jeito, o mesmo acontecia com Maria Behú, Lalinha, nas suas elucubrações, enxergava nessa associação dele com o touro também outras dimensões.[15] Na visão dela, ele aparece como uma potência vital entre outras forças da natureza, sem sucumbir porém a elas, e assim ela já o havia visto antes: "Aquele homem não era para sentir paixões, ceder-se". Agora, ela elabora dele uma imagem inteiramente grandiosa e forte, demonstrada tanto pelas suas ações, como pelo seu aspecto físico, engrandecida mais ainda pelas suas vestes: a capa rodada, o chapelão molhado, as botas altas. Ela o imagina assim, enfrentando os remoinhos dos bois, o vendaval das chuvas, e isso lhe permite aproximá-lo novamente das árvores robustas e dos "esteiões" da casa, duas outras importantes representações dionisíacas.[16] Ela o contempla imaginativamente como uma grandeza com poder de "influição", e de forma benévola e grave. Isto, em contraste com ela, "delicada e fraca", na posição instável em que estava, encolhida, no balanço da rede. É impressionante a força da cena imaginada por Lalinha, na qual iô Liodo-

[15] É deste modo que Walter F. Otto diz como o touro representa a "dupla natureza" de Dioniso: "Porém existe uma besta poderosa, sob a forma da qual frequentemente também os deuses dos rios surgiam de seu elemento; ela é tão próxima de Dioniso que é sob os seus traços que este se mostrava aos seguidores. Trata-se do *touro*./ Sabe-se que, entre os povos antigos, o touro passava por ser o símbolo da fecundidade e do poder, e é sem dúvida precisamente por isso que os espíritos dos rios nutridores e fecundadores eram representados sob os traços dos touros [...]/ Mas não são apenas a sua vitalidade e poder que fazem do touro uma das formas sob as quais Dioniso se mostra; o seu furor, o seu lado temível não contribuem menos para isso. Como todas as manifestações autênticas de Dioniso, ele apresenta a dupla natureza do reprodutor e do destruidor. Nele a vida borbulha, selvagem e terrível, e ela explode numa fúria que ultrapassa ainda em força a ferocidade da pantera e do lince, os sanguinários favoritos de Dioniso" (Otto, 1969, pp. 174-5, trad. minha).

[16] Cf. a respeito, em especial, Jeanmaire, 1991, p. 70; Otto, 1969, p. 94 e p. 166.

ro surge como uma presença poderosa, porém não desordenadora, ao contrário; ela conclui os seus pensamentos divisando a sua "grande forma":

"Iô Liodoro chegasse agora, como vez de costume, surgido do campo onde reinavam remoinhos de bois e o vendaval das chuvas, e aos gritos os vaqueiros cavaleiros, vestidos de velho couro ou sob as capas rodadas de palha-de-buriti, iô Liodoro se apeava do cavalo, subia à varanda, suas altas botas enlameadas, seus largos ombros, o emembramento espaçoso, as roupas, o chapelão escurecido de molhado, e ele escondido dentro de si, retirado de seus olhos dele, vinha, a gente pensava sempre que ele viesse vir, em direitura; mas não, apenas à distância as cumprimentava, abençoava Maria da Glória, e entrava na Casa, iria pelo corredor, que em dias chuvoentos se alongava mais obscuro. Aquele homem assentava bem com as árvores robustas, com os esteiões da casa. Ele estreitava a execução dos costumes, e não se baixava amesquim para o que de pequenino se desse. Outra hora, tomado seu café, reaparecia, ficava um tempo de pé, embrulhando o cigarro. Conversava, sim, saído de claros segredos, dizia coisas sem maior importância, e estudava-se em sua pessoa uma espécie de influição, que era de benevolência e gravidade. — 'Papai não dá liberdade a ninguém, nem tira...' — Maria da Glória explicava. Lalinha tomava um prazer de não precisar de se levantar, de já estar assim ali, e poder continuar encolhida na rede, na presença dele. Sentia-se delicada e fraca, e respeitada. Pedia para si pureza, os límpidos pensamentos. 'No fundo, sou boa...' Apartar-se de coisas ainda não separadas, e como frias doenças — a face de seu pensamento se fazia tênue, transparente, como se ela divisasse: malmoveu-se *uma grande forma*." (*Ibid.*, p. 457, grifo meu)

A força de iô Liodoro, tal como Lalinha o representa para si, não é, entretanto, a de uma potência inteiramente contida e inocente. Ele é ambíguo, guarda em si mesmo uma contradição, na medida em que tem tanto um poder de violência destrutiva, como de fecundação geradora, que Lalinha percebe muito bem, no processo que ela própria vivia também de formação de si. Por um lado, se sente "delicada e fraca, e respeitada", e, por outro, que está se distinguindo e diferenciando, o que quer dizer, se constituindo como alguém e uma vontade, uma pessoa distinta: "Apartar-se de coisas ainda não separadas, e como frias doenças". Ela vive ali no Buriti Bom um processo com dois movimentos: um, de conhecer e, posteriormente, enfrentar essa força que a trouxe para o lugar; e, outro, de experimentar o poder de controlá-la, sem anulá-la, pois Lalinha reconhecia a sua positividade. Por enquanto, só trataremos do primeiro movimento, que é o do reconhecimento daquele poder que a atraía e a ameaçava, daquela violência que trazia morte e vida. Isto se dá numa manhã quase paradisíaca no Buriti Bom, encantada pelos pássaros, mugidos de vacas, e o contracanto grave e enfático do touro: "O touro, ora remugia o touro". E tudo ali era sombreado pela proteção alta da palmeira fálica: "o Buriti-Grande tinha ao pé um pano ainda caído de branca névoa, e como cintura, ao corpo, pelo terço, um móvel anel de neblina". A manhã se anunciava assim tão radiante, que Lalinha convida Glorinha para cavalgarem, e esta lhe conta ao longo do trajeto que uma mocinha do Caá-Ao, filha de uma tal de Dondola, tinha aparecido grávida, por ter sido desvirginada, deflorada, por um certo João Rapaz, filho de um vaqueiro. Lalinha ria do que Glória contava, sem explicar-lhe por que reagia assim, e nem poderia dizer o que lhe passava pela cabeça — possivelmente que o que havia feito esse João Rapaz também poderia ter sido feito pelo seu pai:

> "Mas não poderia dizer-lhe porque se ria, nunca. O que pensara. Glorinha seguia explicando. Que quem fizera-mal à mocinha supunha-se certo o João Rapaz, filho do vaqueiro Estaciano. — 'O Rapaz se autorizou

dela...' Abusara-a. Não, não — o que ela pensava: iô Liodoro, só ele, violando, *por força e por dever*, todas as mocinhas do arredor, iô Liodoro, *fecundador majestoso*. Assim devia ser. 'Apareceu grávida...'" (*Ibid.*, p. 489, grifos meus)

O fato serve para Lalinha concretizar e dar acabamento à imagem de iô Liodoro, como uma potência-violência, que trazia morte e vida, violentava e engravidava, e era essa duplicidade que lhe permitia a complacência: se ria e o via como um "fecundador majestoso".[17] E é deste modo que ela o metaforiza, como um *touro* e um *cão*, uma fonte incontida de vida, mas que precisava ser

---

[17] Essa expressão lembra o teor da evocação do deus, descrita por Walter F. Otto, pelo coro das mulheres de Elêusis, para que ele viesse ao mundo na forma de um touro: "E agora o desaparecido é sentido reaparecer subitamente, o olhar bêbedo e o sorriso turvo, ou surgir da obscuridade sob a forma de um touro selvagem./ É ele que o coro das mulheres aguardava, fiéis imagens desses seres mais altos, que por toda parte seguiam Dioniso. Em Elêusís, era o coro dançante das 'dezesseis mulheres' que invocavam o deus nestes termos: 'Vem, senhor Dioniso, no templo sagrado de Elêusis, acompanhado das Graças, lança-te no templo sobre teus cascos, venerável touro, venerável touro!" (Otto, 1969, p. 87, trad. minha). Num outro momento, quando discorre sobre a dualidade da essência mesma de Dioniso, ele diz como ela se revela nos diferentes animais nos quais esse deus multiforme se transmuta, entre eles o touro e o seu significado: "Mesmo os animais que o acompanham e sob a forma dos quais ele mesmo aparece de tempo em tempo, contrastam muito fortemente uns com os outros, uns (o touro, o bode, o asno) simbolizando a fertilidade e o desejo sexual, enquanto que outros (o leão, a pantera, o lince) são as imagens dos instintos mais sanguinários" (*Ibid.*, p. 118, trad. minha). E, próximo do final do livro, quando fala sobre uma de suas denominações, Bougenés, como "a vaca o trouxe ao mundo como jovem touro", diz: "Ora, se ele deveria aparecer, como diz o canto, sob a forma de touro furioso, é preciso saber que [...] não se poderia pensá-lo [o jovem deus] fraco e sem defesa, mas antes possuindo uma força maravilhosa — segundo o que conta a lenda órfica de Dioniso criança, na qual se ensina que Zeus lhe havia confiado o raio e o trono, e que na sua última hora ele assustou aqueles que iam arruiná-lo tornando-se leão, serpente, touro" (*Ibid.*, p. 202, trad. minha). Ver também sobre o assunto o item "un dieu taureau", Jeanmaire, 1991, p. 45.

domada, domesticada, civilizada na sua violência. A descrição do término desse processo duplo, de compreensão do outro e de formação de si, o qual é visto como um despertar de si e da consciência de si e do outro, é preciosa. Lalinha o percebe como um movimento labiríntico e barroco, compara-o a um contínuo despertar de um sonho dentro de outro, como se formassem circunferências concêntricas, até chegar ao seu núcleo, como o olho do furacão, outro sonho.[18] E ela encontra ali o sentimento um tanto ambíguo de serenidade e conformidade de se ver condenada à alegria sem motivo e à felicidade: "Meu *dever* é a alegria sem motivo... Meu *dever* é ser feliz...". Esses sentimentos transpareciam em seu rosto e deveriam tanto revelar o que sentia à Glorinha, como embaraçá-la, provocando-lhe o espanto. O próximo passo de Lalinha será o do sacrifício prazeroso, também de vida e morte: atrair iô Liodoro para si, sobre si, e é assim que se imaginará talvez, coberta por um touro, daí o sorriso:

"Todo o Buriti Bom, imudado, maior que os anos; o Brejão, os buritizais, o vento com garras e águas. Iô Liodoro: os olhos, que tomavam um veludo... Iô Liodoro — um pescoço grosso, *só se um touro*; e aquela falta de vergonha, *só se um cão*... Então, odiava-o? Não, não podia. Nem a si mesma odiava mais, não se culpava, não se desprezara. Tudo serenara, serenava súbito, com um sussurro íntimo, como gota e gole. Amava-os, a despeito mesmo deles, devagarinho, guardadamente, e para

---

[18] É deste modo que Nietzsche descreve a relação do artista dionisíaco com a embriaguez, como um misto de sonho e vigília, nunca é inteiramente só um ou outro, mas um jogo entre ambos: "Mas enquanto a embriaguez é o jogo da natureza com o homem, a obra do artista dionisíaco é o jogo com a embriaguez. Este estado, se alguém não o experimentou por si mesmo, não se deixa conceber a não ser por analogia: trata-se de alguma coisa de similar ao sonho e de sentir vagamente que esse sonho é sonho. Assim, o devoto de Dioniso deve ao mesmo tempo estar sob o efeito da embriaguez e permanecer em si mesmo como um vigia à espreita" (Nietzsche, 2007, p. 27, trad. minha).

sempre, por longe deles que fosse. Glória, iô Liodoro, Behú. Amava-os. E entendia: um despertar — despertava? E a vida inteira parecia ser assim, apenas assim, não mais que assim: um seguido despertar, de concêntricos sonhos — de um sonho, de dentro de outro sonho, de dentro de outro sonho... Até um fim? Sossegara-se. O calado sussurro. Como se se dissesse: 'Meu dever é a alegria sem motivo... Meu dever é ser feliz...' Sorria. Mas, suas feições traíam-na tanto, que Glorinha assim estivesse a olhá-la, visando demais, adivinha de susto e espanto?" (*Ibid.*, p. 503, grifos meus)

É esta aproximação do patriarca com o touro que nos permite começar a entrever na novela o arcabouço mítico que a estrutura. Por ela penetramos direto no mito ou nos vários mitos que se articulam em torno da mesma figura taurina de iô Liodoro. Pelo menos quatro são possíveis de serem aí relacionados: o de Dioniso/touro, "o Zeus-Dioniso de Creta", a realidade arquetípica da *zoé* em oposição à *bios*, a vida individual e perecível, como a vida na sua expressão perene e sempre renovada; o de Europa raptada e amada por Zeus na forma de touro, e que deu à luz Minos, o primeiro rei de Creta; o de Pasifaé, mulher de Minos, e o touro, por quem se apaixona e tem com o animal um filho meio touro, meio homem, o Minotauro; e, principalmente, o de Ariadne, irmã do Minotauro, que se torna amante de Teseu, ajuda-o com um fio ou uma coroa iluminada a encontrar o irmão no labirinto e a matá-lo, mas foi abandonada pelo ateniense e depois esposada e divinisada por Dioniso.[19] Foi a partir de motivos extraídos desses

[19] "Na ilha de Tenedo cuidava-se de uma vaca grávida consagrada a Dioniso, denominado lá 'o deus dilacerador dos homens', como se fosse uma mulher parturiente e depois uma convalescente. No bezerro gerado por ela calçavam botas de caça, iguais às que frequentemente calça o deus, quando o sacrificavam em substituição de um menino, que outro não era senão o pequeno Dioniso. A identidade do deus com o bezerro e com o touro é demonstrada na Grécia por invocações, como *Bourgenés*, 'filho de vaca' e 'no-

Touro e feras

mitos e de suas versões humanizadas que Guimarães se aproveitou para desenvolver o seu tema: o do processo de civilização do sertão do Brasil.[20]

bre touro', como aquele que devia reunir-se aos seguidores de Dioniso 'com impetuoso pé de touro'"; "O deus-touro, que na Grécia era venerado como Dioniso, mas em Creta também como Zeus, é reconhecido como o deus caçador: Zagreus" (Kerényi, *op. cit.*, p. 71 e p. 99, trad. minha). Marcel Detienne descreve a evocação e a epifania de Dioniso como touro: "Quando o invocam solenemente as Dezesseis, o muito respeitável colégio das sacerdotisas encarregadas dos concursos em honra de Hera, e da vestimenta para ela tecida a cada quatro anos. 'Venha, senhor Dioniso, ao templo puro dos eleus, venha com as Cárites, saltitando (*thuôn*) com teu casco taurino'. Chamado por duas vezes seguidas 'Poderoso Touro', o deus, convidado no dia do Salto/Jorro, deve surgir sob sua forma animal, touro fogoso em pleno galope e levantando bruscamente com um salto para aparecer no templo qualificado de puro. Manifestação do poder de um deus cuja epidemia se produz em companhia das Cárites, as divindades da luz, mães da alegria esfuziante" (Detienne, 1988, pp. 97-8).

[20] Quem observa como todos esses mitos taurinos trabalhados na novela são conexos é Marcel Detienne: "Delimitando o espaço onde surge a forma monstruosa do Minotauro, duas narrações sobre a soberania confluem para fazer cruzar o destino de Minos com a biografia de Teseu./ E nesse traçado narrativo é possível apontar dois indícios ao mesmo tempo. Primeiro, a presença do touro nas duas extremidades da narração. Pelo lado do amante de Europa, sua mãe, Minos era de ascendência taurina tanto quanto o filho de Pasifae. Semelhança realçada pela homonímia: *Astérios*, a Estrela, é simultaneamente o nome do pai de Minos, e para o Minotauro como um sobrenome, um nome a mais. Enquanto a aventura cretense de Teseu se fecha com a decapitação sacrificial do touro de Creta, capturado em Maratona e conduzido em procissão até a Acrópole. Há, em seguida, a conquista da soberania. Por sua ambição excessiva, Minos era um rei doente, atingido duplamente em sua potência de fecundidade. E por sua vitória sobre o monstro do labirinto, insígnia perversa da soberania cretense, Teseu ambicionava a autoridade real sobre a terra da Ática" (Detienne, 2003, p. 14).

3.

Maria da Glória, a filha do pai

Maria da Glória, Glória, Glorinha

As primeiras imagens que temos de Glorinha nos são dadas por Miguel e pelos relatos feitos a ele por nhô Gualberto Gaspar. O que sabemos, portanto, vem da visão de um apaixonado e de um sujeito reles que, ocultamente, a deseja e cobiça.[21] Elas são, desse modo, duas visões que podem estar deformadas pelos sentimentos dos que as expressam, por isso têm que ser apreciadas com o devido cuidado. O que não quer dizer que sejam em tudo falseadas; elas trazem sempre dados que se aproveitam para o conhecimento, se não muito das pessoas de que tratam, pelo menos das que as expressam. A primeira vez que Miguel se refere a ela é para contrastá-la com Lalinha, de modo que a tendência do leitor é a de distinguir a boa da má, já que as duas são belas, ou, pelo menos, de diferenciar a pura, virgem e loira, da impura, casada e de cabelos negros. O leitor pressupõe que Glória deveria ter alguns atributos extras para que o protagonista simpatizasse mais com ela do que com a outra. São muitos os indícios que tendem a favorecê-la: ela é do sertão e Lalinha é da cidade; ela é solteira e a outra

---

[21] Muito significativamente, numa passagem da novela, ao mesmo tempo em que nhô Gualberto elogia Glorinha, "como que num insensível prazer", coça as suas partes baixas: "— 'É a moça de muita saúde e boas prendas domésticas, preceito virtuoso...' — ele repetia. — 'Deriva de raça muito cristã...' Nhô Gualberto Gaspar deixava o lenço aberto no arção do arreio, ele estava distraidamente se coçando nas partes em que não se fala, quase como que num insensível prazer" (Rosa, 1960, pp. 433-4).

casada e abandonada; ela é loira, dentro dos padrões clássicos, e a outra tem os cabelos "muito pretos", seguindo o modelo romântico; Glória é natural e espontânea, "sempre o sem-disfarce do sorriso", e Lala artificiosa e maquiada, "as unhas esmaltadas de carmesim, o perfume, o penteado"; assim, pelos contrastes, acumulamos uma série de elementos e índices que nos induzem a confirmar a escolha do herói e a torcer para que o encontro entre eles se realize, unindo a ingenuidade de um com a pureza da outra:[22]

> "Dona Lalinha é uma linda mulher, tão moça, como é possível que o marido a tenha abandonado? Nela não se descobre tristeza, nem sombra de infelicidade. Parece uma noiva, à espera do noivo. Vê-se, é pessoa fina, criada e nascida em cidade maior, imagem de princesa. Cidade: é para se fazerem princesas. Sua feição — os sapatinhos, o vestido, as mãos, as unhas esmaltadas de carmesim, o perfume, o penteado. Tudo inesperado, tão absurdo, a gente não crê estar enxergando. Isto, aqui nas brenhas, na boca dos Gerais. Esta fazenda do Buriti Bom tem um enfeite. Dona Lalinha não é de verdade. [...] Sobre o delicado, o vivo do rosto, tão claro, os lindos pés, a cintura que com as duas mãos se abarca, a boca marcada de vermelho forte. Comigo, ela quase não fala. Evita conversar, está certo, na situação

[22] É muito interessante observarmos como as duas trairão os seus modelos e aparências: a sertaneja loira e ingênua se mostrará descontrolada e levada pelos impulsos sexuais baixos; e a citadina de cabelos negros, artificiosa e simulada, terá uma alta ação civilizatória no lugar. Elas estarão completamente na contramão dos estereótipos estudados por Sérgio Buarque de Holanda no seu belo ensaio "Da alva Dinamene à Moura encantada" (Holanda, 1979, p. 85). Isto se deve, creio eu, ao espírito lúdico do autor, interessado em romper com os modelos binários de certo e errado, bom e mau, e ao seu gosto de punir o leitor desavisado, que se sentirá com isso atrapalhado e confuso.

dela. Tem de ser mais honesta do que todas. Todo o mundo tem de afirmar que ela é honesta, direita. [...] Glorinha é loura — ou, ou, alourada. Mais bonita do que ela, dificilmente alguma outra poderá ser. *Bonita* não dizendo bem: ela é bela, formosa. Quanto tudo nela respira saúde. Natural, como Dona Lalinha. Mas, tão desiguais. Glória: o olhar dado brilhante, sempre o sem--disfarce do sorriso como se abre, as descidas do rosto se assinalando — uma onçazinha; assim tirando as feições do pai, acentuados aqueles sulcos que vêm do nariz para os cantos da boca. Dona Lalinha, os cabelos muitos lisos, muito, muito pretos; e o rosto a maior alvura. Ela tem um modo precioso de segurar as cartas, de jogar, de fumar, de não sorrir nem rir; e as espessas pálpebras, baixadas, os lábios tão mimosamente densos: será capaz de preguiça e de calma." (*Ibid.*, pp. 390-1)

Aos olhos de Miguel, as duas são igualmente lindas, porém compõem um xadrez no qual uma representa a casa branca e a outra a negra, e reúnem em torno de si as qualidades convencionalmente associadas a uma cor e à outra: a loura clássica ingênua, natural, e a mulher moderna fatal, artificial, de cabelos e talvez também os olhos negros, "as espessas pálpebras, baixadas"; a moça do campo e a da cidade; a solteira pura e a casada impura. Se a descrição de Glorinha é sucinta e concentrada, a de Lalinha é mais demorada e detalhada. Ele a descreve antes e depois de falar de Glória; a segunda vez para dar mais detalhes sobre ela e repisar os mesmos aspectos, como se quisesse acentuar a sua artificialidade na maquiagem carregada, nos gestos e nos costumes de mulher moderna masculinizada, que joga, fuma e sabe se esconder e simular: "as espessas pálpebras, baixadas, os lábios tão mimosamente densos: *será capaz* de preguiça e de calma". Porém, em nenhum momento sugere que uma seja a boa e a outra a má, ele só percebe nelas traços físicos e atitudes contrastantes. Guimarães utilizou-se desse mesmo procedimento para caracterizar as duas prostitutas do Pinhém, "as tias" Conceição e Tomázia, que reuniam também

Maria da Glória, a filha do pai

as mesmas características distintas: uma era natural e franca e a outra artificiosa e maquiada, mas sem que por isso uma fosse melhor do que a outra. Porém, dois traços de Glorinha que já são ligeiramente lembrados aqui nesta passagem serão reafirmados ao longo de toda a novela: um, o de que tinha algo de selvagem, "uma onçazinha", aspecto realçado por "aqueles sulcos que vêm do nariz para os cantos da boca"; e, outro, de que tinha certa semelhança com o pai, "tirando as feições do pai", dito de passagem. E ainda um pouco mais abaixo, numa comparação que a própria Glória faz de si com a outra irmã, Maria Behú: "'Saí ao Papai...' — ela mesma diz. Ao contrário de Maria Behú — de perdida fisionomia" (*Ibid.*, p. 391). Nós veremos mais adiante que as semelhanças não se limitavam aos traços fisionômicos sem importância.

A continuidade das lembranças de Miguel só tende a confirmar essa imagem de Glorinha, como uma pessoa clara, direta, "franca demais", ingênua, sem muita noção da maldade humana e inocente. Numa conversa com ela sobre caçadas, ele se lembra da infância no Mutum e da impiedade da morte dos tatus quando caçados, que choravam chamando Jesus, "Ele chiava: Izúis, Izúis!" (Rosa, 1964, p. 42), e aqui se recorda do tatu-peba que, fugindo dos cachorros, rosna e "quer traçar no chão uma cruz". E confessa para si, sempre idealizando Glória:

> "Eu gosto de Glorinha. Seja, eu não quereria magoá-la. Glorinha, Glória, Maria da Glória. Mas ela é ainda sadia, simples, ainda nem pecou, não começou. Sempre se vê: se não, seus olhos trariam também alguma sombra, sua voz. Seus gestos revelariam uma graça não gratuita, mas conseguida. Maria da Glória é inocente, de uma inocência forte, herdada, que a vida ainda irá desmanchar e depois refazer. A gente pode amar, de verdade, uma inocência?" (Rosa, 1960, p. 393)

A repetição de todos os seus nomes, do mais próximo e afetivo ao mais distante e completo, "Glorinha, Glória, Maria da Glória", reflete o processo de elevação e sublimação de como ele a via e julgava. Miguel continua recordando o diálogo com ela e os seus pensamentos voltam a compará-la com Lalinha; representa esta como uma forte atração erótica e diz para si, como se diferenciasse a beleza celeste de uma da terrena de outra: "Glorinha é bela. Dona Lalinha é bonita". Antes, ele já havia dito isto sobre ela, talvez querendo distinguir um tipo de beleza essencial, que refletia o próprio belo, da acidental, o caso singular, de algo por si bonito: "*Bonita* não dizendo bem: ela é bela, formosa". Miguel, nessas recordações, retorna ao Mutum, relembra o irmãozinho Dito, morto, e pergunta à Glória se ela teve meninice; ela então lhe responde, com seu jeito brincalhão e, em outros termos, que não tinha nascido de mulher e já surgira pronta, um pouco como Gargântua e Macunaíma: "'— Tive não. Pescaram um surubim, abriram, e me tiraram de dentro dele, já grande assim, sabendo falar, dançar valsa... E ih? Valeu a pena?' Depois ela lhe pergunta se havia estranhado o que tinha lhe dito do peixe surubim, e ele diz: '— Não, Maria da Glória. Mas você devia de ter nascido era no cacho de flores do buriti mais altaneiro, trazida por uma garça rosada...'" (*Ibid.*, pp. 393-4). Novamente, ele contrapõe a sua imagem idealizadora, composta de cachos de flores, buriti alto, garça rosada, à mais jocosa dela, vinda pronta e falante de dentro do surubim. Ainda que de brincadeira, tanto ela como ele omitem a mãe e só se referem, para falar da sua geração, às figuras masculinas do surubim, um peixe enorme e o "cacho de flores do buriti mais altaneiro", que poderia ser o fálico Buriti Grande.

Nhô Gualberto Gaspar tem a mesma visão contrastante das duas moças belas do Buriti Bom, porém num outro tom, agora contaminado pelas suas intenções baixas. Para ele, uma era sertaneja e a outra urbana, e, nos seus pensamentos, "Nisso Gualberto pensava", ele se pergunta se o exemplo de Lalinha, com seus "delúsios e atavios de cidade", não iria comprometer as virtudes das filhas de iô Liodoro, pois ninguém "sabe em que roupas de rendas o diabinho-diabo se reza...". A partir daí, ele cria uma situação para ilustrar a si próprio como isso se daria, e a cena imaginada é toda impregnada de sugestões maliciosas e fortemente eróticas. Ele as imagina num passeio a cavalo junto com ele, apreciando a ve-

Maria da Glória, a filha do pai

getação, as árvores, os paus e as flores. Tudo o que elas dizem tem sempre uma conotação erótica e sugestiva, as flores aveludadas lembram vulvas, os paus, membros viris, os troncos das árvores despertam em Glorinha "fogo de entusiasmos", como se estivesse possuída, outras plantas se tornam grelos, peludos, como veludos, e, no fim, Maria da Glória se nivela a Lalinha e se ri com ela como se fosse "moça enflorescida" e estivesse "carecendo de amor":

"Maria da Glória era a bela, firme para governar um cavalo grande, montada à homem, com calças amarelas e botas, e a blusa rústica de pano pardo, ela ria claro e sacudia a cabeça, esparramando os cabelos, dados, em quantidade de sol. Galopava por toda a parte, parecendo um rapaz. Alegria, era a dela. — 'Sou roceira, sou sertaneja!' — exclamava; tirava a forra de ter passado uns anos no colégio. Apontava para um barbatimão, e aí dizia: — 'Apre, ele é rico: vigia — cada folhinha redondinha, como moedas de tostão...' Assim queria que a gente prezasse o pau-bate-caixa, porque tem as folhas verde-claro, o verde mais fino do cerrado, em árvores já crescidas. A Dona Lalinha, junto, num cavalo muito manso, ela em montaria de luxo, toda verde-escura, estimava aqueles risos e prazeres. A fruta da lobeira, Dona Lalinha disse: — 'É uma greipe...' — Dona Lalinha é que era verdadeiramente de cidade. As flores da lobeira, roxas, com o centrozinho amarelo: — 'Haviam de ficar bonitas, num vaso...' — aquilo parecia até imoral, imaginar aquelas flores, no quarto perfumoso de Dona Lalinha. A árvore capitão-do-campo, essa avampava em Maria da Glória o fogo de entusiasmos: — 'Oh, como ele cresce! Como esgalha!' Mas, parecia que ela dissesse aquelas coisas somente por estar em companhia de Dona Lalinha, para agradar a Dona Lalinha; ela queria se mostrar mais inocente, mais menina. — '...Este aqui, secou, morreu... Mas, o outro, moço, com os grelos, como isso é peludo, que veludo lindo!' A alegria de

As três Graças e beleza

Maria da Glória era risos de moça enflorescida, carecendo de amor." (*Ibid.*, pp. 408-9)

Porém, a fantasia de nhô Gualberto não era inteiramente desprovida de verdade; tanto Lalinha como Glorinha viviam as suas pulsões eróticas, nem uma nem outra tinham vocação para a santidade. Isto só se dava com a outra irmã, a Maria Behú, a feia, que vivia constantemente rezando. Entretanto, as duas amigas perseguiam de maneira distinta a realização amorosa e será justamente isso que nos surpreenderá, pois, quando ficamos sabendo o que procuravam, as imagens iniciais que tínhamos recebido delas, formuladas por Miguel e nhô Gualberto, se contrariam. Miguel, ao chegar pela primeira vez no Buriti Bom, Glorinha logo se aproximou dele, procurou a sua simpatia e o viu como um anjo salvador, mas que, como veremos, deveria salvá-la antes de tudo dela mesma, das suas heranças e inclinações. Numa passagem, ele procura comparar as três moças com a sua mãe, sendo que apenas duas, Maria Behú e Lalinha o lembravam dela, por um traço de falsidade e fingimento disfarçado, como se quisessem ser ou se passarem pelo que não eram. Desse modo, ele tomava a mãe como um modelo a ser evitado e a mulher que procurava não a deveria imitar. Ele começa falando de Maria Behú, a primeira pessoa que conheceu da família, e depois se refere às duas outras:

> "Mesmo sendo a primeira vez que se avistavam, não seria possível a Miguel deixar de perceber que ela estava simpatizando com ele, não sei-porque tendo nele uma confiança que não fosse de seu costume em outros depositar. Foi falando, animada. Ele sabia ouvir. Sua voz não desagradava; e ela queria que essa voz se fizesse bonita, se esforçava por isso. Falou do lugar, do Buriti Bom, da região, do rio. Falava como se precisasse, urgente, de convencê-lo de coisas em que ele não via nenhuma importância; isto é, aos poucos, começava a querer ver. Por que, justamente a ele, recém-chegado e estranho, ela carecia de falar assim? Ela parecia uma pri-

sioneira: que tivesse conseguido, do lado de fora, alguém que lhe desse uma atenção diferente e fosse levar bem longe um recado seu, precioso e absurdo. A maneira de olhar, vez a vez, vigiando se as outras já voltavam, media sua pressa de dizer. Não que mostrasse ânsia; nem no que confiava havia estranheza. Maria Behú era uma criatura singela. Apenas, urgia que Miguel pudesse ter vindo até ali só para ouvi-la, e de lá, antes do regresso das outras, se fosse embora, conhecendo-a a ela somente. Falava. Dizia da roça, da vida do sertão, que seria pura, imaginada simples e ditada de Deus, contra a vida da cidade. Repetia. Talvez ela não acreditasse nisso — a gente pensava. Com um fervor, queria que tudo fosse assim. Ao mais, se fazia uma ênfase, uma voz, e o que dizia não era seu; parecia repetir pensamentos lidos. Pobremente, perseguia alguma poesia. 'Lembra minha mãe...' — Miguel pensou. Aquilo soava em dor de falso.

... Minha mãe muitas vezes tomava esse modo de falar. Quem sabe quisesse mais do que sentia e podia, fugia do que tinha de ser. A dela — a gente, sem querer, pensava — era bondade, perfeita, ou uma insistida fraqueza? Minha mãe era toda amor, mas ela recitava palavras ouvidas, precisava de imitar a outros, e quando praticava assim parecia estar traindo. Sua beleza, tanta, teria alguma semelhança com a de Dona Lalinha? Dona Lalinha também é frágil, e a fragilidade de propósito realçada. E, de repente, vi Maria da Glória. Vi-a, a vulto, mas sentindo densamente sua presença, como um cão fareja. Logo não olhei; como não se olha o alagável do sol, digo, porque me travou um medo. O medo de não ser o momento certo para a encontrar. Maria da Glória era a mulher que menos me lembrava minha mãe. Ela não me lembrava pessoa alguma." (*Ibid.*, pp. 421-2)

Miguel percebe que Maria Behú procura lhe passar uma imagem diferente do que realmente era, "o que dizia não era seu; parecia repetir pensamentos lidos". Essa atitude lhe lembrava da própria mãe, "que era toda amor, mas ela recitava palavras ouvidas". Em seguida, compara a beleza de Lalinha com a da mãe. Esta tinha sido uma mulher casada num arranjo de família; é o que ficamos sabendo através de um comentário de Luisaltino a ela e que Miguilim ouviu, num passeio ao luar, no qual eles iam à frente e os filhos acompanhavam atrás, e estavam ausentes o Pai e vovó Izidra, os dois freios da casa: "que judiação do mal era por causa que os pais casavam as filhas muito meninas, nem deixavam que elas escolhessem os noivos" (*Ibid.*, p. 55). Era essa uma das razões que explicavam por que ela buscava outros namorados fora do casamento, "fugia do que tinha de ser", como o tio Terêz e o Luisaltino, os que sabemos. E Lalinha era a mulher da cidade, casada e abandonada, fragilidade que ela procurava de propósito realçar. Essa aproximação da mãe com Lalinha serve-lhe também para descartá-la. Mas, logo depois, percebe Glorinha e a sua qualidade solar, como uma aparição forte e afirmativa: "Vi-a, a vulto, mas sentindo densamente a sua presença, como um cão fareja". Ele a aceita de imediato; a primeira impressão foi o bastante para lhe trazer a verdade toda dela, "como o cão fareja", mas evita encará-la de frente, do mesmo modo que se teme olhar diretamente ao Sol, "não olhei; como não se olha o alagável do sol"; não o fazia também por medo de que não fosse o momento certo do encontro, predestinado. Entretanto, o que nos parece o mais importante, e que contrastava com Maria Behú e Lalinha, era o fato de ela não lhe lembrar a mãe, do que talvez estivesse fugindo, como de uma herança pesada, talvez mais no plano ético do que físico: "Maria da Glória era a mulher que menos me lembrava a minha mãe. Ela não me lembrava pessoa alguma".

A partir daí, as visões seguintes que Miguel relata de Glorinha são quase puramente imaginadas, como as de um apaixonado que só exalta a sua amada e deseja a realização de seu amor. Umas, encantadas, como quando a vê como o próprio Sol, vestida de um amarelo solar: "Maria da Glória se movia bela, tinha uma elasticidade de lutadora. Seu vestido era amarelo, de um amarelo solarmente manchante e empapado, oscilável, tão alegre em ondas, tão leve" (*Ibid.*, p. 424); e outras, lúbricas, que a rebaixavam à pura corporalidade, ao imaginá-la como um corpo exalando cheiros e sucos, suor e cuspe, vestido de mel e leite, para ser desfrutado pelo amor sensual e fisiológico:

> "O amor não precisava de ser dito. Maria da Glória, ela era cadeiruda e seiuda, com olhos brilhantes e pele boa e pernas grossas — como as mulheres bonitas no sertão tinham de ser. Tão linda quanto Dona Lalinha. Abraçava-a. Cingia-a pela cintura, ela tinha um vestido amarelo, por cima das roupas brancas. Como um movido em mente, resenha do sofrido por tantas lembranças — que uma, sozinha, são. *Tudo o mais me cansa...* Maria da Glória tinha encorpo, tinha gosto, tinha cheiro. Maria da Glória tinha suor e cuspe, como a boca da gente se enche d'água e o corpo dele Miguel latejava; como as estrelas estando." (*Ibid.*, p. 434)

Do mesmo modo que Glorinha, como veremos mais adiante, Miguel oscilava entre uma visão sublimada e outra rebaixada, sem conseguir reunir numa mesma pessoa as duas dimensões do sujeito, a corporal e a espiritual. No caso de Miguel, ele parecia desdobrar Glória em duas muito distintas: uma, para ser contemplada como um astro; e, outra, para ser saboreada como uma fruta.

Glorinha por Lalinha

No entanto, será só a percepção aguda de Lalinha que nos revelará uma outra dimensão de Gloria (*Aglaia*).[23] Isto, na segun-

---

[23] Glória, como uma ou a condensação das três Graças e "a filha do pai", estará na novela estreitamente associada a Dioniso: "Para os cantores da Beócia, Píndaro, já Hesíodo, as Senhoras das bênçãos, as Graças, que adoravam na velha capital do país, Orcomeno, sob a forma rudimentar de

da parte da novela,[24] quando já não serão mais as lembranças de Miguel de um encontro no passado, mas as surpresas de Lalinha das experiências no presente, de modo que teremos então mais do

três pedras caídas do céu e das quais o culto havia sido instituído pelo velho herói local, Etéocles, se chamam a Gloriosa (*Aglaia*), a Alegre (*Eufrósina*) e a Florescente (*Tália*). As Graças, como as Horas, associam-se facilmente à Dioniso no culto, notadamente em Olímpia, onde as Graças e Dioniso têm um altar comum. As mulheres da Élida, que praticam um rito de evocação de Dioniso de um modo curiosamente arcaico, o conjuram a vir com o cortejo das Graças" (Jeanmaire, *op. cit.*, p. 30, trad. minha). Como essas aproxima-ções das moças do Buriti Bom com as Graças são variadas, as informações condensadas nesta nota de Martino Rossi Monti podem nos ajudar a melhor percebê-las: "As Graças ou Cárites são as filhas de Zeus e da oceânida Euri-nome. Fazem parte do cortejo de Afrodite como dispensadora de alegria e também do cortejo de Apolo ao lado das musas. A partir de Hesíodo, o nú-mero delas é fixado em três: *Aglaia*, a Esplendente, *Eufrósina*, a Regozijante, e *Talia*, a Florescente. Elas vinham representadas juntas, com Eufrósina ao centro e as outras duas olhando em direções opostas. O culto iniciou-se na Beócia, em Orcomeno, mas difundiu-se logo nas outras cidades gregas. Ali faziam festas em sua honra, a *Caritesia*, concentradas na música e na ginás-tica. As Graças garantiam os laços amorosos entre o homem e a mulher e presidiam o matrimônio: no mito, elas assistiram às núpcias de Peleu e Tétis, Cadmo e Harmonia e possivelmente à de Zeus e Hera. Sacrifica-se às Graças na ocasião dos matrimônios: elas são a garantia de fato de um feliz entendi-mento sexual (de onde as suas associações com Eros e Afrodite), de concórdia e harmonia. Elas são veneradas também pelo dom da cura e da saúde: sobre alguns relevos votivos encontrados em Epidauro são representadas junto com Asclépio, deus da medicina. Na época helenística torna-se tradicional a ico-nografia das três Graças dançando com os braços entrelaçados uma a outra: a interpretação estoica dessa imagem foi a mais aceita. Segundo os filósofos estoicos, as Graças eram o símbolo da gratidão e da reciprocidade; os braços que se entrelaçavam representavam a sólida cadeia das boas ações e dos dons que retornam a favor de quem por primeiro tenha agido bem. As suas juven-tudes significam que as boas ações — sempre recordadas e renovadas — não envelhecem nunca; as suas virgindades indicam a pureza do dom; a nudez, a honestidade e a ausência de vergonha no dar e receber. As Graças, distribuin-do a χάρις, personificavam os dons oferecidos, recebidos e trocados livremen-te" (Monti, 2008, pp. 155-6, trad. minha).

[24] Na segunda edição de *Corpo de baile*, a que estamos seguindo neste livro, a divisão da novela em três partes é indicada por três asteriscos.

que o relato de um sujeito; junto com a visão da cunhada, os fatos e os diálogos serão reencenados, o que dará ao leitor também a possibilidade de interpretá-los. Nesta altura da novela, Miguel praticamente desaparece e só ressurgirá aqui e ali nas recordações das moças do Buriti Bom. Tudo o que se passa agora é visto da perspectiva e do ângulo de visão de Lalinha; porém, a narrativa não fica restrita a ela e à sua experiência, a reencenação dos eventos dará ao leitor mais elementos para fazer o seu próprio julgamento e tirar as suas próprias conclusões. Dependerá muito dele e de sua capacidade de visão, decifração e interpretação a boa compreensão da história. Este fato, além de pedir um leitor muito ativo, reserva também para a crítica uma função importante: obriga-a, antes de tudo, a realizar uma leitura interpretativa muito miúda da obra, pede a ela uma exposição compreensiva, capaz de explicitar o que de fato está sendo dito e representando. Sem passar por isto, pela leitura crítica decifratória desse universo carregado de enigmas e elementos simbólicos, qualquer interpretação fica lacunosa. Agora, sempre que preciso, como acontecia já na parte anterior de modo mais atenuado, a narrativa (ela se constitui numa espécie de entidade ou de um narrador regente que se responsabiliza pelo desenvolvimento da história) ganha autonomia e nos fornece muitos dados que transcendem as possibilidades de visão e conhecimento também de Lalinha.

Entretanto, no Buriti Bom, ela era uma estranha; como sabemos, Lalinha não era uma pessoa do lugar nem do sertão, ela vinha de fora e da cidade, portanto, ela tinha ali uma singularidade e a sua visão ultrapassava as simpatias locais e trazia outros parâmetros para julgar o que observava. Isto, se não a tornava mais confiável — ela, certamente, também tinha os seus interesses, embora não soubéssemos direito quais eram —, pelo menos, de início, abria outras possibilidades de como pensar e viver o amor, que fugiam às heranças e regências dominantes no Buriti Bom. Era ela, portanto, que poderia estranhar, perceber, revelar e, quando possível, atuar para mudar o que às pessoas do Buriti Bom era uma determinação natural. Desse modo, o percurso que faremos agora para completarmos nosso conhecimento de Glorinha irá dos contatos e das surpresas de Lalinha com relação a ela, até as revelações de uma verdade muito distinta das visões apaixonadas de Miguel e nhô Gualberto Gaspar. Em advertência, devemos dizer que, como tudo nesta novela, cada pequena cena dos encontros entre as duas amigas é tão rica de detalhes e significações, que só poderemos nos deter nas suas linhas mais gerais e que apontarem para um desenvolvimento de sentido.

O primeiro "susto" de Lalinha foi quando conversava com Glorinha, no campo, a cavalo, olhando o gado e os buritis, e esta tocou nos assuntos que queria conversar com a amiga: disse que nhô Gualberto gostava de olhar para as suas pernas; perguntou à amiga se a achava bonita como "mocinha... ou como mu-lher?"; queria saber se era certo uma moça solteira "gostar dessas coisas", "pecado", não todas as moças, mas apenas aquelas como ela. Lalinha, enquanto ouvia, reparava ela própria nas pernas firmes que o "lorpa" do nhô Gualberto gostava de ver, a sua "pele cor de sol", e todos os encantos de seu corpo. Para ela tudo aquilo era um susto, "um doce susto", mas desejava mais tempo para "imaginar as revelações" maiores ainda que Maria da Glória iria fazer. E ela continua:

> "Mas, decepcionada ouviu — aquilo nada era — apenas uma espécie de travessura: — 'Nada, não... Mas, sim, você sabe: eu muitas vezes, tem horas, fico achando que seria bom um homem de repente me abraçasse... Desde que Behú falou, eu penso: eu fazendo de conta que não noto, havia de gostar que um homem olhasse muito para minhas pernas...' — 'Nhô Gual?' — 'Ora, o Gual é um bobo...' '...é um bobo, mas é um homem...' — para Lalinha foi como se Maria da Glória tivesse dito. — 'Lala, você acha que é assim mesmo? Que eu regulo bem?' — quase ansiosa ela insistia. Com ternura, Lalinha quis tranquilizá-la: — 'Sim, meu bem. Você, uma moça, ensopadinha de saúde. Cada um precisa de se sentir desejada...' Assim sorriu, sensata, vendo que Glorinha se desafogava. Glória era menina na boca, mas

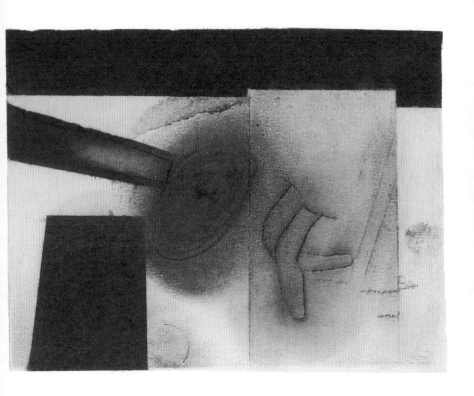

Gula e dança

seus olhos amavam alguém. — 'Você tem namorado, Glória?' — 'Tenho não, nenhum. Nunca namorei.' Soava sincero. Glória não sabia mentir. — 'Muita vez, de noite, quando fico desinquieta, levanto, ajoelho na beira da cama e rezo...' Riu para continuação. — 'Sabe?: eu rezo bastante, só não tanto como Behú... Esbarro de rezar, quando minha alegria volta. Eu gosto de rezar é para chamar a alegria...'" (*Ibid.*, pp. 443-4)

Elas continuam a conversa e Lalinha percebe o contraste que havia entre elas, pensa na sua mocidade e nota que nunca tivera, como Glorinha, o desejo assim "difuso, sem endereço"; ela lembra que o seu, quando surgiu forte, atormentando-a, fixou-se em Irvino, porém não era para ser para ele. É nesse momento que compreende porque Glória gostava de se referir, entre risos, à cópula dos animais e aos seus órgãos sexuais, quando ela lhe falou do touro curraleiro e Lala o associou a seu pai, numa cena que já apreciamos. Lala se lembra nesse momento, com ironia, de iô Liodoro, "Meu sogro virtuoso", e o seu desregramento, quando chegava do amor à noite, e avalia o mau exemplo que era isso para as filhas. Agora, Lala o associa com a filha, depois de havê-lo comparado com o touro, quando Maria da Glória lhe afirma: "por todo ensejo, tinha prazer em dizer: 'Sou como Papai... Puxei ao Papai'" (*Ibid.*, p. 445). Para Lalinha, a ligação de todos esses pontos surge como uma revelação, pensa como Glória precisava de "um dedinho de amparo" e que as duas deveriam deixar o Buriti Bom e se irem embora para a cidade.

Numa outra ocasião, quando Lala e Glória passeiam pelo campo, próximas do Buriti Grande, os mosquitos as incomodam e Glorinha diz para a outra fumar e pede-lhe também um cigarro. Lalinha se surpreende que ela fume; ela responde que sim e se aproveita para fazer-lhe novas confissões: "'— E sim, sabe? Às vezes. Você não pensava? Tem horas, vou contar a você: fico pensando que eu não presto — que o diabo me tenta... Porque acho que tudo o que tem, de melhor, é o que a gente não deve de fazer, o que é preciso se aproveitar escondido, bem escondido...' Riu. Seu rosto tomou cores" (*Ibid.*, p. 454). Lalinha, agora, começa não só a gostar das confissões, como também a se sentir atraída por elas, e o que é pior, nota que, em certas ocasiões de distensão, quando fica só com Glória, passa a desejá-las e querer que fossem ainda mais além: "dissesse coisas intranquilas, repelidas como um cuspe e mais disformes". São esses sentimentos ambíguos que lhe chamam a atenção e causam-lhe arrepio e temor:

> "Agora, de pé, embalançava a rede, onde Lalinha se aconchegara. Estar por estar: Lalinha se cerrava, espessava os olhos; em volta, chumbo de tudo, o mundo se lavava, veloz, mas ali no senseio da rede era um ninho. E gostaria de ouvir Maria da Glória tagarelar, longamente. Com um sabor de malícia, às gotas se segredou: que Glória fosse além, dissesse coisas intranquilas, repelidas como um cuspe e mais disformes, assim impremeditadamente vindas à voz de uma meninona linda, aquela voz bem timbrada, rica de um calor forte de vovoengo — o que ela descuidosa dissesse se tornava implacavelmente dito: formava para sempre uma teoria terrível; aquilo dava um doce arrepio, meava-lhe animador pelos ouvidos — coragem e apalpos gélidos de medo." (*Ibid.*, p. 456)

O "vovoengo" é o mesmo que "avoengo", atávico, o que se herda do avô ou avós, no caso, bem que poderiam ser de Vovó Maurícia e Vovô Faleiros (Martins, 2001, p. 527). O que de início parecia à Lalinha ser só expressão da ingenuidade e inocência de Glorinha, irá se confirmando para ela como uma pulsão sexual no seu sentido mais perverso, "disformes", puramente corporal, como se procurasse sempre a realização do mais baixo e instintivo. É isto que Lalinha nota, numa longa passagem, porém não quer acreditar e acha que a amiga está só brincando com as ânsias do outro, numa passagem, na qual Glorinha se compraz em satisfazer à gula de nhô Gualberto Gaspar pelas suas pernas, "igual à fome com que as grandes cobras se desenrolam, como máquinas, como vís-

Maria da Glória, a filha do pai

ceras", instigando-o, o que à Lala parecia "uma profanação bestial, parecia um estupro". Ela vive a dúvida entre achar que a amiga cede ao outro ou só o está provocando, ou então que tudo não passava de desconfianças dela mesma e era ela que estava vendo aquilo com malícia e, por que não, ciúmes:

"E Lalinha assustada com seu próprio último confranger-se, recusava-se a ver, não queria testemunhar — encolhia-se até de respirar, sentia que devia negar aquilo, com todas as suas forças, como se dela tudo proviesse, como se em sua consciência fora que a loucura dos outros tomasse alento e avultasse, dela mesmo dependendo que os absurdos criassem forma. Apegava-se a um consolo — talvez Maria da Glória estivesse alheia ao baboseio ignóbil; e em Maria da Glória ela preferia a insciência, a mesma que, da parte do homem aumentava sua repugnância. Mas, não, não era. Porque, a certa altura, Maria da Glória pôde, com um gracejo de gestos, chamar-lhe a atenção para a atitude de nhô Gual. Então — respirou — Maria da Glória só por uma maliciosa brincadeira, leviana mas perdoável, era que fazia por estimular a procacidade do outro, intencional? Mas suspeitou de imediato: podia ser que Glória só lhe tivesse chamado agora a atenção, a fim de se isentar, desculpar-se, e por descobrir que ela estava tão agudamente atenta... Aquele homem soez, agora, de propósito dirigindo-se a ela, Lalinha, ele estava contando coisas idiotas, num vagar de voz: — '... Aí, por debaixo dos buritis, até apeamos... A dona queria que o marido arranjasse uns desses caramujos do seco, bicho danado de ascoso. Dizem que serve de remédio, para peito fraco... Mas a dona Dioneia até que está bem viçosa, risonha demais, estava com um vestido azulzinho e branco com floreados, quem eu achei meio mocho foi o marido dela, o Inspetor...'" (*Ibid.*, p. 459)

Essas oscilações de Lalinha continuam; ela não está muito segura do que se passa, mas mesmo assim procura intervir e tenta salvar Glorinha. Na noite de São João — que, junto com as demais festas e comemorações da novela, mereceriam um capítulo à parte —, Lalinha percebe nhô Gualberto e sente por ele a mesma atração problemática que Glorinha lhe havia confessado sentir, pelo que ele tinha de grotesco e rebarbativamente animal, "avolumado, animal, se animava", e em vão procura opor a isso uma outra forma de amor:

> "'Porco...' — pensou; ... 'Sórdido, indecente...' —; mas não era uma sorvível delícia? 'O verdadeiro amor é um calafrio doce, um susto sem perigos...' Durara só um instante. E — se disse — Glória? Não, não. Reprovava--se ter imaginado. Glorinha era lisa e jovem, uma serta-neja, nunca em sua vida haveria de experimentar o re-quinte de prazeres assim, com que ela, Lala, se mais--sentia." (*Ibid.*, p. 471)

Ela sente em si a mesma atração perversa por nhô Gualberto Gaspar que havia reconhecido na amiga, com uma diferença: o que identifica em Glorinha como atração pelo bestial, nela se tor-nava uma experiência de "requinte de prazeres". Durante a festa, ela tenta chamar a atenção de Glória para Norilúcio, mas ela re-cusa, diz ser muito parente seu; antes já havia dito que o seu cora-ção não era dela, sugerindo que já o havia entregue a Miguel. A intenção de Lalinha, possivelmente, era a de querer fixá-la em al-guém, de modo que ela desse uma direção e sentido aos seus im-pulsos dispersos, por isso lhe chama a atenção: "Mas você não vê, meu bem, que está namorando com todos? Que está sendo de todos, linda assim, sem ser, sem saber?...". Todavia, ao mesmo tempo, Lalinha se perguntava: "Por que gosto dela tanto, adoro sua alegria — mas ressinto que sua alegria às vezes a afasta de mim?" (*Ibid.*, p. 471). A noite de São João é uma festa dionisíaca, com o mastro fálico que ergue a sua bandeira, as suas fogueiras e bebidas quentes, para os externos e internos do corpo, que desfazem as relações estabelecidas e refazem outras inesperadas, como as trocas de casais nas danças da quadrilha, e com isso ela acentuava mais ainda o que já era conturbado no Buriti Bom.[25] Na sequência narrativa, o Carnaval, a festa de verão, sucede a festa de inverno, a de São João, e, durante ele, acentua-se o emaranhado de desejos e atrações transgressivas e perversas, que vinham mais à tona. Agora, o que acontecia já não era só a sedução de Glorinha por nhô Gualberto e deste por ela, mas também a de Lalinha por ele, e — o que já havia se insinuado em algumas ocasiões, mas agora se explicitava — a atração forte e mútua entre ela e Maria da Glória. Num outro dia, as duas tiveram uma conversa franca e Glorinha tocou no ponto, na diferenciação que ela não conseguia estabelecer entre laços amorosos e realização do desejo. O que ela via e vivia era um descompasso entre as duas coisas, como se elas independessem uma da outra ou tivessem dificuldades de se realizar simultaneamente. Por um lado, ela notava Lalinha separada do marido e tendo de viver sem homem; e, por outro, ela se sentia prometida a Miguel e atraída por nhô Gualberto. Era o horror:

> "Glorinha gostava de uma maciez sutil dessas mãos de Lala, às vezes brincava de beijá-las, tão de leve. Ainda falava em Miguel, mas à vaga flor, deslizantemente.
> — 'Lala, você, casada e não casada, assim, sente falta de

[25] Cito aqui a interpretação de Gilberto Freyre dessa festa religiosa e de outras que no Brasil e em Portugal adquiriram um caráter mais pagão do que cristão, porque foi com esse mesmo sentido que Guimarães a representou na novela: "Os interesses de procriação abafaram não só os preconceitos morais como os escrúpulos católicos de ortodoxia; e ao ser serviço vamos encontrar o cristianismo que, em Portugal, tantas vezes tomou características quase pagãs de culto fálico. Os grandes santos nacionais tornaram-se aqueles a quem a imaginação do povo achou de atribuir milagrosa intervenção em aproximar os sexos, em fecundar a mulheres, em proteger a maternidade [...]./ As sortes que se fazem na noite ou na madrugada de São João, festejado a foguetes, busca-pés e vivas, visam no Brasil, como em Portugal, a união dos sexos, o casamento, o amor que se deseja e não se encontrou ainda" (Freyre, tomo 1, 1958, pp. 341-2).

Pã e a bela

homem? Me conta? É o mesmo que viuvar...' À pergunta brusca, Lalinha replicava com resposta que não era a sua, e só naquele instante sabendo-se insincera. — 'Não *devo* sentir, meu bem. Você não acha que basta?' Ela mesma já esperara a incredulidade da outra, mas preferia que fosse brejeira. E os olhos de Glória se alongavam. — 'Lala, me conta: há algum jeito de eu poder saber se... se casando com Miguel vai dar certo?' Podia hesitar para responder, mentir não podia. — 'Certo, sobre cem, não tem, não, meu bem, infelizmente... Só *depois*, você compreende. Corpo com corpo...' — 'É horrível, então! Mas, Lala, é horrível...'" (*Ibid.*, pp. 474-5, grifos do autor)

O nó todo parecia que tinha sido ali colocado para Lalinha: como ultrapassar esse estado de selvageria que reinava no paraíso do Buriti Bom; de recusa do sexo, como era o estado do casal nhô Gualberto e Dona-Dona, de Maria Behú, de Lalinha, de Maria da Glória; ou então de sua realização sem parâmetros, como era o estado de iô Liodoro, dos irmãos Irvino e Ísio, os dois vivendo com ex-prostitutas, de Dona Dioneia, da mulher-bruxa-serpente-andrógina Mariazé, de Dô-Nhã e seus quatro homens, que era o grau extremo da desordem que se poderia chegar no sertão? Como superar o nada e o excesso, o amor sublimado sem corpo e o amor baixo sem alma, e chegar a uma integração de corpo e alma dentro de relações ordenadas? De certo modo, era semelhante ao que vivia Miguel em relação a Glorinha, cuja visão a desdobrava em duas, ora sublimando-a como um astro do céu, ora rebaixando-a numa realidade puramente corporal. Por seu lado, Glorinha tendia rapidamente para a perda de si e do controle de seus impulsos, o que seria a morte de si, como uma despersonificação. Era assim que se via, queria que só o seu corpo fosse contemplado publicamente, ocultando a sua identidade com uma máscara, como se a realização de seu desejo implicasse na troca de uma coisa por outra, significando a morte de si como pessoa distinta. No carnaval, ela diz: "— Lala, eu gostava de poder aparecer nua, nua, para que todo o mundo me espiasse... Mas ninguém pudesse ficar sabendo quem eu era... Eu punha máscara..." (*Ibid*., p. 479).[26] Lalinha se sobressalta com o modo forte e cru dela dizer aquilo. As imagens que então lhe passam no espírito são inquietantes e contraditórias, enquanto que Glorinha, "Seu pensamento tinha asas", parecia querer compensar o que havia dito, depositando as suas salvações, a dela e a de Lala, num milagre, no retorno de Irvino e Miguel juntos, que ela havia pedido com rezas e feitiços. O efeito dessa conversa foi catártico; todos de algum modo se serenaram depois dela, pois tanto Lalinha passou a experimentar em si os possíveis prazeres dos mesmos impulsos desordenados da amiga, como a humanizar a baixeza de nhô Gualberto, que, de um animal voraz, se transformava num sujeito bonachão com as suas fraquezas, "criatura irmã e humana", o que eliminava as diferenças entre todos e os nivelava:

> "Lalinha acendeu um cigarro. Agora, no instante,
> nela se desenrolava o apetite de entrecortados sussurros,

[26] Nessa manifestação dionisíaca de Glorinha valeria lembrar a importância que Walter F. Otto atribui à máscara, como um traço essencial de Dioniso, quando comenta o duplo modo do mito representar o deus: "Assim Dioniso se apresenta de dupla maneira: como aquele que desaparece e retorna, como aquele que morre e renasce de novo. O segundo pensamento desenvolveu-se numa célebre doutrina dos renascimentos sucessivos do deus. Mas, no fundo, as duas representações — aquela do desaparecimento ao qual corresponde um retorno, e aquela da morte a que se segue um renascimento — se enraízam na mesma ideia. As duas manifestam o deus de duas faces, o espírito da presença e da ausência, do agora e do outrora: esse deus que encontra na máscara o seu símbolo mais surpreendente. Com ele vêm à luz do dia os enigmas insondáveis do intrincado do viver e do morrer, o mistério de todo ato criador tocado pela demência e recoberto pela sombra da morte" (Otto, 1969, p. 209, trad. minha). E ele praticamente finaliza o livro, ao se referir à tragédia como um renascimento grandioso do mito dionisíaco, dizendo: "O portador da máscara é tomado pela altura e dignidade daqueles que não a usam. Ele é ele mesmo e, entretanto, é também um outro. A demência o tocou, partilha do mistério de um deus em delírio, do espírito de ser duplo, que vive na máscara, e do qual o ator de teatro é o último resquício" (*Ibid*., p. 219, trad. minha).

o gozo daqueles proibidos pensamentos, que representavam num paraíso, restituídas à leveza, as pessoas; que inchavam a vida. Dizê-los. Quase se faziam concretos: e amava a mudada fisionomia de Glória, presa às suas palavras, via-a como se visse num espelho, o complacente rubor, ah como o sangue obedecia! — 'Delícia, meu bem, o que você falou: poder ficar nua, com uma máscara posta...' Precisava de repetir, tardar, alterava a espessura do tempo. Ajuntou: — 'Havia de ser lindo... Homens... Quem? Nhô Gualberto Gaspar... Miguel?...' '— Não! Não, Lala! Miguel não...' '— Miguel, não, bem. Mas... Norilúcio?' '— Norilúcio, também, não...' '— Quem, então? Nhô Gualberto Gaspar?' '— É. O Gual. Homens... Homens estranhos. Da cidade...'

Sim, sim, nhô Gaspar, homens. Era preciso falar, imaginar mais coisas, para evitar que de repente pudesse atenuar-se em seu pensamento o colorido fluido, a substância de que aquele mundo se criava. Era preciso que Glorinha sequiosa ouvisse, e repetisse, e risse e ficasse de novo séria, e por sua vez falasse. Demoradamente. Deã, ela Lalinha proferia: — 'Meu bem, não querer o prazer assim, é medo ou vaidade...' Calavam-se. O extraordinário jogo se dissipara. Agora, porém, recordando a pobre pessoa de nhô Gual, Lalinha já não o desprezava, por torpe ou grotesco, mas aos poucos reconhecia-o e estimava-o, como criatura irmã e humana, andando por ali, no seu cavalo cor de castanha, e saudando já de longe os outros, com sua voz comprida." (*Ibid.*, p. 480)

Esses encontros e desencontros, distâncias e confusões, separações e misturas entre Glória e Lala reproduzem também um movimento cósmico, como o do Sol, da Terra e da Lua. Esse quadro está muito bem delineado e explicitado numa passagem que integra também Maria Behú, a irmã de Glória e o seu oposto, ou o seu negativo. Numa perspectiva nietzschiana, que não é descar-

Máscaras dionisíacas

tada na novela e da qual trataremos mais adiante, ela encarna aqui o espírito do cristianismo, de negação do mundo, representado na imagem do "vale de lágrimas", e de dizer não à vida.[27] É aqui também que se reproduz de um modo singular, embaralhando os signos, os três arquétipos amorosos que venho rastreando em toda a obra de Guimarães Rosa: Glorinha, como a representação do amor baixo, *amor ferinus*, aqui como solar; Lalinha, como o amor erótico, *amor humanus*, aqui como a Terra; e Maria Behú, como o amor sublimado, *amor divinus*, aqui a Lua:[28]

> "Não entristecessem o Buriti Bom, Lalinha consigo suplicava. Só Glorinha, sim, imudada, conciliava o dom dos dias em equilíbrio. Glorinha — tê-la-ia relegado um pouco, desde havia semana, dês que tão pequeno e secreto novo interesse de viver a ocupava? Não, disso não merecia acusar-se. Sempre juntas não estavam? Em que

---

[27] Essa referência eu só havia encontrado nas *Memórias de um senhor de engenho*, de Júlio Bello, quando ele descreve uma representação da dança, depois de citar uma quadrinha: "*Meu boi morreu/ Que será de mim/ Mando buscar outro (bis)/ Lá no Piauhim*. 'Matheus' e 'Catharina' como 'Maria-behus' lamentam a morte do 'boi' aos gritos" (Bello, *op. cit.*, p. 225). Depois, Jayme Eduardo Loureiro encontrou este verbete que fala sobre ela no livro de Câmara Cascudo, *Locuções tradicionais do Brasil,* e muito gentilmente me enviou, a qual incorporo e agradeço, pois parece ser mais condizente com a personagem: "TRISTE COMO MARIA BEÚ — Maria Beú era a 'Verônica', desfilando na procissão dos Passos, Sexta-Feira da Paixão. Acompanhava Jesus Cristo ao Calvário, chorando e cantando, lugubremente, as *Lamentações* de Jeremias. Cada estrofe termina com a exclamativa *Heu, Heu Domine!* sempre pronunciada *Heú, Heú*, de onde o povo entendeu *Beú, Beú*, denominando a figura./ A Verônica, vestindo negra túnica talar, cabeleira solta, levando nas mãos maceradas a *Santa Efígie*, feições que o Messias imprimira em suor e sangue, a voz lenta, a música dolente, arrastada, sepulcral, o passo trôpego, esmagado pelo sofrimento, sugeria a própria imagem da Tristeza desolada, aflita, inconsolável. Não era possível existir entidade mais soturna e trágica como Maria Beú" (Cascudo, 2008, p. 109) (cf. tb. Menezes, 2010, p. 126, nota 9).

[28] Ver também, sobre o assunto, Soares, 2007.

haviam alterado? Queria-a, como queria, como antes; *Glória tinha do sol*, feita para ser amada. E, entretanto, diante dela, agora, de um modo se constrangia? Era como se, em frente da *claridade de Glória*, se envergonhasse. E soube que não acertava. Mas, não queria saber mais, *precisava de uma penumbra*, de desvãos. Glorinha, grande, bela, e filha de iô Liodoro — sua amiga, tão querida, e filha de iô Liodoro — o que agora acontecia. Glorinha devia ignorar, sempre! Ah, ela nem pudesse, de longe, desconfiar. Desnorteava-se. *O mundo era feito para outro viver*, rugoso e ingrato, em vão se descobria um recanto de delícia, caminhozinho de todo agrado, suas fontes, suas frondes — e a vida, por própria inércia, impedia-o, ameaçava-o, tudo numa ordem diferente não podia reaver harmonia, congraçar-se. Então, ela preferia, por vezes, mesmo a companhia de Behú, no quarto, entre orações e santos, e paz, aquela virtude não a perturbava. Maria Behú, *no centro de diversa região também quieta*, nunca poderia desconfiar de nada. E mais pensava: ainda que suspeitasse, mesmo que tudo um dia descobrisse, Maria Behú mais facilmente podia perdoar — em nome de Deus, que está mais adiante de tudo. A Maria Behú seria muito mais fácil pedir-se perdão: Maria Behú era uma *estranha*, sua doçura vinha de imensa distância. Maria Behú conheceria outros cansaços e consolos, e repouso, que a gente podia amenamente invejar, oh, às vezes.

Glória vivia demasiadamente." (*Ibid.*, p. 492, os cinco primeiros grifos são meus)

Se Glória tinha também a sua parte escura, a atração visceral por um homem como Gual, mas claramente exposta, Lalinha preocupava-se em manter oculta a sua parte secreta, "precisava de uma penumbra", os encontros que já vinha tendo com iô Liodoro. Tanto uma como outra caminhavam para a perda dos limites de si, o que equivalia a uma espécie de morte, que poderia levar à indistinção ou transcendência. Eram essas ameaças que faziam Maria Behú apelar e rezar continuamente, como se fosse ela um astro protetor, de quem dependia o apelo para a contenção de todos dentro dos limites da harmonia, ameaçada pelo movimento dos astros Glória/Sol, Lala/Terra e Maria Behú/Lua. Ela se constituía assim como um ponto de equilíbrio religioso que reunia em torno de si toda uma franja de atenções e apelos mágicos contra as ameaças: o Chefe Zequiel, as mulheres da cozinha, Dô-nhã. O poder dessas ameaças domésticas e as diferenças entre elas, a erótica de Lalinha e a sexual de Glorinha, uma fina e artificiosa e a outra bruta e visceral, estão claramente expostos em dois quadros didáticos e contrastantes, um ao lado do outro, como se pedissem comparação e neles fossem percebidos os traços e os caminhos distintos de vida e morte que as duas amigas trilhavam. Tudo isto é visto da ótica de Lalinha e ela sabe disso, o que a faz se inquirir se não estaria pintando assim carregadamente, "caricatura", "por ser ação de outros?":

"Estava jogando [Lalinha]. Iô Liodoro, diante dela, era um grande amigo estranho? Um peso, um respirar, uma forma. E, entanto, calado mesmo para si mesmo — como se ele não pensasse por separado os atos de seu próprio viver, mas apenas cumprisse uma muito antiga lição, uma inclinação herdada. Ele mesmo não se conhecia. Ela, Lala, podia conhecê-lo! Olhasse-o com amizade, e era como se o entendesse, por completo, de repente. E os olhos dele assentavam nela, os olhos se saíam daquela forma, daquele peso. Forças que se redobravam, ali dentro, sacantes. Fitava-o com amor: e era como se tirasse faíscas de uma enorme pedra. Não, não queria ser má. Ousou: — 'Acha bonitos os meus seios, vestida assim?' — sussurrou. E queria que seu sussurro tivesse dito também: — 'Não é por vaidade minha, não é por vaidade minha...' Não, queria apenas dar-se àqueles olhos: que eles revolvessem e desfrutassem seu corpo, suas finas feições, e que então o espírito dos olhos dele sem cessar fluísse, circulasse, pairasse — sem cessar revelado, reavivado, transformado. Lala sorria.

E tudo o mais foi-se aliviando de importância: a conversa de Glorinha e nhô Gualberto Gaspar, ali perto, os risos de ambos, os modos. Tudo isso, que, ainda havia pouco, a perturbara — Lala chegara a temer. Glorinha, atirada, saída: — 'Ô Zé Gaspar! ô zé-gaspar...' — burlona, como se dirigia ao homem; ela se delambia. E ele, nhô Gaspar, salaz, piscolho, homem que escancarava a boca e se coçava nas pernas. Parecia o impossível — um pecado. A ele, Lala, nem fazia falta os soslaiar, para ter a certeza: a leviandade dela, a senvergonhez dele. Como uma caricatura! 'Será que penso, que sinto assim, por ser ação de outros? O pecado alheio, que vem sempre contra a ordem, como um perigo...' — ela ainda se interrogou. Assustavam-na. Devia advertir Glorinha com um olhar, censurá-la, detê-la? Tudo ali, a tão pequena distância, e ofendiam o Buriti Bom, ofendiam iô Liodoro. Devia separá-los. Enojava-a, aquilo, num súbito vexame. Mas não se movia. Segurava as cartas, jogava. Não havia mal — a presença de iô Liodoro protegia-os, a todos. Jogava. Queria rir-se da brincadeira de Glorinha, da tolice de nhô Gualberto Gaspar. E, de repente, murmurava: — 'Assim, os seios, acha?...'" (*Ibid.*, pp. 493-4)

Até que tudo aconteceu entre Glorinha e nhô Gualberto Gaspar e, como ocorreu, pelo menos parecia desfazer a preocupação de Lalinha de que só via as coisas assim "por ser ação de outros". Segundo Glorinha, nhô Gualberto "a sujou", e não tinha sido nem no quarto, mas "no corredor". E foi na sujeira do "homem bestial" que as duas se encontraram e se conheceram como amantes, pelo menos é isto que o texto sugere numa frase trepidante, carregada de fonemas consonantais vibrantes, de que foi na borra da sujeira de nhô Gualberto que as duas se roçaram até o êxtase, "O afogo de um repente, que num frio tirito se dissipava":

Maria da Glória, a filha do pai

"— 'Diga, meu bem, Glorinha, diga: ele te sujou... Onde? Onde?' '— Mas, Lala! Você está beijando... Você...' Oh, um riso, de ambas, e tontas se agarravam — 'Lala, imagine: ele estava de ceroulas...' Seus corpos, tão belas, e *roçarem a borra de coisas*, depois se estreitarem, trementes, uma na outra refugiadas... Mas — 'Não!' — ela disse. Ouvira algum rumor? Não. *O afogo de um repente num frio tirito se dissipava.* Sentiu seu coração, como se num galope se afastasse. Glorinha, nos seus braços, era uma menina, cheirava a menina. Suas meninas-dos-olhos, suas pálpebras, por metade. Meigamente, não sabia abraçá-la? E Glória agora se sacudia em soluços. Mas ela, Lala, não podia chorar. Descobria-se feliz, fortemente.

De manhã, as duas tinham medo." (*Ibid.*, p. 495, grifos meus)

Depois desses encontros e das quebras de barreiras, nada mais deteria Glorinha; ela iria até o fim na concretização dos seus impulsos. Por sua iniciativa, segundo ela confessou a Lala, nhô Gualberto se autorizara dela e conseguiu tudo: "Agora, meu bem, não sou virgem mais: sou mulher, como você. Sabe, depois que conseguimos, ele já esteve comigo mais três vezes...". Lala se indigna com o que considera o "irreparável", com um "alarve", um "parvo"; porém, restava uma esperança, ir embora para a cidade e levá-la consigo e procurar Miguel; tudo, menos o aqui e agora: "Tudo, menos o agora, aqui, oh assim...". Para Lala era a sua missão salvarem-se, pelo menos uma delas: "Apenas importava a salvação de Glorinha" (*Ibid.*, pp. 506-7). Sobre a sua outra missão, falaremos mais adiante.

4.

O Buriti-Grande e a ordem patriarcal

O CULTO À ÁRVORE

Toda a vida amorosa da Grumixã e do Buriti Bom se passava à sombra do Buriti-Grande, ou melhor, era de certa forma regida pelas influências totêmicas dessa árvore, que favorecia a uns, que poderiam continuá-la, e desfavorecia a outros, que poderiam tolhê--la. Por isso, se compreendermos bem quais eram as suas regências e determinações, os seus poderes e em que sentido eram exercidos, complementaremos o nosso conhecimento daquelas pessoas que viviam lá e entenderemos melhor as suas ações, pois só rastreamos até agora as heranças familiares. Para avaliarmos estas últimas e a importância que tinham na mentalidade tradicional, dominante ainda no Brasil familiar da primeira metade do século XX, basta notar o peso que Júlio Bello dava a elas na definição física e moral dos sujeitos, logo na abertura de seu livro, *Memórias de um senhor de engenho*:[29]

"Os característicos físicos e morais dos Albuquerques subsistiram, incorruptíveis, entre os meus até a sua mistura com o forte sangue de meu pai. Aí eles se modificaram um pouco e naturalmente pela influência de um

[29] O livro de Júlio Bello, *Memórias de um senhor de engenho*, junto com os estudos de Walter F. Otto e Karl Kerényi sobre o dionisismo, do meu ponto de vista, estão entre as fontes mais importantes do autor para a composição da novela.

sangue mais novo, menos rebuscado, plebeu com certeza, de homens que vieram do Reino ainda na era de 700, aventurar como emigrantes a fortuna no Brasil." (Bello, *op. cit.*, p. 33)

Combinando com as determinações familiares e sanguíneas de cada um — a "sina" de iô Liodoro Maurício, como o filho da mãe, e de Maria da Glória, como a filha do pai — existia ainda uma espécie de sobredeterminação externa do lugar onde viviam, que os sujeitava ao império de sua árvore totêmica: o Buriti-Grande. Esse fato de os grandes senhores do Brasil atribuírem a uma grande árvore a fonte e o vigor de sua ascendência parece ter sido uma prática comum. Gilberto Freyre já havia notado isso quando falou em seu livro *Sobrados e mucambos* sobre o significado que tinham para os senhores de engenho as palmeiras imperiais: "As palmeiras imperiais se tornaram, na ecologia patriarcal do Brasil, a marca ou o anúncio de habitação ou casa nobre, com pretensões a eterna ou imortal; e também a marca dos cemitérios ilustres ou dos túmulos monumentais" (Freyre, vol. 1, 1951, p. 44). Podemos dizer que D. Pedro II a utilizou no plano nacional: por onde passava, plantava novas palmeiras imperiais, como se através delas estendesse sobre a nação a sombra de sua tutela e proteção. A aristocracia rural brasileira viu nas grandes árvores também outras significações, além daquelas que expressavam a sua altaneria, poder e perpetuidade. Enxergava nelas, pela grandeza, que as aproximava do céu, e pelo enraizamento profundo, que as fincava na terra, um esteio simbólico de sustentação da ordem patriarcal, como se vislumbrasse nelas a sua origem e tirasse daí a sua força e determinação. Não é por acaso que iô Liodoro, em alguns momentos da novela, é comparado com "as árvores robustas" ou "os esteiões" do Buriti Bom.

Júlio Bello tinha em seu engenho uma dessas árvores, uma gameleira, que ele grafava no masculino, "um gameleiro", e o considerava "o rei da floresta", "vanguarda daquela mata", e a quem ele venerava e cultuava. Vale a pena observarmos o significado que atribuía e a reverência que prestava a essa grande árvore, como se enxergasse nela a expressão de si próprio e de sua soberania plenamente realizada. Até o vento, "mendigando uma reverência: rende homenagem ao gameleiro como se lhe reconhecesse a glória do atributo real". Este parecia resguardar o engenho inclusive da voragem "do utilitarismo civilizado", nome que os senhores de engenho davam na época ao aprofundamento dos interesses capitalistas, diante dos quais expressavam a sua aversão aristocrática, ainda que todos fossem produtores de mercadoria, principalmente do açúcar, e se possível para o mercado externo.

"A natureza permitiu que à sua entrada se erguesse a maior árvore da floresta, a decana das circunvizinhanças como uma sentinela avançada de sua guarda: — é um gameleiro. Ele se ergue em cima onde as duas vertentes do monte começam e donde as águas das enxurradas se despenham para um e para outro lado.

O gameleiro verde-negro, altivo, poderoso, com as ramadas que se distendem para os quatro pontos cardeais, domina na chã. Dir-se-ia que ele, como um soldado destemeroso, avançou à frente das fileiras de árvores que se emaranham, para observar o perigo a vir de todos os lados. Um pouco adiante d'ele, à margem dos valados, dois renques de bambus descem para o norte e para o sul, bastos, retilíneos, disciplinados, iguais como alas de lanceiros que o gameleiro tivesse formado em guarda, na defesa da floresta.

Das terras baixas, dos montes, do mar, de onde se observe, se vê o gameleiro imenso, começando a mata e dominando-a com a soberba de sua estatura e a fortaleza de suas enormes galhadas poderosas.

Alguns metros à retaguarda, o intrincado das ramagens que se entrelaçam cheias de parasitas, entrançadas de cruapés, no mistério da floresta, começa como protegido pela guarda da árvore gigante que avançou e se postou na frente de todas como um zuavo selvagem e formidável de atalaia e vigia.

O vento de todos os quadrantes agita a macega rasteira e as maravalhas incipientes na frente do gameleiro, se enovela nas folhagens, sibila entre os ramos da galharia da floresta, canta nos renques de bambus que se entrechocam com um ruído cavo de tabocas, chega à grande árvore, rodopia numa carícia de rafeiro em torno do gigante, sobe ou desce pelo tronco e pelas folhas como um cortesão humilde, mendigando uma reverência: rende homenagem ao gameleiro como se lhe reconhecesse a glória do atributo real.

E ele, imperando na sua grandeza, e com orgulho de um verdadeiro monarca, ante a carícia servil e sabuja do vento, como por favor, apenas inclina o alto da fronde n'um ligeiro movimento de caule que parece um quase imperceptível cumprimento de cabeça, agradecendo discretamente a homenagem excessiva do vento.

Os galhos se erguem, se abrem, se estendem, se prolongam, se dividem; sobem verticais, se desviam, se entrançam, se abaixam, se cruzam, se irmanam, se afastam n'um luxo formidável de viço e de força, que humilha e diminui quem do chão contempla a árvore gigante.

Lá em cima, vê-o quem passa no mar a quatro quilômetros de distância, dominando as outras árvores, mais alto e mais soberbo, e quem o vê tem mesmo a impressão de que ele condensa e encerra o gênio protetor da floresta de que é a sentinela imanente e gloriosa.

Dir-se ia que os gnomos da terra e os silfos do espaço se aninham nas galhadas da grande árvore.

Desde minha infância que o vejo e admiro sempre tão formidavelmente grande que não creio que possa ter crescido mais uma polegada desde a primeira vez que o vi até hoje.

No vértice da árvore pousam os gaviões para melhor abrangerem com os olhos todas as presas possíveis à sua cobiça, no imenso viveiro da floresta. Nas grossas e fortes articulações centenárias dos galhos, touças híspidas de verdes gravatás se abraçam e sobem, buscando entre as folhas a glória criadora da luz.

O gameleiro é o rei da floresta. A natureza plantou-o na vanguarda d'aquela mata, à frente das outras árvores, para assinalar com esse avanço a sua supremacia.

Quando a mata começa é numa verdadeira orgia de galhos, de ramos entrançados pela liana, agarrados uns aos outros n'uma confusão de folhas digitadas, dispostas em verticilo, envaginantes, compostas, dentadas, de dezenas de árvores que se abraçam n'um emaranhamento selvagem, n'um concerto triunfal do verde em todos os matizes.

A grande árvore, distante das outras, fixa-se ao solo nas conhas largas e fortes que se prolongam pelas raízes poderosas que ora se enterram, ora emergem e continuam como os tentáculos de um câncer, prendendo-se com sofreguidão à terra em dezenas de metros em derredor, passando por entre as mais árvores a sorver com volúpia a seiva do húmus rico do solo da mata.

Deus te preserve do raio, grande gameleiro, muitas vezes centenário, coevo da época em que a terra do Brasil não sofrera ainda a violação do utilitarismo civilizado, árvore como as outras benéficas, mais benéfica do que muitas, porque és também, no leito do teu cerne, a providência dos empalamados. Deus te preserve da fúria da tempestade e te guarde, principalmente da fúria destruidora dos homens com o machado e com o fogo, de modo a poderes viver ainda muitos séculos na vanguarda da floresta, alvo da admiração das almas sensíveis e contemplativas, e roteiro dos pescadores que te veem do alto mar, longe, como uma vigília e um aceno de Deus."
(Bello, *op. cit.*, pp. 196-9)

Júlio Bello enxergava na natureza as mesmas relações idealizadas vividas na sociedade, de soberania, subordinação e servidão. Era assim que as demais árvores e os elementos da natureza se relacionavam com o seu "gameleiro"; a árvore era uma espécie de monarca a quem os demais seres subordinados prestavam fidelidade, "como um cortesão humilde, mendigando uma reverência: rende homenagem ao gameleiro como se lhe reconhecesse a glória do atributo real", "Ele era o rei da floresta". Na oração final, ele pede a Deus a proteção e a manutenção da grande árvore, testemunha de um tempo que, a seu ver, ainda não sofrera "a violação do utilitarismo civilizado". As ameaças tanto vinham da natureza como dos homens, do raio, do fogo e do machado. E ela era além de guia, no sentido literal, "uma vigília e um aceno de Deus", para os pescadores do mar, também objeto de culto, no sentido simbólico, "alvo da admiração das almas sensíveis e contemplativas".

Porém, a sombra das gameleiras representava para os negros escravos outra coisa e fora testemunha de outros fatos, nesse mesmo tempo, ainda não violado pelo "utilitarismo civilizado", de que fala Júlio Bello. São estas as tristes lembranças de que nos recorda Gilberto Freyre das gameleiras de Salvador, em particular de uma delas, já derrubada, e que tinha sido conhecida como "árvore de suicídio":

> "Sob as gameleiras passaram os escravos negros a descansar dos excessos de trabalho nos cais e nas ruas da cidade: o duro trabalho de carregar para os senhores brancos fardos de algodão, sacos de açúcar e de café, pianos ingleses de cauda, sofás e camas de jacarandá, barris de excremento. Árvore por muitos deles, africanos, considerada sagrada foi, entretanto, e talvez um pouco devido a esse fato, despertando a repugnância dos brancos mais apegados à Europa. Era talvez a gameleira a árvore que se tornou célebre, em Salvador, como 'árvore de suicídio' daqueles negros ou escravos que não sabiam vencer o banzo — a saudade da África — ou a humilhação do trabalho servil. O Barão Forth-Rouens, visitando a Bahia em 1847, soube que a árvore sinistra fora derrubada; mas depois de ter sido testemunha de

grande número de atos de desespero de negros ou escravos." (Freyre, vol. 3, 1951, p. 785)

Isto nos conta como a gameleira foi apreciada de pontos de vista distintos, por Júlio Bello e pelos escravos de Salvador. Para o primeiro, ela era a expressão de si e de sua soberania, e, para os últimos, a sombra consoladora e o último refúgio onde encontrar a liberdade pela morte. Para o senhor de engenho, ela simbolizava a continuidade da ordem senhorial, e, para os negros, era a via concreta de libertação da ordem escravista. O que os unia era o fato do mesmo movimento que ameaçava a gameleira, o "raio" do "utilitarismo civilizado", quer dizer, o aprofundamento das relações capitalistas periféricas, colocar em questão, ainda que apenas em termos, a sobrevivência das duas ordens.[30]

Foi nhô Gualberto Gaspar que falou a Miguel, na primeira vez que lá esteve, sobre o Buriti-Grande, "o senhor vai ver". Para ele, na sua visão utilitarista, a grande árvore só era expressão da fecundidade da terra, que deveria ser melhor aproveitada para a agricultura. Quem a apreciava no seu valor simbólico, como Júlio Bello, era iô Liodoro, que, do ponto de vista de nhô Gualberto, era "homem positivo, mas naquilo deve de ter tido alguma superstição". O modo distinto dos dois vizinhos apreciarem o valor da árvore serve para contrastá-los: nhô Gualberto se dizia um carente, "pelejo um canavial", e, pelo que revelava, já havia pensado em acabar com o Brejão, complemento feminino do Buriti-Grande, para transformá-lo em terra produtiva; e, segundo ele, iô Liodoro era o senhor da abundância, "planta grandes roças", e impedia a

[30] O significado desse movimento de destruição simbólica, a derrubada das gameleiras, como decorrência de um processo de mudanças econômicas e sociais, foi muito bem conceituado e precisado historicamente por Sérgio Buarque de Holanda, no capítulo "Nossa revolução", de *Raízes do Brasil*. A novela que estamos estudando, "Buriti", de certo modo, reencena esse processo. O que seria interessante analisar é como nas visões do ensaísta "modernista" e do literato "modernizador" os apegos ao novo e ao tradicional, assim como as avaliações das perdas e dos ganhos no processo, se dão de modos muito distintos.

O Buriti-Grande e a ordem patriarcal

derrubada das matas-virgens. Porém, na versão de nhô Gualberto, foi ele que se mostrou generoso ao dar ao vizinho a grande palmeira, que estava em suas terras, quando iô Liodoro se propôs a comprá-la. Apesar da visão muito interessada de nhô Gualberto Gaspar, nesse seu primeiro relato a Miguel sobre o Buriti-Grande, ele não deixa de nos fornecer informações objetivas sobre ele, como o seu porte, sua localização e a peregrinação que as pessoas do lugar faziam até ele, como veremos, em busca não apenas de sombra, mas enquanto um objeto de culto e poder de fecundação:

"— 'Ah, esse — *senhor vai ver* — se diz que é fenômeno. Antigo de velho, rijamente. Calculado em altura de setenta e tantos metros. Eu não acredito. Para o senhor conhecer como o chão ali é bom. O buriti grande está ainda na banda de cá, pertence em minhas terras. Mas muita gente apreceia, costumam vir, fazem piquenique lá, ao pé, *até as moças*... Meu amigo iô Liodoro gosta dele demais, me fez dar palavra que não derrubo nem deixo derribar, palmeirão descomunado. Ah, ele me disse, em sério gracejo: — 'Compadre Gual... (é como ele me trata, amistoso, que em verdade compadre não somos, mas apelidando)... Compadre Gual, dele você me cede, me vende uma parte...' Iô Liodoro é uma firmeza. Eu respondi com bizarria: — 'Pois compadre iô Liodoro, por isso não seja, que o buriti-grande lhe dou e ofereço, presenteio, caso sendo até escritura passo... E ele d'hoje-em-diante, fica seu, nominal!' Eu disse, gracejando também. Iô Liodoro é homem positivo, mas naquilo deve de ter tido alguma superstição. A terra, na baixada, lá, tem lugares que é extraordinária mesmo, se pode dizer. Da parte do Buriti Bom, então, é mais. Iô Liodoro planta grandes roças. Eu cá, da minha banda, pelejo um canavial. E os matos? O ruim é aquele Brejão. Não se pode aterrar, esgotar as águas, talar valas. Já mandei examinar. Disseram que nem por um dinheirão, que se pagasse, não valia a pena. O senhor também entende de agrimensor? Iô Liodoro conserva as matas-virgens, não consente em derrubar..." (Rosa, 1960, p. 403, grifos meus)

Para a mulher de nhô Gualberto, Dona-Dona, o Buriti-Grande deveria ser derrubado pelas razões dos dois vizinhos: tanto para ser aproveitado utilitariamente, como para ser anulado em seu poder simbólico, pois "é parece até uma palmeira do capeta...".[31] Se iô Liodoro e o povo do lugar apreciavam as influências e atrações do Buriti-Grande sobre as pessoas, ela as temia e considerava que precisavam ser anuladas:

> "Iriam dando volta, pelo Brejão, a Baixada: com o buritizal e o buriti-grande. — 'Ave, essa é parece até uma palmeira do capeta...' — Dona-Dona tinha dito. De Dona Lalinha, ela não tinha querido pronunciar nem meia palavra, e poucas dissera a respeito de Maria da Glória. Agora, Dona-Dona não entendia dessem importância a um coqueiro só maior que os outros — por falta de *um*

[31] Do mesmo modo que a vinha, a hera, o touro e a pantera, Dioniso é também identificado como "o deus das árvores": "Não é preciso dizer que Dioniso deve estar atuante, com a mesma força vital que na vinha, no crescimento das árvores e principalmente daquelas geradoras de frutos suculentos. [...] Dioniso é assim na Grécia, tanto como em outros lugares, venerado como 'Deus das Árvores'. Na Beócia, ele se chama: 'Aquele que vive e atua nas árvores'" (Otto, 1969, pp. 165 e 166, trad. minha). Henri Jeanmaire trabalha mais longamente essa associação de Dioniso com o culto da "árvore sagrada" ou "o deus da árvore": "Bötticher, desde 1856, depois Mannhardt, reconheceram aí um testemunho interessante da passagem do culto anicônico da árvore a uma representação antropomórfica da divindade que se identifica ou substitui a personalidade religiosa do vegetal. É sob a forma senão de um deus-árvore ou de um gênio da árvore, ao menos de um *daimôn* do qual a vitalidade está ligada de algum modo àquela das espécies vegetais, que se imaginava, entre os atenienses, o Dioniso em honra do qual as mulheres celebravam os ritos, cujas figurações que evocamos retraçam certos momentos" (Jeanmaire, *op. cit.*, p. 12, trad. minha). Sobre o assunto, ver também Graves, 1998, em especial p. 189.

raio ainda não ter caído nele, ou de um bom machado, bem manejável. Assim um palmito gostoso, esse não daria; mas devia de dar fortes ripas e talas. Dona-Dona parecia ter um vexame de que Gulaberto pudesse dizer a Miguel coisas ridículas, nas conversas. Ela queria que Gulaberto também reprovasse essas pessoas que andavam por lá, em passeios de sem que fazer, e a palmeira admiravam, o *buriti grande*." (*Ibid.*, p. 406, só o primeiro grifo é meu)

Foi na ida para o Buriti Bom com nhô Gualberto que Miguel viu o Buriti- Grande pela primeira vez, "Assim Miguel via aquilo"; porém a narrativa não se limita às suas impressões subjetivas. Ela, na verdade, descreve o lugar como um santuário, onde o Buriti-Grande, um símbolo fálico, ficava isolado, sobranceiro, "Apenas uma coluna", como se fosse o sobrevivente e testemunha de um outro tempo, reinando fora da fila alinhada simetricamente dos outros buritis mais novos, que desciam para o Brejão-do-Umbigo.[32] O Buriti-Grande crescia num chão adubado pelos ossos dos mortos, "O chão ali, no arável ou no fundo, farinhava ossos de peixe, cascos de cágados, conchas quebradas, guardava limo", cujas almas, viradas borboletas, circulavam ziguezagueando em torno do tronco que lhes servia de eixo, antes de virem a se reencarnar no brejão. Este era, ao mesmo tempo, uma fonte abundante de vida, borbulhante de flora e fauna, visíveis e invisíveis, répteis e serpentes submersos e aves alvas esvoaçantes: "O brejão era um oásis, impedida a entrada do homem, fazia vida". Assim, ao lado e à sombra do falo masculino que se estendia fertilizado pelos

---

[32] Do mesmo modo como se dispunham os bambus diante da gameleira de Júlio Bello, iguais a soldados subordinados à árvore-rei: "Um pouco adiante d'ele, à margem dos valados, dois renques de bambus descem para o norte e para o sul, bastos, retilíneos, disciplinados, iguais como alas de lanceiros que o gameleiro tivesse formado em guarda, na defesa da floresta" (Bello, *op. cit.*, pp. 196-7).

despojos dos mortos ficava a fonte feminina geradora de vida.[33] A narrativa pinta um quadro e dissemina uma série de termos que procuram dar ao lugar e à palmeira uma representação fundamente apoiada na mitologia grega clássica. O que ela procura firmar é que eles haviam chegado a uma espécie de santuário, como o de Delfos, um centro de culto tanto de Apolo como de Dioniso,

[33] Para bem entendermos o significado simbólico da geografia do Buriti Bom, são muito esclarecedores estes dois trechos do livro de Kerényi: "Segundo Tucídides o templo de Dioniso 'no pântano' era situado ao sul da Acrópole, e era um dos santuários mais antigos da cidade. Para imaginarmos concretamente o 'pântano', recorremos à representação dos jarros que mostram uma rocha, e o relato detalhado do próprio Fanodemo, segundo o qual naquele lugar se misturava o vinho novo com a água fluente. Devia tratar-se de um quadro geológico característico da Grécia, cujo exemplo mais conhecido são os pântanos de Lerna: sob a rocha jorra abundantemente a água, que, apesar de sua pureza, forma um 'pântano'. Em Lerna, Dioniso penetrou no mundo subterrâneo e de lá retornou: era uma porta do Hades. As *límnai* de Dioniso devem ter tido para os atenienses o mesmo significado. Por isso em Aristófanes as rãs desse pântano acompanham com os seus cantos Dioniso na sua viagem subterrânea; e pelo mesmo motivo, ao término da festa dos trespassados na Antesterie, o povo voltava ainda uma vez a esse santuário de Dioniso". E, um pouco adiante: "Uma analogia do fato igualmente evidente era também a união de Isis com Osiris recomposto, que graças a tal união conseguia despertar. E análogo é enfim também o mito, que explicava porque em um lugar vizinho ao lago Alcionio nas proximidade de Lerna, sem fundo, onde Dioniso encontrou o caminho para ir e vir do Hades, um falo fosse erguido sobre um túmulo. A descrição do lugar é por si só bastante instrutiva. O retorno de Dioniso do mundo subterrâneo é atestado pelo falo, que se ergue sobre uma tumba. Falos como monumentos sepulcrais são conhecidos na antiguidade: eles trazem os seus significados do mito do Dioniso subterrâneo. Mas o mito local não se refere aos falos sobre tumbas, antes aos falos de figueiras usados no culto. Dioniso ergueu um destes falos em sinal de gratidão a Prosymnos ou Polymnos — ambos os nomes significavam o falo cultual celebrado com cantos -, porque este lhe havia mostrado o caminho para o mundo subterrâneo, exigindo em recompensa que Dioniso lhe servisse como mulher. Ele morreu antes do retorno de Dioniso. Dioniso pagou a dívida, sentando-se sobre o falo" (Kerényi, *op. cit.*, pp. 271 e 286 respectivamente, trad. minha). Ver sobre o lugar, chamado de "baixadão — a Baixada" (Rosa, 1960, p. 419), cujas enumerações têm em vista produzir no leitor essa impressão de riqueza e fecundidade multiplicada.

O Buriti-Grande e a ordem patriarcal

onde ficava também o *omphalos*, o bloco cônico de pedra tido como o centro, o umbigo da terra, circundado por ninfas e centauros, como enumera a narrativa, "nelumbos, nenúfares, ninfeias e sagitárias":[34]

"Gualberto saía de casa, cavalgava três léguas, vinha na direção do rio. O rio corre para o norte, Gualberto chegava à sua margem direita. Ali estava o brejão — o Brejão-do-Umbigo — vinte e tantos alqueires de terreno perdido. Entre o cerrado e o Brejão, era uma baixada, de capim-chato e bengo, bonita como uma paisagem. Capim viçoso, bom para o gado, Gualberto pusera lá seus bois para engordar. Toda a volta do Brejão, o côncavo de uma enseada, se assinalava, como um desenho, pela linha dos buritis. Pareciam ter sido semeados, um à mesma distância de outro, um entrespaço de seis ou dez metros. Subiam do limpo do capim, rasteira grama; ali, no liso, um cavalo, um boi, podiam morrer de dia. Mas o buriti-grande parava mais recuado, fora da fila, se desarruava. Um entendedor, olhando a terra, talvez definisse que, nos tempos, o brejo se havia retirado um tanto, para o lado do rio. O chão ali, no arável ou no fundo, farinhava ossos de peixes, cascos de cágados, conchas quebradas, guardava limo. Antes, em prazos idos, o buriti-grande se erguera bem na beira, de entrelanço com seus grandes irmãos, como agora os outros mais novos, com o pé quase na água — o que os buritis desejam sempre. Agora ele perdera o sentido de baliza, sobressaía isolado, em todos os modos. Apenas

---

[34] "É, com efeito, no pintor de Amásis que a evolução ninfas-mênades se desenvolve. No início de sua carreira, as mulheres que acompanham Dioniso e os sátiros são ninfas. Depois, em vasos mais recentes, as ninfas nuas usando coroas de hera e cântaros fazem a sua aparição, e as relações entre ninfas e sátiros, que eram passivas, tornam-se amorosas" (Trabulsi, 2004, p. 116).

Árvore, santuário, ninfas e sagitários

uma coluna. Ao alto que parecia cheio de segredos, silêncios; acaso, entanto, uma borboletazinha flipasse recirculando em zigue-zague, redor do tronco, e ele podia servir de eixo para seus arabescos incertos. A borboleta viria para o brejo, que era uma vegetação embebida calma, com lameal com lírios e rosas-d'água, adadas, e aqui ou mais um poço, azuliço, entre os tacurús e maiores moitas, e o atoalhado de outros poços, encoscorados de verde osgo. O brejão era um oásis, impedida a entrada do homem, fazia vida. Não se enxergavam os jacarés, nem as grandes cobras, que se estranham. Mas as garças alvejavam. Surgia um mergulhão, dos tufos, riscava deitado o voo. Formas penudas e rosadas se desvendavam, dentre os caniços. Impossível drenar e secar aquela posse, não aproveitada. Serenavam-se os nelumbos, nenúfares, ninfeias e sagitárias. Do traço dos buritis, até o rio, era o defendido domínio. *Assim Miguel via aquilo.*" (*Ibid.*, pp. 406-7, grifo meu)[35]

[35] Aqui, vale a pena recordarmos as leituras que Erwin Rohde e o preparador de sua edição para o castelhano, Hans Eckstein, fazem do *omphalos*: "Sob a pedra umbilical (*omphalos*) da deusa Terra, uma construção com cúpula existente no templo de Apolo que recordava a forma dos antigos sepulcros cupulares, jazia enterrado — segundo se dizia — um deus, que não era, de acordo com alguns testemunhos eruditos, outro que Píton, o adversário de Apolo. Se isto for certo, resultaria que a um deus lhe havia sido levantado o seu templo sobre a tumba de outro deus. Sobre os restos de Píton, o espírito da terra, filho de Gea, a deusa cósmica, andava Apolo, o deus dos adivinhos". E, um pouco adiante, Rohde acrescenta: "O 'sepulcro' sob o ônfalo simboliza, no caso de Píton, o triunfo do culto apolíneo sobre o demônio ctônico alojado nas entranhas da terra" (2006, pp. 128-9, trad. minha). Eckstein faz alguns reparos às afirmações de Rohde e acrescenta outros significados do *omphalos*, dos quais só mencionaremos alguns: "A forma especial do *omphalos* não deriva, provavelmente, dos edifícios cupulares micênicos, mas sim de um fato da história da religião: o de que o ônfalo significa, originariamente, a imagem do culto da mãe Terra e apresenta, portanto,

O caramujo e o besouro

No retorno de Miguel ao Buriti Bom, ele se lembra de um caso que nhô Gualberto lhe relatara no caminho, na primeira vez que lá fora com ele. Esse episódio é emblemático, pela forma como é composto, inclusive graficamente, e condensa o tema mais profundo desenvolvido na novela: o da natureza sexual do processo da vida e a sabedoria de seu movimento além da história, ainda que às custas também da morte e não isento de injustiças e crueldades. No relato do caso, a voz de nhô Gualberto aparece sempre em itálico. Intercalada a ela, agora na voz do narrador, nos é dada uma nova descrição do Buriti-Grande e do Brejão-do-Umbigo, mas em fontes gráficas normais. O que esta ressalta é o Buriti-Grande como um enorme falo ejaculante e o Brejão-do-Umbigo como uma vulva fecundante de vida. O narrador começa dizendo que tudo "se passara em meados de dezembro" e logo introduz a voz de nhô Gualberto, dizendo que um dia ele encontrara o Inspetor ali ao pé do Buriti-Grande, agachado, *"catando com os dedos no capim do chão..."*. Depois, continua relatando que chegou a cavalo a mulher do Inspetor, apeou e, não sem razão, como saberemos mais adiante, *"muito contente, se ria muito, numa insensatez"*. Volta então a voz do narrador e descreve assim a palmeira, como um grande falo prenhe de suco: "Mas o Buriti-Grande! Descomum. Desmesura. Verdadeiro fosse? Ele tinha umidades. O líquen vem do chão, para o cimo da palmeira. A gente olhava, olhava". A fala de nhô Gualberto retorna para dizer que o que o Inspetor procurava era um caramujo vivo, usado como remédio para a tísica, e isto agradou a sua mulher, que aplaudiu, pois diziam que ela era héctica. É

como expõe J. J. Bachofen, *Gräbersymbolik* [...], a forma de um ovo, símbolo típico dos cultos das deidades-mães ctônicas. Portanto, antes deveria derivar-se a forma cupular das construções sepulcrais micênicas do significado simbólico do ovo do que o inverso, como pretendem os que procuram explicar os símbolos do culto partindo de formas arquitetônicas criadas posteriormente. Ademais, o *omphalos* não era nenhuma 'construção', nenhum edifício, senão simplesmente uma pedra compacta com a forma de ovo" (*Ibid.*, p. 412, trad. minha).

O Buriti-Grande e a ordem patriarcal

nesse momento que ele diz o nome dela, dona Dioneia. E, com a interrupção da fala de nhô Gualberto, retorna a narrativa que nos dá a nova descrição do Brejão-do-Umbigo, como a contrapartida feminina do Buriti-Grande, ressaltando justamente a sua flora e fauna abundantes, como se fosse ali uma fonte de vida, enumerando as plantas, os peixes, os batráquios e as aves, principalmente as garças, que existiam lá:

> "O Brejão-do-Umbigo, defronte, desprazia nhô Gualberto, o invocava. — 'Eu um dia eu ainda arraso esta porqueira de charcos! Eu como aquilo!' — ele pontuava. Aí nem era um pântano extenso comum, mas um conjunto de folhagens e águas, às vezes florestal, com touças bravas. De lá não cessava um ar agravado. O feio grito das garças, entre coaxo de rã e ladrido de cachorro. De dia, mesmo, os socós latissem. Aos poucos, descobriam-se as garças, aos pares, mundas muito brancas entre os capins e os juncos. — 'No começo da vazante, tem mais. Porque dá peixes, por aí, com fartura...' Metidas n'água, no lamaçal. Outras voaram, para uma lagoa aberta, gapuiando seu simples sustento. Mas alvas, tão limpas. O ninhal, os grandes poleiros delas, estavam nas embaúbas secas." (*Ibid.*, p. 410)

A seguir, a fala de nhô Gualberto complementa dizendo que junto a Dona Dioneia viera iô Liodoro, só que este não descera do cavalo, e ele faz questão de observar que, dos quatro, só ele, nhô Gualberto, é que estava com vergonha de tudo e que "*Aquilo era crime*". Depois, saíram todos a cavalo, até que o Inspetor desmontou para procurar de novo algo ao pé do Buriti-Grande, agora, um remédio para si, um "*capinzinho*" afrodisíaco, que nhô Gualberto nunca havia visto ali, mas que lhe garantiam que tinha: "*Por encontrar e colher, daquele capinzinho que tem, ele estava todo ansiado. O senhor sabe? Sabe para quê que é que servia aquele dito capim? Pois, para se fazer chá, e tomar, e recobrar a potência de homem, as forças machas desabrocháveis já perdidas... Isto, sim*".

Neste ponto, ao ficarmos sabendo da impotência do Inspetor (o que o equiparava à mulher, hética, pois a impotência significava que, como ela, ele continha também em si a morte), encontramos uma justificativa para o afastamento de Dona Dioneia do marido e a sua aproximação de iô Liodoro — este, uma potência desmedida, como a própria *hybris*. Nhô Gualberto descreve então a Miguel como o Inspetor se enlameava ajoelhado à procura do capim, vestido de preto, "*figurava um besouro bosteiro...*". O que "*figurava*" era o *coleopteros coprophagos*, o escaravelho solar, que, no Egito, representava, entre outras coisas, a constante de morte e renascimento, o ciclo de renovação da vida.[36] No final e como conclusão, nhô Gualberto faz um julgamento muito moralista sobre a mudança dos tempos e dos costumes. É essa condenação que nos permite identificar a força regente do Buriti-Grande como a da permanência, a grande palmeira como o traço de união fecundante entre os tempos, o esteio que mantinha a continuação da vida. No caso relatado por nhô Gualberto, a árvore aparece como uma força vital que fazia dona Dioneia abandonar o Inspetor, carente de potência, para aproximá-la de iô Liodoro, que a tinha em demasia. O que queria dizer que com isso os tempos mudavam, mas a pulsão da vida permanecia, e o Buriti-Grande era a expressão e o poder regente do que continuava, da *zoé* sábia. Se não fazia milagres, fornecendo o "*capinzinho*" ao Inspetor, para lhe restaurar a potência, nem os caramujos, para a cura da héctica de sua mulher "legal", que morrerá vitimada por ela, a regência do Buriti-Grande tentava salvar a continuidade da vida ao aproximar a mulher do Inspetor de iô Liodoro. Se a visão de quem relata o caso, nhô Gualberto Gaspar, é a de um moralista — ele julga moralmente e condena os costumes dos novos tempos, como os do Inspetor, de dona Dioneia e talvez também de iô Liodoro —, ela nos deixa apreender os eventos nos seus movimentos mais profundos, sob a batuta da grande palmeira, que é a perspectiva do ver-

---

[36] Esta não é a única referência à religião egípcia; na novela existem outras bem mais explícitas. Sobre o besouro, ver Posener, s/d, *scarabée*, p. 259.

dadeiro narrador ou compositor da novela, que quer nos contar *uma outra história*, subterrânea, porém mais real e base de sustentação dos fenômenos, o ponto de permanência no centro da circunferência instável: *a da regência do Buriti-Grande, como uma mãe natureza orquestradora da proliferação e continuidade da vida*. E isto acontecia não sem crueldade, como a vida costuma parecer aos nossos olhos também moralistas, mas indiferente à dor e injustamente, se apreciarmos a humilde e humilhante posição final do Inspetor. O fato de todos os trechos deste episódio referentes às falas de nhô Gualberto, como o abaixo citado, virem sublinhados, em itálico, pode ser para nos chamar a atenção justamente para esse ponto de vista submerso e o seu outro modo de apreciar os episódios, relatados a partir da visão estreita e moralista do fazendeiro. Como se nos dissesse que, subterrânea à visão dos homens, existe uma outra, a da realidade do movimento inexorável da vida:[37]

[37] Aqui, começamos a apreender uma concepção de tempo muito próxima da de Nietzsche, sobre a qual, por ora, só mencionaremos o comentário de Domenico Losurdo e a citação que faz de um trecho do Zaratustra, no seu trabalho monumental sobre o autor. Isto, para evitarmos uma leitura desavisada e podermos apreciar os conteúdos trabalhados na novela com olhos mais críticos. Porém, temos que saber discernir o aproveitamento literário de uma ideia da busca de sua validação ou seu endosso, mesmo sabendo que não é fácil, e que uma tenda a legitimar a outra: "Tanto na tradição judaico-cristã como no movimento revolucionário age uma concepção do tempo que, desvalorizando o presente e o mundano como insuportável vale de lágrimas, aspira a um totalmente outro futuro, que na realidade é sinônimo de nada. Expectativa do juízo final e expectativa da sociedade futura prometida pela revolução exprimem, em formas apenas diferentes, a mesma negação da vida terrena com os seus limites e conflitos, com as suas profundas, insuperáveis, mas profícuas contradições. Zaratustra coloca em estado de imputação estas duas formas de niilismo no seu contra-discurso das bem-aventuranças cristãs e socialistas: 'Eu vos esconjuro, meus irmãos, permanecei fiéis à terra e não dai fé àqueles que vos falam de esperanças ultraterrenas! São envenenadores. Quer saibam ou não. São desprezadores da vida, moribundos e seus próprios envenenadores, dos quais a terra está cansada: Que desapareçam de uma vez'" (Losurdo, 2009, p. 509).

"*Em outros tempos, homem matava homem, por causa de mulher! Como os bichos fazem... Mas o mundo vai demudando. Raça da gente vai esfriando, tempo será se vai ficar todos frios. Feito os peixes. Aquilo! O Inspetor ali debaixo do pé do buriti-grande, tão rebaixado, tão apeado... E, então, de repente, apareceram os outros dois. Que vinham a cavalo, emparelhados, de divertimentos, em passeio a esmo. Iô Liodoro e a dona Dioneia, mulher legal do Inspetor... Que todo o mundo saiba: que ela anda vadiando com iô Liodoro...*

Amargou em mim. E vinham, devagar, estavam vendo o Inspetor, mas parece que nem se importavam. O Inspetor, apalpando o chão com as mãos, caçando aquele capinzinho... Pois, escutando os cavalos, ou adivinhando que sobrevinham, assim no jeito em que estava, mesmo, se virou, para ver, sorriu para dona Dioneia, saudou iô Liodoro...

Mas, eu, que escuto razoável, e o vento dando, ainda restou para eu ouvir o que eles que eu ouvisse não pensavam. O dele, iô Liodoro, não. Mas o dela — mulher de fina voz, e que fala sempre muito alto:

— Você não sabe... Eu gosto de você...

....

— Dóro, vigia, o buriti grande...

....

— Em enorme! Parece que está maior... Eu havia de gostar de derribar..." (*Ibid.*, pp. 409-11)

A RELIGIÃO DO BURITI BOM

O Buriti-Grande e o Brejão formavam o ponto umbilical daquelas terras, as quais, devido à vegetação copiosa, às águas abundantes e à riqueza da fauna, lembravam um lugar paradisíaco borbulhante de vida, onde se misturavam o pântano e a beleza, a ruína e a vida renascente, nhô Gualberto e iô Liodoro, a Grumixã e o Buriti Bom. A descrição dessas terras na novela, pela lembran-ça de Miguel, agora no retorno ao Buriti Bom, de quando as viu pela primeira vez, "relembrando bem", não é só deslumbrante, como também encantatória e carregada de todo tipo de referências eróticas. Ela mantém um ritmo e um tom graves como os de quem estivesse nos narrando a fundação de uma nova religião, porém não uma religião metafísica e celeste, mas dionisíaca, de culto a um deus subterrâneo, Dioniso, como "il dio della *zoé*" (Kerényi, *op. cit.*, p. 258).[38] Essa descrição nos relata bem mais do que as maravilhas desdobradas, no verso e reverso anagramático, "ma-ravilha: vilhamara", do cenário ou da paisagem onde se passará a ação da novela; eles nos são apresentados como se fossem os ver-dadeiros agentes da ação, sendo os homens que ali viviam outras manifestações naturais de sua exuberância, estilisticamente enfa-tizada pelas enumerações, plasticidade das figuras e sonoridade das palavras. A representação tem um estilo orquestral, compondo todos os seres uma harmonia (no sentido musical mesmo da pala-vra, nascida da reunião de elementos distintos e em tensão, quan-do não dissonantes) carregada de tons eróticos, sutis, como esta bela imagem antitética que, de certa forma, emblematiza os dois encontros mais significativos da história, o de Lalinha e iô Liodo-ro, e o de Glorinha e nhô Gualberto Gaspar: "À beira do brejo, havia um buriti caído, com a coma no barro. Uma garça pousara ali, no buriti jazente, morto com sua dureza. Tombado de raio". Essa imagem lembra a morte de Sêmele, "morte en couches",[39] fulminada por Zeus com um raio, quando deu à luz Dioniso.

Essas terras eram regidas pelo maestro magistral, o Buriti--Grande, como uma genitália, assim é ele descrito: "erecto, liso, estipe — a desnudada ponta"; ou então, ainda mais explícito: "Co-mo o Curupira, que brande a mêntula desconforme, submetendo as ardentes jovens, na cama das folhagens, debaixo do luar". Aqui,

[38] "O deus da *zoé*" (ver também nota 8 do cap. II).

[39] "morta no parto".

Buriti do Brasil e da Grécia

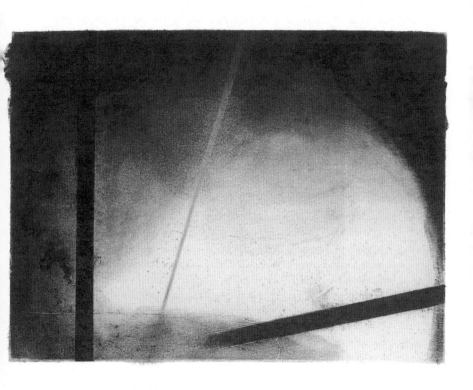

Dioniso e as mênades

agora, a palmeira aparece em toda a sua majestade e potência, reconhecida e admirada por todos, plantas, bichos e homens, e em torno da qual as mulheres do lugar poderiam dançar como mênades ou coribantes na entronização do deus: "Dona Lalinha, Maria da Glória, quem sabe dona Dioneia, a mulata Alcina, ia-Dijina, sonhassem em torno dele uma ronda debailada, desejariam coroá-lo de flores".[40] Assim, o Buriti-Grande se transmuta no próprio Dioniso, o qual adquire uma feição muito nova, a partir de uma interpretação livre do autor, sugerida inclusive pelo jogo de palavras, quando diz que a luz de maio *"fá-lo maior"*. Ele surge como o deus gerador e civilizador, doador de sangue e carne, transformados em vinho e pão, ocorrendo então a inversão da transubstanciação do rito cristão da eucaristia, no qual são o vinho e o pão que se transformam no sangue e na carne de Jesus Cristo. Isto fica claro quando ele aparece não só como o provedor do vinho, do mel e do leite, mas também como o patrocinador do pão. Desse modo, ele é representado em toda a amplitude de um herói civilizador.[41] Ulisses, no seu périplo, quando desembarcava num lugar

[40] Essa cena ilustra à maravilha as da epifania reproduzidas nos vasos gregos, como as interpreta Walter F. Otto, enquanto representações de um metabolismo entre o mito e a realidade: "O delírio começa — na esfera mítica — no momento preciso em que o deus faz a sua entrada no mundo. [...] As mulheres que servem o deus eram à imagem da comitiva divina que evocava o mito, e é com muita sensibilidade que os pintores reproduziam as suas ações, elevaram a realidade ao mito. Por essas imagens nós podemos ainda compreender com muita vivacidade a emoção pela qual o deus era acolhido. Ele, o deus que aparecia entre os homens com a maturação da bebida embriagadora, era o mesmo que o ser delirante cujo espírito empurrava as mulheres à loucura nas solidões das montanhas" (Otto, 1969, pp. 103 e 108, trad. minha).

[41] Esse aspecto civilizador de Dioniso é amplamente afirmado na bibliografia sobre ele, principalmente do Dioniso cultuado em Atenas, em contraste com o de Tebas, vindo da Trácia: "Do ponto de vista das honras, o Dioniso ateniense nada fica a dever a seu homólogo que reina sobre a Cadmeia. Mas oferece, em seu percurso ático de deus epidêmico, o espetáculo inédito de um senhor da vinha e do vinho puro que se despoja progressivamente de

130   Buriti do Brasil e da Grécia

estranho, procurava saber se os homens do lugar bebiam vinho e comiam pão, cujas culturas, da vinha e do trigo, além de substituírem o sangue e a carne crua, se associavam também com o conhecimento das leis e a prática da política na ágora. Isto lhe queria dizer que tinham superado o estado de selvageria e não exerciam mais o canibalismo. É assim que canta Homero, quando Ulisses chega ao país dos Ciclopes:

Tudo lhes nasce espontâneo, sem uso de arado e sementes,
trigo e cevada, bem como videiras, que vinho produzem,
de cor vermelha; na chuva de Zeus vem a vida dos frutos.
Leis desconhecem, bem como os concílios nas ágoras públicas.
Vivem agrestes, somente nos cimos das altas montanhas,
em grutas côncavas, tendo cada um sobre os filhos e a esposa
plenos direitos, sem que dos demais o destino lhe importe.

(Homero, 1960, p. 132)

sua selvageria, esquecendo suas cóleras e fazendo calar suas violências assassinas" (Detienne, 1988, pp. 70-1; cf. também Trabulsi, 2004, p. 152). É também em Elêusis que ele é cultuado com Deméter, a deusa do trigo, e em seus aspectos curativos e alimentares: "Eis o Dioniso como deus civilizador. [...] Entre Dioniso e Deméter, a homologia prolonga-se no plano dos alimentos: antes que os mortais descobrissem o trigo e o pão, comiam raízes, plantas e frutos silvestres, condenados a comer alimentos crus e pesados, submetidos a uma dieta 'destemperada', como narra o autor da *Antiga Medicina*. Alimentos *ákreta* como é o vinho puro, e que produziam dores violentas, doenças e não raro morte súbita. O vinho bem temperado inaugura o gênero de vida 'cultivada', da mesma forma que a comida à base do trigo moído de Deméter se introduz em campos e aldeias. É também, e sob a proteção de uma e de outra divindade, o início de uma arte de viver cuja regra se reparte entre a reflexão dietética, as práticas culinárias e o saber médico" (Detienne, *op. cit.*, pp. 67-8). A espiga do trigo e a vinha eram também elementos cultuais concordantes em Elêusis, santuário de Deméter e Dioniso, como diz Walter F. Otto: "A espiga do trigo que cresce milagrosamente concilia-se com os mistérios de Deméter como a vinha milagrosa concilia-se com os mistérios de Dioniso" (Otto, *op. cit.*, p. 107, trad. minha).

Só que na passagem da novela reproduzida abaixo, a atribuição a Dioniso da doação do pão também o aproxima do cristianismo.[42] Com isso, nós vemos surgir no Buriti Bom uma nova

[42] A associação do dionisismo com o cristianismo é muito discutida; Karl Kerényi a observou com muita propriedade no seu estudo sobre Dioniso: "O testemunho de uma imponente religião dionisíaca não grega entre o lago de Genezareth e a costa fenícia é o fundador do Cristianismo, que percorre esta região em toda extensão até Tiro. Ele extraía voluntariamente os seus paradigmas da vida dos vinhateiros, como já haviam feito antes dele poetas e profetas do Antigo Testamento. Ele dizia de si próprio: 'Eu sou a verdadeira videira'. Quando Jeremias falava da videira de Israel, originariamente nobre, mas depois abastardada — o paralelo mais próximo à palavra de Jesus e possivelmente ao seu modelo —, ele permanecia na esfera da metáfora, enquanto a palavra de Jesus ia além, na direção de uma identidade mística. A palavra do Evangelho de João, no qual ela se encontra e onde o vinhateiro está para o Pai e os cachos para os apóstolos, substitui o dito da última ceia relativo ao vinho: 'Este é o meu sangue!' — e ao mesmo tempo dá razão disso. Quando este evangelista escrevia, a última ceia já havia se tornado a grande ação mistérica do Cristianismo. A história da sua instituição e da primeira celebração pareceu ao evangelista muito sagrada para ser narrada em um escrito público. Ele mencionou *no lugar dela* que Jesus havia se comparado à vinha. A consequência desta comparação foi que Jesus falou do vinho como se fosse o seu sangue; e por extensão falou do pão como se fosse o seu corpo. O acento colocado sobre a afirmação de ser a *verdadeira* videira tem ao mesmo tempo um valor de distanciamento — neste contexto da vinha, dos seus produtos e do seu cultivo —, com o que ele adquiria em todo caso uma identificação muito próxima. Era necessário manter-se à distância da videira 'falsa': daquela que levava as pessoas ao erro, enquanto escondia em si um falso deus e uma falsa religião./ A cultura mediterrânea da videira foi o fundo concreto comum sobre o qual se ergueram realidades diversíssimas, como a fundação do Cristianismo e tudo o que se pode indicar com o termo onicompreensivo de 'religião dionisíaca'. Uma componente essencial da religião dionisíaca grega, o grande rito sacrificial das mulheres e dos Órficos, nós a conhecemos até este momento somente em parte" (Kerényi, 1992, p. 241, trad. minha). Com outros argumentos, mas radicando Jesus Cristo à mesma matriz do deus pagão, heresia vista pelos primeiros Concílios como a mais diabólica e imperdoável, ele diz: "A cidade de Eleusis, onde se desenvolveu o mais famoso mistério do mundo antigo, derivava o próprio nome, segundo a tradição, de Eleuse, rei da Ática. Mas a palavra *eleusis* significa 'advento' e foi adotada pelos mistérios cristãos para indicar a vinda do Menino Divino;

religião, duplamente herética. Por um lado, por ser um culto civilizatório e terreno e não salvífico, não é o pão e o vinho que se transubstanciam na carne e no sangue do Salvador, mas o contrário, é o deus que é fonte de vida, de vinho e pão para o melhor aproveitamento da vida na terra pelo homem; assim, como veremos, será uma religião de culto à vida na sua integridade, como corpo e alma. E, por outro lado, por mesclar novamente, como os neoplatônicos renascentistas, paganismo e cristianismo, só que agora com a dominância do primeiro. O que parecemos observar, se não nos deixamos encantar inteiramente pelos recursos poéticos empregados na narrativa, é um culto pagão-cristão, na hora da eucaristia invertida, quando o sangue e a carne do deus se transubstanciam no vinho e no pão para doação ao homem, e junto com ele se erguer também uma nova igreja, voltada para o culto da vida, pelo menos nas visões do Chefe Zequiel e da rezadeira Maria Behú:[43]

no uso habitual, o Advento compreende o Natal e as quatro semanas precedentes. A mãe de Eleuse era 'Daeira, filha de Oceano', a 'sábia do mar', identificada com Afrodite, a deusa-pomba minoica que surgia do mar em Pafo, na ilha de Chipre, renovando todo ano a própria virgindade" (Graves, 1998, em especial pp. 164 e 179, trad. minha). Outros autores, porém, como Walter Burkert, viram nas suas semelhanças apenas uma analogia sem que houvesse de fato um vínculo comprovado: "Resumindo, há um paradoxo dinâmico da morte e da vida em todos os mistérios ligados aos opostos da noite e do dia, da escuridão e da luz, do mundo ínfero e do mundo superior, mas não há nada tão explícito e ressoante quanto as passagens do Novo Testamento, particularmente em São Paulo e no Evangelho de João, referentes à morte de Cristo e ao renascimento espiritual. Até agora, não existe nenhuma prova filosófico-histórica de que tais passagens derivem diretamente dos mistérios pagãos, e tampouco é o caso de empregá-las como chave exclusiva para os procedimentos e a ideologia dos mistérios" (Burkert, 1992, p. 110). Ver também as apreciações especificadoras e diferenciadoras de Henri Jeanmaire (*op. cit.*, em especial p. 478).

[43] Neste ponto, como na apreciação da importância do erótico no dionisismo, Guimarães Rosa se distancia do Nietzsche de *O nascimento da tragédia* e se sintoniza mais com Kerényi, que não via oposição, mas identidades

O Buriti-Grande e a ordem patriarcal 133

"Daí, desciam, para um baixadão, — a Baixada. Os bois, pastando no meio do capim alto, mal se entreviam, como bichos grandes do jângal, como seres selvagens. A gente passando, eles avançavam, uns, para 'reconhecer'. A mais lá, o verde-claro da grama, delicada, como plantada, se estendendo até ao Brejão, e ao rio e à mata. E os buritis — mar, mar. Todo um país de umidade, diverso, grato e enganoso, ali principiava. Dava-se do ar um visco, o asmo de uma moemoência, de tudo o que a mata e o brejão exalassem. *Esta é a terra de iô Liodoro, de Maria da Glória, de Dona Lalinha...*' A um movimento de cavalo ou boi, revoavam da macega os passarinhos catadores de sementes, desfechavam-se para cima, como descarga de chumbo. A mata marginal se cerrava, uma enormidade, negra de virgem. Tinha-se de olhar em volta. Aquelas árvores de beira-de-rio, maculadas, barbudas de branco, manchosas, cascudas com rugas, eriços, placas e pálidas escamas se pintalgando — a carne-de-vaca, a marmelada-de-cachorro, o jequitibá, o landí, o ingá, a almesca, o gonçalo, o pau-pombo, a folha-miúda e o alandim-do-brejo pardão — tomavam tamanhos fora do preceito, bojavam diâmetros estrusos; à borda, as retas pindaíbas, os ramos horizontais e os troncos repartidos, desfiados brancos, riscavam no verde nervos e medulas. Lá dentro, se enrolava o corpo da noite mais defendida e espessa. O chão, de impossível andada, era manta profunda, serapilheira em estrago e

no plano cultural, entre Dioniso e Cristo, como deidades de religiões mediterrâneas. "Nietzsche, que entretanto professava um ateísmo radical, contrapôs um deus grego a Cristo. Na alternativa 'Dioniso ou Cristo' ele evocou — certo ou errado — o nome daquele deus que poderia conciliar-se com o próprio ateísmo radical. Como chegou a isto? Certamente não pôde tratar-se de um achado absolutamente gratuito! E uma vez que o 'achado' apareceu, devemos incluí-lo entre as experiências que fizemos no passado e fazemos ainda enquanto conscientes observadores da nossa cultura" (Kerényi, 1998, pp. 11-2, trad. minha).

empapo, se amassando numa lama vegetal. Dormia um bafio triste, um relento chuvoso, dali torpe se respirava. No denso, no escuro, cogumelos e larvas olhavam suas luzinhas mortiças. Lívidos entes se encostavam, sem caras. Miguel esperou. Devagar, recuava. Tragava o medo do mato.

À beira do brejo, havia um buriti caído, com a coma no barro. Uma garça pousara ali, no buriti jazente, morto com sua dureza. Tombado de raio. Ainda estava sapecado o capim, em volta; com o raio um incêndio se alastrara. Outros buritis, da fila, tinham o baixo-tronco carcomido, cavernas encarvoadas. Assaz enfeitava o chão, com tintas flores, era o alecrinzinho. O que nhô Gualberto dizia, comprazido e lento, deixava tempo a que o outro tudo visse e se pasmasse, era como se ele nhô Gualberto tivesse a guarda dos mistérios e das proezas. — 'Há árvores que têm fêmea e macho...' A mulher, dona Dioneia, tinha apanhado do chão um coco, do pé do buriti-grande — dito que queria replantar, que aquilo era caroço. — 'Eh, não. Semente que deve de estar morta. Não é a mesma coisa. Quer nascer, nasce onde é que quiser...' Fugiram galinholas. Sucedia-se, em regulado tempo, o gazinar das garças. Uma garça levantou e estendeu o voo frouxo, como um travesseiro branco prestes a se desmanchar. — 'Olh': às vezes, de lá, fede...' Do Brejão, miasmal, escorregoso, seu tijuco, seus lameiros, lagoas. Entre tudo, flores. A flor sai mais colorida e em mimo, de entre escuros paus, lôbregos; lesmas passeiam na pétala da orquídea. Pia a galinhola gutural. Estala o vlim e crisso: entre a água e o sol, pairam as libélulas. E os caracóis encadeando espíntrias, junto de outras flores — nhô Gualberto Gaspar levaria um ramilhete daquelas, oferecer a Maria da Glória, para pôr num vaso. E o desenho limite desse meio torvo, eram os buritis, a ida deles, os buritis radiados, rematados como que por armações de arame, as frondes arrepiadas,

O Buriti-Grande e a ordem patriarcal

mas, sobressaindo delas, erecto, liso, o estipe — a desnudada ponta. Sobrelanço, ainda — um desmedimento — o buriti-grande.

— Maravilha: vilhamara! — 'Qual o nome que podia, para ele? — Maria da Glória tinha perguntado. Me ajude a achar um que melhor assente...' Inútil. Seu nome, só assim mesmo poderia ser chamado: o Buriti-Grande. Palmeira de iô Liodoro e nhô Gualberto Gaspar. Dona Lalinha, Maria da Glória, quem sabe dona Dioneia, a mulata Alcina, ià-Dijina, sonhassem em torno dele uma ronda debailada, desejariam coroá-lo de flores. O rato, o priá podem correr na grama, em sua volta; mas a pura luz de maio fá-lo maior. Avulta, avulta, sobre o espaço do campo. Nas raízes, alguém trabalhando. O mais, imponência exibida, estrovenga, chavelhando nas grimpas. — *Eh, bonito, bão... Assunga... Palmeira Curupira...*' Tinha dito o Chefe Zequiel, bobo risonho. Como o Curupira, que brande a mêntula desconforme, submetendo as ardentes jovens, na cama das folhagens, debaixo do luar. O Chefe falava do buriti-grande, que se esse fosse antiquíssimo homem de botas, um velho, capataz de, de repente, dobrar as pernas — estirava os braços, se sentava, no meio da vargem. Morto, deitado, porém, cavavam-lhe no lenho um cocho, que ia dessorando até se encher de róseo sangue doce, que em vinho se fazia; e a carne de seu miolo dava-se transformada no pão de uma grumosa farinha, em glóbulos remolhada. O Chefe se benzia, temia a noite chegando. — 'Querem rumar o machado nele, dar derruba...' E quem? O que vinha: o bicho da noite, o inimigo. Como era o 'inimigo', ô Chefe? — 'Vai ver, é uma *coisa*, que não é coisa. Roda por aí tudo. Se a gente dormindo, ela tira as forças da gente... Vem, mata. É uma coisa muito ligeira esvoaçada, e que não fala, mas com voz de criatura...' Por que, o buriti-grande, o derribassem? Era o maior, perante tudo, um tanto fora da ordem da paisagem. Sua presença in-

fundia na região uma sombra de soledade. Ia para o céu
— até setenta ou mais metros, roliço, a prumo — inventando um abismo.

    — Ele é que nem uma igreja... — Maria Behú disse." (Rosa, *op. cit.*, pp. 419-21)[44]

[44] Com o intuito de precisarmos as fontes do dionisismo de Guimarães Rosa e o tipo de aproveitamento literário que faz dele, creio que seja importante mencionar aqui três trechos da apresentação de Karl Kerényi à edição italiana de seu livro, os quais mostram a proximidade dos dois autores, além de darem subsídios para compreendermos melhor o dionisismo trabalhado na novela. Na introdução referida (a edição completa de seu *Dioniso* data só dos anos 1960, mas ele já vinha escrevendo e publicando sobre o assunto desde os inícios da década de 1930. Segundo Ordep Serra, Kerényi "começou a escrever seu *Dioniso* pouco depois da conclusão do *Dioniso* de Walter Otto", que é de 1933. Ver Otto, 2005, p. XVI), o estudioso da religião grega distingue a sua visão de Dioniso das de Nietzsche, de Erwin Rohde e de Walter F. Otto, por vislumbrar e acentuar a importância do que permanecera oculto para eles, o "atrativo fundamentalmente erótico de tudo o que é dionisíaco". No desenvolvimento de "Buriti" é justamente esse aspecto que será ressaltado por Guimarães, porém também com uma particularidade, como ímpeto vital a ser cultivado e civilizado: "Otto não representava o deus como o provocador de uma embriaguez passageira. Sobre este ponto, Nietzsche foi seguido pelo amigo Erwin Rohde e pela maior parte dos filólogos e historiadores da religião. Otto via em Dioniso a 'loucura criadora', o fundamento irracional do mundo, no que era duplamente influenciado por Nietzsche: pela sua 'filosofia dionisíaca' e pelo seu trágico destino, que também trazia um ensinamento, ou seja, que a loucura requer sempre uma diagnose exata. No exame do fenômeno Nietzsche, Otto não conseguiu nunca colocar-se naquela distância que lhe teria consentido, senão outra coisa, pelo menos reconhecer os testemunhos inconscientes de uma patologia igual à estranha obsessão de Ariadne presente em Nietzsche, e ainda menos naquela distância da qual teria podido dar-se conta *do comportamento limitativo com o qual ele mesmo reagia ao fenômeno antigo, no sentido que lhe restava proibido o tratamento fundamentalmente erótico de tudo o que é dionisíaco*" (Kerényi, 1998, p. 13, grifo meu e trad. minha). "A exposição de uma particular *esfera da vida.* Neste caso, a escolha recai sobre a esfera na qual um elemento essencial daquela existência comunitária, característica que para mim é a 'cultura', encontrava a sua pura e adequada expressão na *religião.* E isto até a época minoica, certamente não em toda religião, mas apenas naquele estrato mais

É o Chefe Zequiel que vê a realização simbólica do Buriti--Grande e a sua metamorfose no "homem de botas, um velho, capataz de, de repente, dobrar as pernas — estirava os braços, se sentava, no meio da vargem", e reconta o mito civilizatório, de como ele, de seu próprio sangue e corpo, fornece aos homens o vinho e o pão: "Morto, deitado, porém, cavavam-lhe no lenho um cocho, que ia dessorando até se encher de róseo sangue doce, que em vinho se fazia; e a carne de seu miolo dava-se transformada no pão de uma grumosa farinha, em glóbulos remolhada". Porém, o mais importante, era o fato de ser igualmente o Chefe Zequiel quem via as ameaças que os cercavam: por um lado, encarnadas nas pessoas da Grumixã, "Querem rumar o machado nele, dar derruba..."; e, por outro, hipostasiadas na descrição mais expressiva da pior e mais traiçoeira das ameaças, que agora já não era de gente, mas *de coisa*: a chegada da *mercadoria* ou o fantasma do *valor de troca* com os novos tempos, "o bicho da noite, o inimigo", "uma *coisa*, que não é coisa", a *coisa-criada*, que, em circulação, "Roda por aí tudo", se transformava na senhora destrutiva de seus

antigo, que era dominado justamente pelo arquétipo daquele elemento, o arquétipo da vida indestrutível. Isto, em relação à existência humana, cujo arquétipo eu apresentei no *Prometeu*, é o *próteron*: aquele que está antes, logicamente e de fato" (*Ibid.*, p. 14, trad. minha). "A diferença entre vida entendida como vida infinita e vida entendida como vida limitada se exprime na língua grega com o uso de dois vocábulos diversos: *zoé* e *bios*. Que tal distinção tenha sido possível na Grécia, sem que ela fosse o resultado de uma reflexão ou direto da filosofia, se explica pelo fato de que a língua é primariamente língua da experiência. Uma experiência ainda mais profunda daquela existência humana — premissa do meu *Prometeu* — vem pressuposta neste livro. Uma breve pesquisa sobre o significado dos dois vocábulos gregos para 'vida' deve servir como guia ao leitor, por menos que conheça a língua grega, para introduzi-lo nesta experiência" (*Ibid.*, p. 15, trad. minha). Para Walter F. Otto, assim se colocava a questão do erótico no deus: "Nós não deveríamos jamais esquecer que o mundo dionisíaco é, antes de tudo, um mundo feminino. [...] É porque, malgrado toda voluptuosidade e sensualidade que se manifestam com tanta audácia nas célebres esculturas, o autenticamente erótico não se encontra senão na periferia. Muito mais importante do que o ato sexual, são o nascimento e o aleitamento das crianças" (Otto, 1969, p. 150, trad. minha).

criadores: "Vai ver, é uma *coisa*, que não é coisa. Roda por aí tudo. Se a gente dormindo, ela tira as forças da gente... Vem, mata. É uma coisa muito ligeira esvoaçada, e que não fala, mas com voz de criatura".[45] Existia nestas visões enigmáticas do Chefe Zequiel uma intuição profunda e uma figuração de como o fetiche do valor de troca da mercadoria sobrepujava o seu valor de uso e "a coisa" ganhava autonomia, passando agora de coisa-criada a criatura com vida própria, "que não fala, mas com voz de criatura", a ameaçar os próprios sujeitos criadores; com isso, o que temos é uma crítica embutida já não do espírito utilitarista do capitalismo, encarnado na pessoa de nhô Gualberto Gaspar, mas do próprio capitalismo. Porém ela se dá aqui não como crítica ao modo de exploração do trabalho pelo capital no processo de produção de mercadorias, mas às ameaças que o sistema e os seus produtos fantasmáticos representavam à velha ordem senhorial, de proprietários de terra tradicionais, de sangue e família. Essa crítica, portanto, que o autor embute nas visões do abobado Zequiel, "o que vê longe", só que com os ouvidos, o aproxima muito de Júlio Bello.[46] No entanto, como veremos no Epílogo deste estudo, ha-

[45] A espera angustiante do Chefe Zequiel e o seu temor da chegada de um inimigo que o ameaça, embora não saiba direito quem seja nem de que lado venha, lembra em muitos aspectos a novela "A construção", de Franz Kafka. A maior diferença talvez seja o fato de o Chefe Zequiel pressenti-lo na pessoa de nhô Gualberto Gaspar, por quem sente forte animosidade, e saber que esse inimigo vinha como uma "coisa" vampiresca, cuja descrição revela ser ela o travestimento do fantasma da mercadoria ou o valor de troca das coisas.

[46] Guimarães Rosa já havia explorado esse tema da autonomia e poder da mercadoria, como o da criatura sobre os seus criadores, ou seja, da *coisa* sobre o *humano*, em outras estórias, mas, em particular, em "A estória de Lélio e Lina", que analisei em meu livro *O Brasil de Rosa* (ver Roncari, 2004, p. 183). As visões de Júlio Bello e Guimarães Rosa correspondem muito bem a uma aclimatação cabocla do que Domenico Losurdo considerava, na Europa da segunda metade do século XIX e primeira do XX, uma "reação aristocrática". As camadas dominantes tradicionais e parte da elite intelectual e artística com elas afinada, a chamada "aristocracia do espírito", para se oporem às correntes democratizantes populares, por elas consideradas como

via para o Chefe Zequiel um movimento ainda mais profundo e determinante da vida que arrastava na sua cauda também a história. Era esta ainda uma instância epidérmica do movimento da vida.

Uma das singularidades dessa religião dionisíaca do amor reinante no Buriti Bom era a de não possuir sacerdotes; estes eram os seus próprios praticantes, e iô Liodoro era a sua encarnação máxima, confundindo-se ele próprio com o Buriti-Grande e o deus. O narrador-regente que se oculta e complementa as visões subjetivas das personagens, equipara a ação amorosa do pai de Glorinha à da agricultura e da criação do gado, quando o descreve "lavourando" as suas mulheres e diz que ele as "pastoreava". As palavras maliciosas de nhô Gualberto, de que iô Liodoro "macheia e gala" aquelas mulheres, que só existiam para esse seu afã, só vêm confirmar o que já havia sido dito a partir da outra ótica, alta, do narrador, de quem percebia os movimentos profundos da vida como um todo, da *zoé*, e não isoladamente, como a de cada indivíduo, da *bios*, para o julgamento moral de seus atos. Isto que é dito sobre iô Liodoro vem logo depois do narrador descrever a palmeira animada e coroada pelas araras coloridas que rodeavam

massificantes e vulgarizantes, perseguiam e valorizavam a *distinção*. Não são poucas as expressões da vida brasileira que refletem essa atitude, como as de "família distinta", "moça distinta", "rapaz distinto" etc. Ao mesmo tempo, para afirmarem mais ainda essa 'distinção', rebaixavam o quanto podiam o novo rico e o arrivista, do que a representação de nhô Gualberto Gaspar é um excelente exemplo: "Além das massas populares, coragem do guerreiro e culto da beleza permitem distinguir dos *parvenues*, que consideram e gozam a riqueza com um valor em si, a autêntica aristocracia. Ao contrário da 'antiga riqueza' — observa Bagehot na Inglaterra — a 'nova riqueza' ou a 'plutocracia' tem ainda algo de 'rude' (*coarse*). Somos levados a pensar nas 'mãos vermelhas gorduchas' de que fala Nietzsche a propósito dos 'industriais' que, sem nenhuma aura de superioridade, a custo se distinguem dos seus operários ou servos. Acossados pelo frenesi da acumulação e do trabalho, esses 'escravos da riqueza' são a 'plebe dourada e falsificada' que bem pouco se distingue da massa dos famintos: 'Plebe em cima, plebe embaixo'. Desse modo 'o fim próprio da riqueza é esquecido', de modo que esses 'ricos' são os mais pobres" (Losurdo, *op. cit.*, p. 696, ver também p. 686).

a sua copa, como se esta fosse uma glande e uma fonte efusiva de vida, e termina por identificar um com o outro, a palmeira com iô Liodoro, o objeto simbólico com a sua realização ou o totem com a concretização de seus mandamentos:

> "Ao belo dia, à senha de sol, o Buriti-Grande rehá seu aspecto, a altura, o arreito, as palmas — e as bulidoras araras o encarapuçavam, enfeitavam-no de carmesim e amarelo e azul, passeadoras. Avança, coragem. Iô Liodoro regressa a casa às vezes já no raiar das barras, esteve lavourando de amor a noite inteira. Iô Liodoro pastoreava suas mulheres com a severidade de quem conseguisse um dever. — 'Ele macheia e gala, como se compraz — essas duas passam o dia repousando ou se adengando para esperar o afã dele...' — dizia nhô Gaspar, seu vassalo, donos demeando-meio do Buriti-Grande na Baixada, conforme mesmo fosse por papel passado, pertencentemente." (*Ibid.*, p. 433)

Do mesmo modo que iô Liodoro era visto como uma grande árvore, "Aquele homem assentava bem com as árvores robustas, com os esteiões da casa", o touro era o traço de união do Buriti-Grande com iô Liodoro. Lalinha, depois de uma noite de alta aproximação erótica com o pai de Glória, acorda numa manhã radiosa e é o touro que a desperta para o Buriti-Grande, num trecho da novela que já citamos:

> "O touro, ora remugia o touro, e o jardinzinho estava ali, ao pé da janela, viçoso de verdes hastes. O dia custava a começar, a passar. Glória, Glorinha, saíra de um sono de beleza — 'Vamos montar, vamos passear, Glorinha, meu bem!' — e queria-o com ímpeto. Precisava de ser muitas, abrir largos abraços. Pudesse rever inteiro o Buriti Bom, terra tão terra. Ir até a Baixada, até ao instante de lá — o fim das brumas. Como os buritis nasciam vagarosos com seu verde da escuridão: o Buriti-

-Grande tinha ao pé um pano ainda caído de branca névoa, e como cintura, ao corpo, pelo terço, um móvel anel de neblina. Tudo era grande, e belo. Avançavam, de alto ar, as araras, suas cores, fortes vozes." (*Ibid.*, p. 489)

5.

A bela da cidade e o touro do sertão

LALA, LALINHA, LEANDRA

Muita coisa já dissemos sobre Lala, Lalinha, Leandra.[47] Por isso nos concentraremos agora em apenas dois aspectos da personagem, para a comprovação do muito já dito ou prometido e que precisa ser melhor desenvolvido: um, a nova concepção amorosa que Lalinha, como uma estranha, levou para o lugar; e, outro, a

---

[47] Há, em algumas passagens, referências que nos levam a pensá-la como prostituta, inclusive uma a partir dela própria, quando enfrenta uma situação crítica com iô Liodoro e reage com ferocidade: "Ferisse-a, batesse-lhe, gritasse-lhe infames acusações — mas violador, macho, brutesco. Como poderia chamar-lhe? 'Prostituta!'? E ela, desabrida — 'Sim, sou uma, sim! Pois então?! Você me quer, me agarre, me use!...' — ela responderia, bradaria, de pé, vibradamente desvestida, e bela... Um homem!... Sua saliva amargava" (Rosa, 1960, p. 499). Também o seu nome, Lala, no poema de Sousândrade, "O inferno de Wall Street", aparece como antonomásia de prostituta: "De Lalas que práticas são!..." (Campos, A. e H., 1982, Canto X, 137, e p. 356). É assim também que ela própria se auto-refere, com alguma ambiguidade, quando se pergunta por que iô Liodoro a teria trazido para ali, como num rapto, se ele já tinha tantas mulheres: "E por que precisava de uma Lala? Ah, ele a trouxera da cidade, fora buscá-la, tinha trazido" (Rosa, 1963, p. 497). Entretanto, numa análise mais detida da personagem, o que se ressalta é justamente o contrário: a ação erótica com sentido civilizatório. Sendo que o erótico na novela só se realiza como a capacidade do sujeito de se autocontrolar e fruir do próprio poder de domínio de si, dos impulsos instintivos do corpo e do sangue. É essa capacidade de tirar prazer da não efetivação do desejo, que revela a distância da pessoa com relação ao bicho, e é o que cria o verdadeiro prazer humano e a afirmação de sua essência.

missão que assumiu para si de conversão e salvação de Glória e iô Liodoro. Tanto um como outro são essencialmente terrenos e civilizatórios, condizentes com a religião amorosa do Buriti-Grande, e que teve na tragédia grega, como diz um estudioso do dionisismo, "la più umana sublimazione della religione della vita".[48] Assim, Lala era uma estranha que vinha ao lugar para *complementar* ou *renovar* e não para *negar* o que lá se vivia; a força negativa que ameaçava o Buriti Bom era nhô Gualberto Gaspar, sócio de iô Liodoro, enquanto encarnação do espírito do capitalismo e da mercadoria, uma ameaça encoberta, por isso, mais perigosa. A

[48] A bibliografia sobre o *dionisismo* é extensa, mas como o foco de meu interesse está apenas no modo muito bem-informado como Guimarães Rosa desenvolveu o tema na novela, procurei concentrar-me nos autores mais influentes em seu tempo. Aqueles com que poderia ter tido contato ou simplesmente lido e, a partir dos quais, se aprofundado no assunto. Isto, principalmente durante as suas estadas na Europa, em Hamburgo e Paris, anos da redação de *Corpo de baile*. Os autores mais atuais tiveram aqui apenas uma função complementar, de apoio e melhor esclarecimento da matéria. Karl Kerényi, ao falar de *As Bacantes*, de Eurípides, procurou mostrar como a tragédia grega deu continuidade e desenvolveu muitas das concepções minoico-micênicas da religião dionisíaca: "Tratava-se de um aprofundamento da religião dionisíaca, que na Grécia teve o seu ponto de partida na herança minoico-micênica, e que produziu o seu fruto duradouro em Atenas. O fundamento minoico-micênico estava presente em Tebas de modo de todo concreto e atestava a continuidade na qual se realizou o fato novo, *a mais humana sublimação da religião da vida*" (Kerényi, 1998, p. 187, grifo meu e trad. minha). Claude Vatin, cujo estudo sobre o mito talvez seja o melhor, e que, de meu ponto de vista, serviu de base para esta novela — o de Ariadne abandonada por Teseu e depois esposada por Dioniso —, afirma sobre ele: "Esse belo conto de um amor traído e de um amor triunfante, presente na memória de todos, é muito mais do que uma fábula qualquer; ele é também, no século V, integrado ao ritual da vida religiosa de Atenas". E, mais adiante: "O amor fecundo, acorda e atrai todas as criaturas. O mesmo amor inspira Ariadne e irradia a abundância em torno dela. A mulher amante, amada, é fonte de alegria e pródiga de alimentos que reconfortam. O sonho de imortalidade é deixado na sombra em proveito de satisfações menos imateriais. A Ariadne das taças e das crateras exalta a vida do homem na terra. Mas a sua imagem continua, por outro lado, a alimentar a esperança numa outra vida" (Vatin, 2004, pp. 40 e 114, trad. minha).

força da natureza que Lala encontrou no Buriti Bom não era para ser negada, ela tinha um fundo positivo, pois proliferavam ali todos os seres, plantas, bichos e homens, e, assim, o lugar regurgitava de vida; o que precisava era de receber o esmalte de alma e cultura, dos artifícios humanos trazidos por Lala Lalinha, como uma fada madrinha. A Leandra, aqui, como Ariadne, "reine des femmes dionisyaques",[49] parece ter menos a ver com o masculino da terminação de seu nome, *andra*, do que com o *meandro*, a figura que, junto com a linha espiralada, representa o labirinto.[50] Pelo meu modo de ver, na novela, é ela que saberá entrar no labirinto e puxar o *fio* de sua saída, depois da morte da parte selvagem do Minotauro.[51] Em "Buriti", a lenda tem uma interpretação mui-

[49] "Rainha das mulheres dionisíacas" (Otto, 1969, p. 62).

[50] Seria muito proveitoso analisar o quanto a relação transgressiva, como a indicada no título deste item, entre a bela e o touro, reproduz os termos e o teor da vivida entre Ariadne e Dioniso, no ditirambo de Dioniso, de Nietzsche, "Lamento de Ariadne". Enquanto esta diz para o deus "mas tua presa sou agora,/ crudelíssimo caçador!/ a tua altiva prisioneira", este termina lhe dizendo: "Não há que odiar primeiro, antes de amar? *Eu sou o teu labirinto...*" (Nietzsche, 1986, pp. 61-9). Antonio Candido, com muita precisão, lê o labirinto como uma representação para descrever a busca da conquista amorosa e Ariadne como a figura mítica que encarna a própria natureza feminina, no modo como sofre e reage aos avanços do masculino. Isto, ao comentar a cultura corporal, "o rompante carnal da arte e da literatura", no Renascimento, como reação à imaterialidade do amor cortês medieval: "A outra parte é formada pela própria natureza do jogo amoroso, o seu caráter de labirinto estabelecido pela sociedade e pelos parceiros segundo um mapa insidioso e variado, onde nem todos encontram o fio salvador". E, um pouco adiante: "No fundo, sonham com a Ariadne providencial, — que não aparece, é óbvio, pois sabe que o destino das Ariadnes é perecerem abandonadas no rochedo de Naxos" (Candido, 1992, pp. 161-2).

[51] O aspecto civilizatório da morte do Minotauro é assim interpretado por Marcel Detienne: "Homólogo ao percurso figurado nos vasos de Corinto pelos sinais discretos da espiral de Ariadne e dos dançarinos em fila, mas que dizem o labirinto como se fosse ao avesso, quando ele já se apaga, quando ele já se desfaz, quando ele se dissipa com o Minotauro morto. Com efeito, quando o impulso começa e aparece o fio de Dédalo, já o reto ameaça o curvo, e, por sua retidão, liga o fim ao princípio: fazendo desaparecer as si-

A bela da cidade e o touro do sertão

to livre. Iô Liodoro era um touro que precisava ser apenas domado na sua força e vigor, os quais, ao mesmo tempo, tinham que ser renovados, para que ele pudesse enfrentar as ameaças que rondavam o Buriti Bom e se adaptar aos novos tempos.[52] Desse modo, a passagem de Lalinha pelo lugar tem um movimento duplo, de morte e vida, uma tauromaquia muito singular entre a bela da cidade e o touro do sertão.[53]

nuosidades, da mesma forma que a vitória sobre o Minotauro abole sua figura híbrida e faz esquecer sua violência selvagem. Esse labirinto é pensado como um percurso, uma travessia que se sustenta apenas por um fio. E é fundamentalmente um espaço centrado que exclui o mais concreto e o mais místico" (Detienne, 2003, p. 22).

[52] É importante notar que é num momento em que a selvageria ronda o Buriti Bom, na festa de São João, quando Lalinha tende a tolerar e aceitar nhô Gualberto Gaspar, que ameaça Glorinha, e esta diz que gostaria de poder se mostrar nua e mascarada para que todo o mundo a espiasse, que os dois moços caçadores mataram "rio adiante, duas onças-pretas" (Rosa, 1960, p. 481). Do mesmo modo que Dioniso assume a forma de um touro com a sua representação positiva de força fecundante, dada a sua dupla natureza, ele adquire a forma de uma pantera, com todos os seus atributos destrutivos e selvagens: "Em algum momento e de alguma maneira como os adoradores de Dioniso conheceram a pantera, tão bela como perigosa, a natureza do animal lhes disse imediatamente que deveria ser aparentada com Dioniso e fazer parte de seu reino./ É com a *pantera*, que era, apesar de tudo, a mais fiel companhia do deus, que aquilo é o mais evidente. De todos os felinos devotados a Dioniso, ela não era somente o mais gracioso e o mais fascinante, mas também o mais selvagem e o mais sanguinário. A prontidão fulgurante e a elegância perfeita dos seus movimentos, cujo fim é matar, mostram a mesma aliança de beleza e de perigo que pode-se observar entre as mulheres dementes que acompanham Dioniso. A sua selvageria também fascina aqueles que a olham, entretanto ela é a manifestação explosiva do desejo assustador de se lançar sobre a vítima, de a fazer em pedaços e de devorar a sua carne crua. [...]/ A mulher-leão devoradora de homens lembra fortemente Dioniso — não somente ele, mas também as suas mênades. Segundo uma fonte, as panteras sanguinárias seriam as mênades metamorfoseadas" (Otto, *op. cit.*, pp. 119-21, trad. minha).

[53] Tanto o encontro de Lala com iô Liodoro, como o de Glória com nhô Gualberto e Miguel, e mesmo entre as duas, Lala e Glória, têm subentendidos encontros também entre entidades míticas divinas ou destas com as humanas.

Ariadne e Dioniso/ A bela e o touro. A pantera

Foi num dia em que Lalinha tentava consolar Glorinha que se viu a si mesma, como num espelho. É então que se pergunta sobre o que era o amor para si e recorda como o vivera de modo muito distinto da amiga: enquanto Glória estabelecia uma dicotomia radical entre corpo e alma, como no amor romântico, Lalinha opunha a sua forma mais realista de vê-lo e vivê-lo, como uma necessidade de integração dessas duas dimensões. Graças à distância que lhe permitia uma visão mais objetiva de si e de seu passado, "como se pertencesse a outra criatura", ela se contrastou e comparou com a amiga, e, a partir daí, tirou as suas conclusões sobre o que deveria ser o amor, como algo muito distinto das inclinações que reconhecia em Glorinha, o que a fez ver que esta dependia dela e de sua proteção. Toda a passagem é preciosa. Embora feita de um modo contorcido e, por isso, um tanto obscuro, ela descreve

Algumas vezes, isso é passado através da própria forma narrativa, e, outras, explicitamente, como quando diz sobre o Buriti Bom, "que ali era a casa das Deusas..." (Rosa, *op. cit.*, p. 485) e, mais adiante, que Glória era "a deusazinha louca" (*Ibid.*, p. 503). Esse aspecto encantado não é casual, mas, segundo Walter F. Otto, não só as verdadeiras mênades ou acompanhantes de Dioniso são deusas e ninfas "quaisquer que sejam as suas denominações, eram as verdadeiras mênades" (Otto, *op. cit.*, p. 142, trad. minha), como é da própria essência da religião dionisíaca a mistura do divino com o humano: "Ariadne é uma Afrodite mortal. Pertence à essência do dionisíaco que a vida e a morte, a mortalidade e a eternidade se interpenetrem uma na outra de maneira maravilhosa entre aqueles que se mantém na proximidade do deus. Ele mesmo é bem o filho de uma mãe mortal, e assim como ele deve suportar a aflição e a morte, também as mulheres com as quais ele é o mais intimamente ligado não alcançam a glória senão atravessando as provas as mais dolorosas" (*Ibid.*, p. 194, trad. minha). É deste modo que Ariadne é consolada no belo canto de Nonnos de Panopolis, que viveu no Egito no século V: "Perca a lembrança de Teseu. Você tem Dioniso por companheiro, não um passageiro, mas um esposo imperecível. Se encontras o encanto no corpo mortal de um jovem, jamais Teseu rivalizará em valor e beleza com Dioniso. Talvez tu digas: 'ele sangrou o ocupante do Labirinto subterrâneo, o ser de dupla natureza, homem e touro.' Tu sabes entretanto que o teu fio o salvou. O companheiro de Atenas, armado com a sua maça, não teria podido triunfar se uma mulher rósea não o tivesse protegido" (citado em Vatin, *op. cit.*, p. 130, trad. minha).

o caminho e o seu processo de vivência do amor. Neles, ela percorreu várias etapas: 1º) Começou com a descoberta do próprio corpo a partir do contato dele com todo tipo de objeto; estabelecera com eles uma relação fetichista, mas manteve-se ainda no plano das projeções, sem a realização do desejo, o que lhe preservava a pureza: "De repente, de si, achara um vezo, muito oculto, o de abraçar-se ao que estivesse melhor ao seu alcance, uma porta, o travesseiro, um móvel, abraçava-se, e recitava frases de arroubo — as que lera ou ouvira, outras inventadas, adivinhadas: um seguimento de súplicas, ofertas, expansões — todas a história de um padecer por um Amado. Desenvolvera-a, em ardente representação, real como um pecado, alta como uma oração ou poesia; e pura"; 2º) Depois, veio a descoberta de que a efetivação do prazer passava pela carne e envolvia também a dor, como se a realização do desejo dependesse da ferida na carne, mesmo que fosse provocada por si mesma e para a autossatisfação, através da masturbação, quando ela se reduzia a um ponto, "ela se firmava num centro": "Mesmo quando descobriu que, para a verdade do amor, era necessária a carne: que sua carne doesse, leve, devagar, enquanto ela murmurava sua intransmissível paixão, e prometia e implorava. Aquela dor, era extraída de tantos modos — unhando-se, magoando-se contra uma aresta, retendo-se no que podia. Suportava-a para um enlevo, castamente como nunca, livrada. A tanto, o agudo sentir fixava-a em si, ela se firmava num centro"; 3º) A autossatisfação masturbatória não teve uma passagem rápida, foi um período importante de amadurecimento, de reconhecimento da legitimidade do desejo e dos prazeres de sua realização. Ela viveu-a como necessária, sem culpa, sem depender da aprovação de outro qualquer ou de ter de compartilhá-la com alguém, mas como algo "indispensável, fatal", próprio da vida; porém, apesar de tudo, foi também uma fase transitória: "Sonhasse — mas como se em luta por defender-se de outros sonhos. Nisso se refugiara, por um tempo, meses; se gradualmente, se de uma vez, nem sabia como se desabituara. Nunca julgara fosse culpável; nem lhe acudia a ideia de submeter aquilo a julgamento, tanto lhe fora indispensável, tanto fatal. Mas, segredo que não confiaria a ninguém, a ne-

A bela da cidade e o touro do sertão

nhuma amiga". 4°) A etapa seguinte foi a da descoberta e da entrada do outro, dos brinquedos e jogos que poderiam ser realizados com os diferentes, os namorados, ainda de uma forma irresponsável, sem o peso dos compromissos, com a liberdade de usar o outro para o proveito próprio, "emancipador e predatório": "Quando o primeiro namorado apareceu, o mais era já assunto remoto, sem lembrança. Daí, o amor dispunha-se de brinquedo, namorava exercendo um jogo expansivo, que esperavam dela, emancipador e predatório. Seus namorados, contava-os como companheiros amáveis ou adversários amistosos; não lhe inspiravam devaneios nem desejo, e enjoava deles, se queriam romance"; 5°) Até que chegou o amor, na pessoa do Irvino, um homem de verdade, de carne e osso, capaz de amá-la e possuí-la, de realizar também os desejos que ele lhe havia despertado. Assim o amor lhe chegava só como fonte de prazer, não esperava que ele fosse também de sofrimento e carências: "Não lhe veio a ideia de penar por ele. Nem se diminuíra naquele ameiamento melancólica, e indefesa como com Maria da Glória via acontecer". Porém, para ela, não foi a chegada definitiva nem o fim do percurso. Ao contrário, era só o início da entrada no labirinto.

"Lalinha falara como mais velha, como se sentisse responsável pela outra, muito mais velha. 'Ela precisa de mim...' — se disse. O amor, aquilo era o amor. Viera um moço, de novo se fora, e Maria da Glória se transformava. De rija e brincalhã, que antes, impetuosa, quase um rapaz, *agora enlanguescia nostálgica, uma pomba, e o arrulho*. Sobre o campo de espelho: assim Lalinha recordava sua própria adolescência — que agora lhe parecia o inflar de um avesso, separada de tudo, desatadamente vivida, como se pertencesse a outra criatura. Lembrava-se: de quando se isolava, aflita sem razão, e temia de querer *uma novidade de amor*, espantosa salvação e espaço. De repente, de si, achara um vezo, muito oculto, o de abraçar-se ao que estivesse melhor ao seu alcance, uma porta, o travesseiro, um móvel, abraçava-se, e recitava frases de arroubo — as que lera ou ouvira, outras inventadas, adivinhadas: um seguimento de súplicas, ofertas, expansões — todas a história de um padecer por um Amado. Desenvolvera-a, em ardente representação, real como um pecado, alta como uma oração ou poesia; e pura. *Mesmo quando descobriu que, para a verdade do amor, era necessária a carne*: que sua carne doesse, leve, devagar, enquanto ela murmurava sua intransmissível paixão, e prometia e implorava. Aquela dor, era extraída de tantos modos — unhando-se, magoando-se contra uma aresta, retendo-se no que podia. Suportava-a para um enlevo, castamente como nunca, livrada. A tanto, o agudo sentir fixava-a em si, ela se firmava num centro. Sonhasse — mas como se em luta por defender-se de outros sonhos. Nisso se refugiara, por um tempo, meses; se gradualmente, se de uma vez, nem sabia como se desabituara. Nunca julgara fosse culpável; nem lhe acudiria a ideia de submeter aquilo a julgamento, tanto lhe fora indispensável, tanto fatal. Mas, segredo que não confiaria a ninguém, a nenhuma amiga. Passara. Quando o primeiro namorado apareceu, o mais era já assunto remoto, sem lembrança. Daí, o amor dispunha-se de brinquedo, namorava exercendo um jogo expansivo, que esperavam dela, emancipador e predatório. Seus namorados, contava-os como companheiros amáveis ou adversários amistosos; não lhe inspiravam devaneios nem desejo, e enjoava deles, se queriam romance. Até que conheceu Irvino. A Irvino, amou, ao menos pensou que amasse, pensou desordenada. *Mas nele viu foi o homem, respirando e de carne-e-osso* — seus olhos devassantes, seus largos ombros, a boca, que lhe pareceu a de um bicho, suas mãos. Teve logo a vontade de que ele a beijasse, muito; por amor ao amor, não lhe veio a ideia de penar por ele. Nem se diminuíra naquele ameigamento melancólico, e indefesa, como com Maria da Glória via acontecer. Como uma vítima... De vezinha, impacientava-se, pensando nisso. Então, o amor tinha de ser assim — uma carência, na pessoa, ansiando pelo que a completasse? *Ela ama para ser mãe... É como se já fosse mãe, mesmo sem um filho... Mas, também outra espécie de amor devia poder um dia existir; o de criaturas conseguidas, realizadas. Para essas, então, o amor seria uma arte, uma bela-arte?* Haveria outra região, de sonhos, mas diversa. Havia.

Mas Maria da Glória se entristecia em beleza, quebrantada. A tonta rola! Nem o moço forasteiro lhe dera motivos para que confiasse nele, por certo nem a merecia. Fora apenas um simpático intruso. Lalinha aquela noite não podia deixar de sacudir esse pensamento, com muitos vinagres. Chegava a detestar Maria da Glória. Como eu gosto desta menina! — se mordiscou, fechara os olhos. Mas sorriu. Toda aquela mudança de Glória — reconhecia — se fizera notada somente por ela. Tudo dissimulando aos olhos dos outros, só quando a sós com ela era que Maria da Glória deixava que seu amor por Miguel transparecesse; só nela tinha confiança, só perante ela se transformava. Soube-se mais sua irmã, precisava de ampará-la, de ser muito sua amiga. Glorinha. Ia protegê-la. De algum modo, a Lalinha parecia-lhe vinda a vez de cuidar de Glória, mandavam-na a tanto o afeto e um gosto de retribuição. Devia-o, a ela, e a todos dali, do Buriti Bom, que a abrigava." (*Ibid.*, pp. 440-2, grifos meus)

Enquanto Glória oscilava entre o amor baixo e cru de nhô Gualberto Gaspar e o angélico-romântico de Miguel, sofrendo a sua ausência e espera — o uso da figura da "rola" sorumbática, como no texto acima, para representar a mulher apaixonada, é frequente na poesia romântica brasileira —, Lalinha formulava para si e para a outra uma forma mais integral de conceber e viver o amor: "o de criaturas conseguidas, realizadas. Para essas, então, o amor seria uma arte, uma bela-arte?". Somente a sua realização como um projeto do espírito e da cultura a livraria da duplicação a que se via destinada: do gozo baixo, só sexual e corporal, com nhô Gualberto Gaspar, e da santa da casa, pura reprodutora, com Miguel, "Ela ama para ser mãe... É como se já fosse mãe, mesmo sem um filho". E o que era a arte, como Lalinha propunha nesse novo modo de ver o amor, senão uma realização humana ou a mais elevada delas? Amor que implicava também na realização delicada dos desejos, que ultrapassasse o sexo visceral, como o que pedia de presente de Natal: "Em seu sapatinho, que outro presente a não ser um beijo de homem? E no sapatinho de Maria da Glória. Um sonho era o espírito, *o desenho de uma coisa possível, querendo vir a ser verdade*" (*Ibid.*, p. 465, grifo meu). O reconhecimento da legitimidade do desejo e das pulsões corporais era uma das virtudes de Lala, por isso se sentia irmanada também com as antigas prostitutas e mulheres adúlteras: "Parenta era de ià-Dijina, a outra apartada; de uma dona Dioneia, talvez, que teria desesperança e sofrimentos" (*Ibid.*, p. 464). Ou quando desejava a volta do marido, Irvino, mas que ele viesse "sem precisar de confirmar com palavras a promessa de amá-la, mas insaciada e necessariamente, do modo como amam os bichos coerentes, obtusos" (*Ibid.*, p. 468). O mesmo acontecia, agora claramente, quando Glória lhe perguntava se queria "era o Rei? Queria ser uma rainha?", e ela lhe respondia: "'— O Rei, talvez, meu bem... Mas não para ser uma rainha...' *Rainha*? Como retrucar-lhe que queria talvez o contrário? O contrário de rainha? Às vezes, somente uma *coisinha desejada*..." (*Ibid.*, p. 475, grifo do autor).[54] Proteger e salvar Glori-

---

[54] É deste modo que Walter F. Otto interpreta a comemoração das Antestérias, a festa da chegada de Dioniso navegador, vindo pelo mar, como veremos acontecer com iô Liodoro mais adiante: "A melhor prova do poder e do triunfo que representa a sua vinda e o seu casamento em Atenas com a mulher do arconte-rei — isso, se acontecia, podia ser no dia das Antestérias, quando ele aparecia também como navegador. [...] Ela é a mulher do alto dignatário que tem o nome de rei. Ela não vem prestar homenagem ao deus

A bela da cidade e o touro do sertão

nha seria libertá-la das inclinações dadas, recebidas de heranças antigas, e convertê-la à sua visão mais humana do amor, distante da dos bichos e dos anjos. Como ela os pressentia nessa mesma noite de Natal: "Meio de meia-noite, a gente silenciava para ver se ouviam vozes deles — dos bois e burros e galos — dando recados dos Anjos, que à terra não vinham mais" (*Ibid.*, p. 464).[55]

Esse novo amor era igualmente problemático e cheio de percalços, implicava também em conquistas e decepções, como a que ela vivera com Irvino, do mesmo modo que compreendia desejos desviados, atrações proibidas, vontade de possuir e ser possuída, podendo haver em tudo o gozo da sensualidade. Por exemplo, quando, numa das noites do sertão, tocava a si mesma e pensava na amiga Maria da Glória e em ser acariciada por ela. A narrativa, muito expressiva, feita num ritmo entrecortado, carregada de diminutivos e sentimentos sutis, relata como Lalinha se distendia num decrescendo, e conclui com os berros das vacas, na manhã, como se eles fossem a expressão do próprio orgasmo. Ou então da

no seu templo, ao contrário, é ele que vem até ela, na casa de seu esposo, para a fazer sua nos seus abraços. [...] Dioniso coloca-se ele mesmo na posição do rei. Ele, o confidente das mulheres, cuja majestade encontra a sua realização no olhar embriagado das mais belas, quando chega, reivindica a rainha de Atenas" (Otto, 1969, pp. 90-1, trad. minha).

[55] A mesma atitude que demonstrou com Glorinha, Lalinha terá, como veremos, também com iô Liodoro, quer dizer, a de substituir a inclinação desordenada de Pã, aqui representada por nhô Gualberto Gaspar, pela mais verdadeira de Dioniso: "A virilidade de Dioniso não se exprime no excesso e na exuberância; o seu domínio de si contrasta com os modos provocantes de seus companheiros, Pã e os sátiros. É notável que o deus barbudo e um pouco inquietante das origens tenha se transformado, no contato com Ariadne, em figura juvenil, imberbe, em ninfo afetuoso e terno. Ariadne, por seu lado, não conhece as convulsões extáticas das mênades. O casal divino dá um exemplo de uma sexualidade controlada, tão afastada da sublimação desencarnada como da libertinagem irrefletida de Pã. Afrodite e Eros moderam os elãs dos tiasos. Ao lado de um dionisismo de libertação dos instintos, afirma--se um ideal dionisíaco de controle de si. Dioniso prende e liberta segundo a sua vontade. A vida conjugal, da qual Ariadne e Dioniso ensinam as virtudes, abre o caminho do *juste milieu*" (Vatin, *op. cit.*, p. 125, trad. minha).

Dioniso/ Dioniso e Ariadne

passagem do deus, como a descreve Walter F. Otto, ao explicar a razão do epíteto Brômios, "o rugidor": "Uma algazarra (*Brómos*) encheu a floresta enquanto o deus a atravessava com as suas seguidoras" (Otto, 1969, p. 100, trad. minha):[56]

"Alongou-se, seus pés um no outro descobriram uma suavidade sutilíssima, ah, gostaria de ser acariciada. Voltou-se para o canto, o rosto próximo da parede — a camada de ar ali como que se guardava mais fresca, e com um relento de limo, cheiro verde, quase musgoso, ora lembrava água em moringa nova. Respirava um barro. Sorveu aquilo, dava-se a um novo bem-estar. Pudesse, estaria deitada junto de Maria da Glória, queria que Maria da Glória, horas sem tempo, a abraçasse e beijasse, lhe desse todos os afagos, como se ela, Lalinha, Lala, fosse uma menina, um bichinho, diminuindo, cada vez mais diminuindo, até meio menos não existir, e dormir — só um centro. Dividiu-se — e, mal manhã, as muitas vacas berravam." (Rosa, *op. cit.*, p. 449)

Durante a sua estada no Buriti Bom, ela conhecia também momentos remansosos, dominados pela Lua, nos quais sentia que poderia se perder: "Estou ficando menina outra vez?", "temia pudesse da cidade se esquecer", "Sua alma se movia para esquerdas alvas", em vez de cumprir a sua missão. Essas inquietações, em alguns momentos, faziam com que desejasse ir embora do Buriti Bom:

[56] O que reforça a ideia de que a cena descreve a masturbação é o uso da expressão "só um centro". Na passagem anteriormente citada, na qual Lalinha contrasta a sua concepção amorosa com a de Glorinha, quando parece sugerir, no seu processo de descoberta dessa dimensão da vida, a iniciação na prática masturbatória, sem culpa, sem depender do outro nem de seu julgamento, e como uma necessidade fatal, ela diz, referindo-se ao seu passado como se fosse o de outra criatura: "fixava-a em si, ela se firmava num centro".

"A qualquer hora, não se respirava a ânsia de que um desabar de mistérios podia de repente acontecer, e a gente despertar, no meio, terrível, de uma verdade? Estar ali no Buriti Bom, era tolice, tanta. — 'Glória, meu-bem, vocês não sentem a vida envelhecer, se passar?' Não; ela, eles, não haviam ainda *domesticado o tempo, repousavam na essência de seu sertão* — que às vezes parecia ser uma amedrontadora ingenuidade." (*Ibid.*, p. 466, grifo meu)

AS NOITES ERÓTICAS DO SERTÃO

O verdadeiro encontro de Lala no labirinto meandroso do Buriti Bom não foi o que teve com Glória, que esperava um anjo, Miguel. Ele só começa a acontecer realmente com as suas aproximações de iô Liodoro, nas noites eróticas do sertão. O erotismo aqui tem uma alta significação, pois ele representa, por um lado, a superação da condição animal, como eram os encontros furtivos de nhô Gualberto Gaspar com Glorinha; e, por outro, também a superação da nostalgia romântica e da espera angélica, como as que vivia a mesma Glória com relação a Miguel. A sucessão de encontros de Lalinha com iô Liodoro se dá como a verdadeira travessia,[57] como uma arte humana, um jogo estabelecido e jogado igualmente pelos dois; por isso ele começa durante as distrações inocentes dos jogos de bisca e termina com os envolvimentos perigosos dos jogos noturnos amorosos; é nesse percurso que ele se realiza como uma arte, tal qual a pergunta de Lalinha a si própria: "O amor seria uma arte, uma bela-arte?".[58] Como uma realização

---

[57] Como a que ocorre no *Grande sertão: veredas* entre Riobaldo e Diadorim, e que ocupa todo o corpo do romance, como a terceira margem, a da profundidade. Nhorinhá e Otacília ficam nas bordas, não no meio, onde o rio corre cheio de correntes, riscos e perigos.

[58] No dionisismo, as duas concepções amorosas são representadas como o enfrentamento entre Pã e Eros — tema explorado por Guimarães ao longo

humana de um tempo domesticado, que escapou do aqui e agora e realiza um projeto, ele tem começo, meio e fim, segue uma sequência e um desenvolvimento, com os dois atores jogando e avançando igualmente. Analisar os movimentos e o desenvolvimento desse jogo, as suas regras, as armas diferentes dos atores, os lances de cada um, os obstáculos a serem superados, as iniciativas dos avanços, os recuos, as suas crises e reviravoltas, até a sua arriscada e gloriosa concretização, é uma das tarefas mais intrigantes que pede a novela e justificaria um trabalho inteiro à parte. Desse modo, limitar-me-ei aqui a apreciá-lo nos seus aspectos mais gerais, conceituais e simbólicos, como a realização de uma concepção amorosa que procura harmonizar natureza e cultura, e entrelaçar o mítico com o histórico.

de sua obra, mas que aqui tem o seu melhor desenvolvimento e de forma concentrada —, no qual o amor aparece não como um dado, mas algo a ser realizado no plano e dentro das ambiguidades do humano: "O destino de Ariana é um mistério; no excesso de seu sofrimento ela é já prometida a uma felicidade que ignora e não prevê; o reencontro divino lhe traz saúde, mas a constrange a provas probatórias com a união sagrada. Se o amor de Dioniso é fulgurante, a sua realização exige entretanto um longo caminho. As pinturas pompeianas e os vidros lavrados completam-se para compor uma imagem complexa, de perspectivas longínquas, cores místicas, que não podem se reduzir ao patético romanesco, à cena galante ou à apologia da felicidade conjugal. Para que o amor seja mais forte do que a morte, é preciso que ele aprenda a lutar e a vencer./ O combate entre Pã e Eros é uma representação, um pouco vulgar, de concepções platônicas colocadas ao alcance do não-iniciado; para além do burlesco, cada um permaneceria livre para aprofundar a lição. Na casa dos *Vettii* [em Pompeia], Ariadne e Dioniso assistem, lado a lado, como a um divertimento de banquete, à luta entre Eros e Pã. O casal divino, doravante unidos na imortalidade, preside a esse confronto entre o instinto sexual elementar e o amor espiritual que conduz a alma para o mundo celeste. O embate não é tão simples como se possa imaginar. As desventuras de Pã foram um tema de predileção da arte helenística; Pã não foi muito feliz nas suas iniciativas junto de Afrodite. Mas Pã é também um companheiro fiel de Dioniso. Os embates de Pã não são derrotas, porque ele não se deixa desencorajar. Eros tem necessidade de se medir com ele, num assalto regular, que não é jamais um combate de morte" (Vatin, *op. cit.*, pp. 101-2, trad. minha).

A primeira noite em que os dois se encontraram, por acaso, e pararam para conversar, "Lalinha pôde conversar com ele, uma noite", foi como o encontro entre dois fogos, um lampião grande e um lampiãozinho;[59] iô Liodoro ainda a chama de "minha filha", como se lhe lembrasse os obstáculos que os separavam, além de suas naturezas distintas: a delicadeza dela, enunciada pelas suas vestes, "*peignoir* por sobre a fina camisola, calçava chinelinhos de salto", e a brutalidade dele, igualmente enunciada nas roupas e calçados, "todo vestido, e de botas". Como a narrativa acompanha o foco de Lalinha, "como recordar-se?", sabemos mais dela do que dele, e aqui ela se sente na sua verdadeira missão: de ser-lhe o amparo e a doadora de conforto. O encontro é um acontecimento, "súbito acontecer", tão bíblico como é a forma de percepção que ela tem dele, "Soube-o", como se tivesse sido então que experimentara o seu gosto e sabor. E isto ocorre com toda calma e devidas mediações: a forma de se sentarem um diante do outro, a disposição dela de servi-lo, a conversa na qual o ato em si é mais importante do que o assunto, "Se se podia dizer aquela fosse uma conversa", e a suspensão do tempo marcado pelo "monotom do monjolo", combatendo o silêncio calmo e afetuoso que por vezes reinava entre os dois. Tudo aconteceu como se estivessem preocupados com Glória e a vinda de Miguel, porém, o que espera-

[59] Os lampiões que os dois levam à noite nos seus encontros são muito significativos, tanto representam o encontro erótico entre dois fogos, lembrando os belos versos da *Arte de amar* de Ovídio, "*Et Venus in vinis ignis igne fuit*", como simbolizam o próprio deus, Dioniso, chamado de "o portador de tocha". Ele é representado na cerâmica funerária levando uma tocha e a senhora que o acolhe "uma pequena lâmpada". "Dioniso levou consigo este aspecto da época de sua origem minoica, da época do seu antigo laço com o início flamejante do ano Sírio. A procissão que se celebrava em Atenas ao término da *opóra*, no curso da qual vinha conduzida ondulante uma estátua de Iaco portador de tocha, era considerada o prelúdio aos grandes Mistérios de Elêusis; durante estes últimos, no tempo da vindima, um menino divino nascia no mundo subterrâneo. Iaco, invocado a altos brados, é o astro portador de luz dos mistérios noturnos" (Kerényi, 1998, p. 92, trad. minha).

A bela da cidade e o touro do sertão

vam não estava no futuro, mas no presente, no que se passava entre eles:

"Assim como as coisas do nada e nada se defurtam, para súbito acontecer, se saindo de muralhas de feltro; foi assim. Ela sentira sede — talvez nem fosse bem sede, como recordar-se? Ela saíra do quarto, segurava o pequeno lampião, pouco maior que uma lamparina. Veio pelo corredor. Parara, já na sala-de-jantar. Pressentiu-o — olhou. Seus olhos para a porta. Soube-o, antes, sob o instante. A porta se abrir, de-bravo. Subitão, ele apareceu, saindo do quarto. O coração dela dera golpes. — 'Boa noite, minha filha!' — iô Liodoro disse. E tudo esteve tão natural e tranquilo, ela mesma não entendia mais seu tolo susto, e se admirava de tão rápido poder recobrar toda a calma. Ela estava de *peignoir* por sobre a fina camisola, calçava chinelinhos de salto. Lesta, sua mão endireitou o cabelo.

Iô Liodoro todo vestido, e de botas, decerto as preocupações nem o tinham deixado pensar em dormir — ou ia sair, tão tarde? Tampouco teria acabado de chegar. Ele empunhava o lampião grande. Quereria alguma coisa. Seu dever de servir, Lalinha cumpria-o, de impulso: ofereceu-se para fazer café. Sentiu que devia mostrar-se desenvolta. Àquela hora, e teria mesmo a coragem de aventurar-se na imensa cozinha, abstrusa, ante a fornalha imensa. — 'Não, minha filha. Vou tomar um restilo...' — ele respondeu manso, não quisesse acordar os demais na casa. Era curioso — Lalinha pensava — faz ano-e-meio que estou aqui, e nunca houve de me encontrar assim com iô Liodoro. Ele depusera o lampião grande na mesa, e ela o imitou, colocando bem perto o lampiãozinho. Desajeitava-se de como se portar. Não de menos ele apanhava no armário a garrafa e um cálice, se servia. Bebeu, de costas para ela, foi um ligeiro gole. — 'Estou a gosto...' — disse, voltando-se. Fitou-a. Imprevistamente, caminhou para a cadeira de pano, sentou-se. — 'Não tem sono, minha filha? Senta, um pouco...' — pediu. Obediente, sentada em frente dele, ela estava mais alta. Ele se recostara, distendera as pernas. Precisava do conforto de uma companhia, precisava dela, Lalinha. Pobre iô Liodoro! Tudo tão inesperado, e ela queria ajudá-lo, de algum modo, queria sentir-se válida. Seu espírito se dividia em punhados de minutos. Conversaram.

Se se podia dizer aquela fosse uma conversa — ele mal mencionava singelas coisas, nem perguntava; parecia precisar só de medir com uma palavra ou outra as porções de aliviado silêncio. E a satisfação que ela sentia: estava sendo prestimosa, acompanhava-o em sua insônia, e ele, via-o agora, era uma pessoa como as outras, sensível e carecido. Encaravam-se, sem cismas, era como se entre eles somente então estivesse nascendo uma amizade. Podia ser. Quanto tempo durou? Combatendo o silêncio, o monjolo, o monotom do monjolo; e os galos cantaram. Só para contentar, a ele, ela tinha dito, simulando convicção: — 'Miguel vai vir. Eu sei...' E ele respondera, amorável, bondoso, como se quisesse tranquilizá-la: — 'Ele vem, minha filha, não tenha dúvida...' Pausavam. Como se separaram, como se deram boa-noite? Ela não atinaria dizer. Um deles se moveu na cadeira, o outro também, e estavam de pé, cada um receava estar já roubando do sono do outro. E Lalinha voltou para seu quarto, estava feliz, da felicidade mera e leve — a que não tem derredor nem colhe do futuro. Dormiu sendo boa." (*Ibid.*, pp. 483-5)

O dois voltaram a se encontrar na noite seguinte e já não tanto por acaso; agora foi Lalinha que vigiou, com certa ânsia, e procurou divisar na sala os movimentos da chama do lampião grande de iô Liodoro, onde "bruxeava a candeia na parede, sob a imagem de um santo". Tudo se passou, desde o início, numa atmosfera etérea e de altíssima sensualidade. Ele estava lá, sentado na cadeira de pano, com a garrafa de restilo e o cálice; ela então foi e deixou o seu lampiãozinho ao lado do dele, o lampião grande. Ficaram sobre a mesa novamente o fogo ao lado do fogo, metaforizando o reencontro de ambos. Ela tinha para si o impulso que a levava a ele como um ato de generosidade, de vontade de "confortar iô Liodoro", e gostaria que transparecesse nela o ar de quem não tinha intenção de nada, de nada a esconder nem malícias. Sentia que aquela noite continuava a partir do ponto em que se separaram na anterior, mas trazia mudanças e seria diferente. Percebe que o sangue latejava no rosto e no corpo de iô Liodoro, e pergunta-se se ele saía "de seu caráter". Ela via que ele a olhava e ela tirava prazer disso, porque, ao mesmo tempo, sentia-se em inteira segurança, e era o que ele procurava passar-lhe, falando de coisas simples e sem importância. Ela se esmera para que ele pudesse continuar a admirá-la, porque compreende que a sua visão cumpria também uma outra função, a de "inteirá-la", quer dizer, compô-la como um todo, de corpo inteiro, a partir dos fragmentos das diversas partes cobiçadas por ele: "A voz dele mudara, sobre trim de titubeio, sob um esforço para não tiritar. Iô Liodoro, o peito extenso, os ombros, seu rosto avermelhado vinhal. 'Ele me espia com cobiça...' Seus olhos inteiravam-na" (*Ibid.*, p. 487). A aproximação que ocorria entre os dois se dava como uma atração erótica encoberta por propósitos generosos. Ele continua lembrando-lhe os obstáculos, chama-a de "minha filha" e mostra preocupar-se com a saúde dela; e ela tira o seu prazer do fato de poder agradá-lo, "ele precisa disso, de um pouco de beleza...". Porém não recalca em si o outro prazer que também fruía do encontro, da proximidade com o touro que poderia violentá-la, "o ofego de suas narinas, a seriedade brutal como os lábios dele se agitavam", mas o goza internamente, como um prêmio egoísta que se dava pela sua doação altruísta: "O mais, o frêmito de escuso prazer, que ela já provava, era outro lado, seu, só seu, ele mesmo não saberia disso — e era como um mínimo prêmio, que ela se pagava". O encontro dos dois reproduz as atrações entre a bela e a fera, recorda a que deve ter vivido Pasifaé ao sentir-se atraída pelo touro e

Lampiões

este quando Júpiter disfarçou-se num touro para raptar Europa. É um dos momentos mais altos da novela, tudo ocorre como se fosse num culto da nova religião ou no percurso das etapas de uma iniciação; nele, o homem e a mulher aprendiam a viver no limite de suas condições de macho e fêmea e a tirarem todo o prazer que elas poderiam lhes dar, o que equivalia quase a um encontro com o sagrado. Entretanto, o que se passava era justamente um exercício de alta humanidade, o da superação da condição animal pelo controle que exerciam igualmente sobre si e o outro. Só que não pelo recalque traumático, mas pelo aprendizado do prazer a tirar também da não realização direta e imediata do desejo. Na verdade, eles fruíam o prolongamento da ânsia, com jogos e brinquedos, as "belas artes" que, para Lalinha, poderiam ser o amor. Isto transformava a pulsão instintiva de Pã numa manifestação culta de Eros, requintada, como se fosse um hino ao humano que levava ao paroxismo o exercício e aprendizado da contenção e domínio de si, da paixão, e fossem eles a realização máxima do humano:

"— Você tão delicadazinha, minha filha... Carece de tomar cautela com essa saúde...

Ele falou. E era um modo apenas de acariciá-la com as palavras. Ela sorriu, sorriuzinho. Estava com o *peignoir*, por cima da camisinha de rendas, vaporosa, de leite alva. Sabia-se bela. Gostaria de estar entre transparências de uma gaze. 'Pobre iô Liodoro' pensou 'ele precisa disso, de um pouco de beleza...' Sentia-se boa e casta, dava-lhe alguma coisa, sem mal algum. O mais, o frêmito de escuso prazer, que ela já provava, era outro lado, seu, só seu, ele mesmo não saberia disso — e era como um mínimo prêmio, que ela se pagava. Sentia-se fitada, toda. Dar-se a uns esses olhos. E oscilou o corpo, brandamente. Quis sorrir, com ingênua benevolência. Ah, mas podia ver o ofego de suas narinas, a seriedade brutal como os lábios dele se agitavam. Gostaria de poder certificar-se de todos os efeitos que sua sensível beleza produzia no semblante, no corpo dele, o macho. Um macho, contido em seu ardor — era como se o visse por detrás de grades, ali sua virilidade podia inútil debater-se. Dele defendida ela se encontrava, como se ambos representassem apenas no plano esvaecente dum sonho. Assim, aquele momento, como tinha sido possível? Falavam. E ela admirava-o. Nunca imaginara o acontecimento daquilo, que se inventava de repente — iô Liodoro, ele, tão verdadeiro, e gratamente enleado no real. E ela. Suspirou, por querer. Admirava-o. Numa criatura humana, quase sempre há tão pouca *coisa*. Tanto se desperdiçam, incompletos, bulhentos, vaidade de viver. E iô Liodoro, enfreado, insofrido, só o homem de denso volume, carne dura, taciturno e maciço, todo concupiscência nos olhos. Aquela gula — e o compressivo respeito que o prendia — eram-lhe um culto terrível. Sonhava-o? Despertaria? E, por um relance, imaginou: como prolongar aquela hora? E como, depois, desfazerem-se do voluptuoso enlevo? Falavam mentirosamente. Os pobres assuntos garantiam a possibilidade do deleite, preservavam-no." (*Ibid.*, p. 487)

O diálogo que travam a seguir é tão envolvente que os coloca fora do tempo, "podia ser uma boa eternidade". Ele dá a ver o enlace e a penetração mútua e profunda pelos sentidos e através das palavras, "queria que sua voz fosse uma continuação, mel se emendasse com a dele", "as palavras dele quentemente a percorriam", e realiza-se como um jogo de entregas e trocas sem que um tocasse o outro. Os dois se dão de corpo e alma: ela se dá aos olhos dele e ele a recebe como um parceiro leal no jogo ou brinquedo que, mais do que simulavam, fruíam com toda intensidade e graça. O que ocorre é uma verdadeira posse pelos sentidos: ele a penetra com os olhos e ela tira todo o prazer da entrega ao ser possuída pela sua visão. Com isso, Lalinha experimenta os limites de iô Liodoro, "prevenindo-se de que dele não haveria temer consequências"; ambos desfrutam o que seria a essência do desejo, a distância e a demora, o prazer em controlá-lo mais do que realizá-lo, o que o mantinha vivo, pois a sua efetivação equivaleria à morte: "era um escoar, macio, filtrado, se servia apenas a essência de um desejo". Lalinha, nesse jogo/brinquedo, entrega-se inteira e goza o prazer de vê-lo fruí-la, e tira o prazer com a repetição dos atos, "Dada a tudo", "como queria ser um objeto dável", "todas suas atitudes eram ofertadas, ela era para os olhos dele", "Cedeu-se". Nesse processo de doação e entrega prazerosa de si para o gozo do outro, e de um gozo superior extraído do sentimento do prazer do outro, ela condensa a apreciação dos atos divididos entre as três Graças: a do doar, do receber e do retribuir a doação recebida. É ela que tem a iniciativa, que provoca, que testa os limites de ambos, mas não para fazê-lo sofrer, e sim para ensiná-lo pedagogicamente a experimentar o verdadeiro gozo do amor: "Como *inteligentemente* tinham-se compreendido, e encontrado a única solução, Lalinha *lúcida* se admirava". Com isso, a inteligência e a mente vinham em apoio aos sentidos e não contra eles. E iô Liodoro aprende, recebe através dos prazeres que ela lhe doa as lições do verdadeiro amor humano, erótico, que passava pelo jogo do expor e esconder das belezas dela e pelo domínio e contenção do vigor dele, do furor de seu sangue. Assim como ela teve as iniciativas do culto e das lições de amor, é ela também que sabe a hora de parar, de interromper o curso amoroso, na hora crítica, no ponto da máxima excitação do touro, quando "sentiu que dela devia partir, e em momento em que ele estivesse *em estro levantado*" (*Ibid.*, pp. 487-8, grifo meu). E isto, não para por fim ao gozo, mas para poder continuá-lo, prolongá-lo, mesmo na ausência do outro, porém cada um carregando o outro em si, incubado interiormente; assim ela vai para o leito grávida dele, não de um filho dele, mas com ele próprio entranhado nela e Lalinha goza a satisfação de haver servido muito utilmente a ele: "sua beleza *se empregara, servira*". A beleza deixava de ser gratuita, simples adorno, para tornar-se útil, na mesma medida em que o amor deixava de ter qualquer fim, para ser vivido na sua gratuidade. Desse modo, a utilidade do amor aqui não estava mais na sua função reprodutiva, como para os animais, mas na sua gratuidade prazerosa: ele agora tinha um fim em si mesmo, o que seria a plena realização da possibilidade do humano. Isto sim era o humano, a criação de jogos e brinquedos, a arte do amor, as "belas artes", cuja essência era a gratuidade e o prazer que se tirava do próprio ato amoroso, como o amor erótico fruído entre Lalinha e iô Liodoro, sem nenhum outro fim a não ser o do gozo dele próprio, num prazer internalizado e sem fim:

"— 'Pois... Assim tão linda, a gente mesmo acha, faz gosto...' — ele disse, não se acreditava que sua voz tanto pudesse se mitigar.

— 'O senhor acha? De verdade?' — ela respondeu: se apressara em responder, dócil, queria que sua voz fosse uma continuação, mel se emendasse com a dele.

— 'Linda!' — ele confirmou. E mudara o tom — oh, soube mudá-lo, hábil: dissera-o assim, como se fosse uma observação comum, sã e sem pique. Quem o inspirara? A fino, que desse modo o diálogo podia ser uma boa eternidade. Não, ela não ia permitir que aquelas palavras fenecessem:

— 'O senhor acha? — Gosta?' — sorriu, queria ser flor, toda coqueteria sinuasse em sua voz: — 'De cara?... Ou de corpo?...' — completou; sorria meiga.

— 'Tudo!...' E com a própria ênfase ele se dera coragem. Mas ela, sábia, alongava a meada:

— 'A boca...?' — perguntou.

— A boca... Todos os dentes bons, tão brancos, tão brilhando...

Sua admiração se dizia como a de uma criança. Lalinha descerrara o sorriso, exibia aqueles dentes, a pontinha da língua.

Riram juntos. E ele mesmo acrescentou:

— Os olhos...

— 'E o corpo, o senhor gosta? A cintura?' — ela requestou.

Sim, a cintura, o busto, os seios, as mãos, os pés... Devagar, a manso, falavam de tudo nela, os olhos e as

A bela da cidade e o touro do sertão

palavras dele quentemente a percorriam. Parecia um brinquedo. Ah, sim — ela se dizia: — tinha de ser como num brinquedo, para que pudessem, sem pejo, continuar naquilo. Como riam, e demonstravam um ao outro estar achando pura graça naquele *jogo*, prevenindo-se de que dele não haveria temer consequências. Como inteligentemente tinham-se compreendido, e encontrado a única solução. Lalinha lúcida se admirava. E era um escoar-se macio, filtrado, se servia apenas a essência de um desejo. Continuavam. Toda minúcia. Dada a tudo, ela fez questão de repetirem, recomeçando — a boca, o colo, os pés, as pernas, a cintura... Assegurava-se assim de que *o brinquedo* não precisasse de se esgotar, não tivesse fim nem princípio. E guiou-o a mencionar também as peças de roupa: a camisolinha filil e nívea, o fino *peignoir* de um tecido amarelo manteiga, os chinelinhos de pelica. E seus cabelos, os ombros, os braços...

Demorou-se nisso. Era preciso que iô Liodoro se firmasse, se acostumasse, guardasse tudo bem real na consciência, não duvidasse de haver ousado e cometido. Ela — ah, como queria ser um objeto dável — todas suas atitudes eram ofertadas, ela era para os olhos dele. Depois, recostou-se, tranquila, num desarme. Cedeu-se. Apenas, com medidas palavras, animava-o a insistir no falar, — ele devia tomar a diligência da conversa. Iam-se as horas, desvigiadas das pessoas. Por fim, porém, ela se impôs a interrupção, sentiu que dela devia partir, e em momento em que ele estivesse em estro levantado. Separaram-se, sem se darem as mãos, ela sorriu esquivosamente.

No leito, exultou. Borbulhavam-lhe afãs, matéria de pensamentos. Tudo excitava — inconcebível, arrebatador como se lido e escrito. Ela era bela, criava um poder de prazer; e nem havia mal naquilo. Ela se disse: sua beleza se empregara, servira. Adormeceu assim. Muito."
(*Ibid.*, pp. 487-8, os dois primeiros grifos são meus)

Na terceira noite em que se encontraram, também não foi por acaso; Lala saiu do quarto sabendo que iô Liodoro estava na sala e se preparou para ele: vestiu um outro *peignoir*, mais provocante, da cor da paixão e da bebida de Baco, "vinho-escuro", e sandálias altas que mostravam os seus pés, "ah, tão pouco". Da mesma forma que nos encontros anteriores, este se deu entre dois fogos sobre a mesa, "o lampiãozinho junto do lampião grande";[60] só que agora ele já não a chama mais de "minha filha", o que deveria lembrá-la dos obstáculos que os separavam, mas de "Lala", o modo íntimo que só Glorinha usava, e ela permitia que ele a tocasse com os seus olhos afetuosos, como se a barreira entre eles já tivesse sido suprimida. Ela então se oferece inteira ao seu olhar, chama-lhe a atenção para as partes de seu corpo, e ele "aprendia a repetir". Ela menciona primeiro as partes mais comumente expostas, as mãos, os braços, os tornozelos finos, e, depois, se refere às mais íntimas, as coxas, as ancas, o ventre, e ele a possuía com os olhos e saboreava todos os nomes de suas partes — poucas vezes na literatura o nome de uma coisa conservava tanto o sabor sensual da própria coisa, cuja fruição era resumida neste oximoro usado para caracterizar o seu olhar, "disciplinada avidez".[61] Ela experimenta com isso o poder adquirido que agora exercia sobre ele e invertia a relação de poder entre o homem e a mulher; era ela que dominava e tomou em suas mãos o direito de mando, ela diz, "mandou-o", que fosse ao seu quarto buscar-lhe os cigarros, e ele

[60] Segundo Claude Vatin, "o símbolo do casamento, a tocha do himeneu" (Vatin, *op. cit.*, p. 93, trad. minha).

[61] Essa sensualidade na dicção das palavras como a de quem saboreia uma fruta, lembra muito Mário de Andrade, como ele explicitamente procurava essa correspondência nos versos de "O poeta come amendoim": "Brasil.../ Mastigado na gostosura quente de amendoim.../ Falado numa língua curumim/ De palavras incertas num remelexo melado melancólico.../ Saem lentas frescas trituradas pelos meus dentes bons.../ Molham meus beiços que dão beijos alastrados/ E depois remurmuram sem malícia as rezas bem nascidas...".

foi, "Obedecia-lhe". A entrada do touro no espaço íntimo da bela é descrita como uma penetração — "aquele homem corpulento, poderoso, — e *penetrava* àquela hora, em seu quarto" —, e como algo altamente transgressivo, uma violação, diz, "quase uma profanação!". Toda a cena continua, mostra as delícias tiradas por ela dos sentimentos que provocava naquele homem, que só podia tocá-la com as palavras: "'Os seios, tão produzidos, tão firmes...' — era como se a voz dele a pegasse, viesse-lhe ao corpo". Porém, ficava nisso, no gozo das visões e das palavras, e não havia maiores consequências. Ela se sentia com pleno domínio sobre ele, como se tivesse domado o touro por completo, por isso não precisava mais haver grades abstratas entre eles, como na noite anterior: "Um macho, contido em seu ardor — era *como se o visse por detrás de grades*, ali sua virilidade podia inútil debater-se". Todos os obstáculos, externos e internos, tinham sido suprimidos, como o termo "minha filha" e a barreira de pudor que ela havia posto abaixo; bastava agora a sua presença para contê-lo e impor-lhe os limites. Assim domado e espicaçado com o aguilhão erótico, Liodoro chega até a exacerbação, quase ao fim de suas forças, "soube dar a entender tão bem que não podia mais". Era o "êxtase", era essa a finalidade do encontro, chegar a ele, que implicava na suspensão do próprio tempo, representado pelo bater incessante do monjolo: "Nem ouviam o bater do monjolo, isolados da noite, se ajudavam a armar um *êxtase*".[62] Desta vez, foi ele que tomou a

---

[62] Erwin Rohde parece-me muito preciso no modo de especificar o *entusiasmo* dionisíaco, "aquele estado no qual se é tomado pelo deus", segundo a expressão de Kerényi. Era o que ocorria quando Lala e iô Liodoro se suspendiam do tempo, "Nem ouviam o bater do monjolo", e do espaço, "isolados da noite": "Ele estende por inteiro ante os nossos olhos uma violenta excitação de todo o ser do homem, na qual parecem anular-se as condições próprias da vida normal. Para explicar estes fenômenos orgiásticos, que saíam de todos os caminhos do habitual, recorria-se à hipótese de que a alma destes 'possessos' não estava 'dentro de si', senão que havia 'saído fora' de seu corpo. Tal era, literalmente, o sentido originário que os gregos davam à palavra *éxtasis*, quando falavam do êxtase da alma nestes estados de exaltação orgiás-

iniciativa e pôs fim ao encontro, porém com toda delicadeza e cortesia: "que foi mais doce do que se tivesse querido ficar mais tempo, que tivesse implorado a ela para ainda ficar". Ele sai para a fazenda, a cavalo, e ela compreende que iô Liodoro ia se encontrar com a sua mulher baiana, mas ainda assim continua fruindo os prazeres da própria supremacia, de seu poder de provocar e domar o desejo, dela e do outro, satisfeita com as belezas e delícias úmidas de seu corpo, consigo, "ela podia amar-se", diz a si mesma, "era bela", para sentir, depois, "um deixo amargo, na boca", e adormecer.

"Ela se arranjou, demorara. Não, não queria pensar nada. Estava bela? Sua beleza não era uma devoção? Em tanto, esperou que a casa se aquietasse. Vestira outro *peignoir*, vinho-escuro. A camisola mais leve. As sandálias altas, que mostravam os pés, ah, tão pouco. Não estava bela? Veio.

Tudo escorria, sutil, escorregava. Ela mesma começou, nem falaram de outra coisa: — 'E hoje? Me acha bonita?' Na mesa, o lampiãozinho junto do lampião grande, as luzes agrandadas. Nem ouviam o bater do monjolo, isolados da noite, se ajudavam a armar um êxtase. As mãos... Os braços... Os tornozelos, tão finos... Tudo ela tinha lindo. Como iô Liodoro *aprendia* a repetir, como seus olhos de cada detalhe se ocupavam, com uma disciplinada avidez, num negócio. Podia oferecer-se

---

tica. O 'êxtasis' é uma loucura transitória, o mesmo que a loucura é um estado de êxtase permanente. Com a diferença que o êxtase, a *alienatio mentis* temporal do culto dionisíaco, não é considerado como o estado no qual a alma ronda vigorosamente pelos campos da vã quimera, senão como uma hieromania, como uma loucura sagrada, na qual a alma, escapando-se do corpo, vai unir-se com a divindade. A alma, em tal estado, reside no deus ou próximo dele, no transe que os gregos chamavam *enthusiasmos*. Quem se acha nesse transe, as ενтηεοι, vive e mora em deus; ainda no finito, sente a plenitude de uma força de vida infinita e se goza nela" (Rohde, *op. cit.*, p. 221, trad. minha).

A bela da cidade e o touro do sertão

mais: em palavras — as coxas, as ancas, o ventre esquivo. Tudo se permitia, dando o vagar, sob simples sorriso. Iô Liodoro, sem pejo, serviu-se do restilo, tomou um cálice. Então, ela pensou, ousou: *mandou-o* fosse a seu quarto, buscar-lhe os cigarros. Ele foi. *Obedecia-lhe* — aquele homem corpulento, poderoso, — e penetrava àquela hora, em seu quarto — quase uma profanação! Ah, nunca ele saberia, por Deus, o estremecimento de desgarrante delícia que lhe estava proporcionando. Recomeçaram. — 'O senhor me acha bonita fumando?' Ele teria de dizer que sim, que achar bonito e bem tudo o que ela fizesse, tudo o que ela quisesse. *Ele nunca diria não.* — 'Acho, Lala...' — ele respondeu. 'Lala'!? — tinha dito? Assim, somente Glorinha a chamava; e ele ouvira, *aprendera*, não hesitava agora em usar. Lala! — 'Os seios, tão produzidos, tão firmes...' — era como se a voz dele a pegasse, viesse-lhe ao corpo. Mas, não, não poderia nela tocar, disso não havia perigo. A curta distância — quase arfante — era adorável senti-lo.

Foi ele quem primeiro se ergueu, dessa vez. Mas, só num meio gesto, soube dar a entender tão bem que não podia mais, que não se suportava de exacerbado, que foi mais doce do que se tivesse querido ficar mais tempo, que tivesse implorado a ela para ainda ficar.

E, sim, no quarto, já deitada, ela compreendeu. Ele saía, montava a cavalo, ia ver a mulher baiana. Ia sôfrego, supremo, e era a ela, só a ela, que aquele impetuoso desejo se devia. Ah, Lala, terrivelmente desejada. De si, vibrava. Ouvia-o galopar, ao longe? Ela podia amar-se, era bela, seus seios, o ardente corpo, suas lindas mãos de dedos longos. Sentia-se os lábios úmidos demasiados, molhados, como se tivesse beijado, como se tivesse sugado, e era uma seiva inconfessável. Depois, um deixo amargo, na boca. Assim adormecia." (*Ibid.*, pp. 489-90, grifos meus)

172   Buriti do Brasil e da Grécia

Depois dessa noite, criou-se entre eles uma rotina de encontros sucessivos, de tal modo que o extraordinário se tornava ordinário, "tudo mesmo igual", "no sabido repetir-se residia a real volúpia". Se a cada encontro o tema e o sentido das conversas eram os mesmos, assim como os encantos de Lala e a fruição que ambos tiravam disso — iô Liodoro de possuí-la com os olhos e ela de ser assim possuída e do prazer que propiciava ao outro —, variavam apenas as roupas e os preparativos dela. Os seus aprestos como que a transformavam num banquete para os olhos do touro, sua "beleza era pasto", para a voracidade dele, "o apetite dele, a reto, no nunca monótono, parecia mais grosso, sucoso, consistente". No entanto, se nesse processo ela aceitava e gozava a condição de serva, "queria se fingir de escrava, de joelhos servia-o", ela nota que ocorria ali algo paradoxal: a sua entrega aos olhos dele dava-lhe a mesma satisfação do prazer perverso da prostituição, "que estava se prostituindo àqueles olhos"; porém, isso, em vez de rebaixá-la, ao contrário, a elevava, "ele a olhava como a uma divindade". Fato que lhe parecia "um milagre", e para o seu espanto. Como o espanto do momento do conhecimento, ela compreende que na relação que estabeleciam, era ela quem tinha as rédeas nas mãos e ele a obedecia, "ele me obedece", ela dizia a si mesma. Entende então que era isso que permitiria a ela ir além de si, ultrapassar os limites daquela situação, e dar um passo à frente na sua missão civilizadora. Em vez de aproveitar-se do fato apenas hedonisticamente e só para proveito próprio, projeta transformar o domínio da força de vida que reconhecia no outro em benefício do todo, do Buriti Bom, ela dizia para si: "hei de levá-lo apenas a atos bons, para a felicidade de todos". O que equivalia a transformar-se ela em senhora da casa e implementar ali um novo modo de vida. Seria como um projeto civilizatório, em termos mais chãos, "pôr ordem na casa" e a partir de valores menos patriarcais e mais familiares e integrativos, como se fosse possível eliminar a ambiguidade da ordem senhorial brasileira e restaurá-la num plano idealizado ou mais feminino. Assim, ao assumir-se como a patroa do Buriti Bom, o que se proporia fazer, seria abrir a casa-grande à mulher do filho mais novo, a ex-prostituta interdita de frequentá-

A bela da cidade e o touro do sertão

173

-la, ià-Dijina, que "seria tratada como filha e irmã"; e mandaria de volta a amante baiana de iô Liodoro, Alcina. Isto feito, a ordem familiar sob o seu comando (ou sob o seu poder de influência) se restabeleceria e sairia fortalecida: com a aceitação da mulher, o filho se reintegraria mais efetivamente ao Buriti Bom, e o afastamento de Alcina punha fim à relação clandestina do pai e o plantaria mais em casa, pelo menos nas noites do sertão. Com isso, ela conclui, "tudo se alimpava, numa paz, numa pureza. O Buriti Bom ficava sendo o paraíso".

"Aqueles dias! Saberia dizer ao certo como a levaram? Eram só as noites. Ela voltava à sala, os dois voltavam. Quantas vezes? À mesma hora, tudo o mesmo igual. E no sabido repetir-se residia a real volúpia, na cumplicidade daquela cerimônia. Só que a cada noite Lala se vestia de outro modo, mudava até na pintura, mudava o penteado. Estava de pijama, no pijama verde, de pantalonas à odalisca, sob o casaquinho de grande gola. Iô Liodoro fazia menção de apanhar a garrafa de restilo, ela se apressava, ágil e perfeita, queria se fingir de escrava, de joelhos servia-o. Não perdia o rápido e receoso olhar, com que ele vigiava se Tia Cló ou Maria da Glória não iriam de súbito aparecer, se não teriam suspeitado de algo na paz da noite. E nunca falavam de outra coisa — que não da desejável formosura de Lala, de seus encantos. Fora que, a uma variante, a uma novidade achada, uniam-se num estalo de rir. Sua beleza era pasto. E o apetite dele, a reto, no nunca monótono, parecia mais grosso, sucoso, consistente. Lala se ensinava, no íntimo: que estava se prostituindo àqueles olhos; ora se orgulhava: e contudo ele a olhava como a uma divindade. Como tinham chegado àquilo, encontrado aquilo? Parecia um milagre.

Nesse tempo, a intervalos, temia principiassem uns momentos de remorso. 'Mas, ele me obedece, hei de levá-lo apenas a atos bons, para a felicidade de todos...'

Dioniso e Ariadne

— se persuadia. Havia de estender em benefícios sua influência. Ià-Dijina, a companheira de iô Ísio, ah, para com ela teria de mudar: haviam de recebê-la na Casa, seria tratada como filha e irmã, havia-de. E mais, iô Liodoro teria de mandar embora a mulher baiana, chamada Alcina. Então, tudo se alimpava, numa paz, numa pureza. O Buriti Bom ficava sendo um paraíso." (*Ibid.*, pp. 490-1)

Por várias noites, iô Liodoro se ausentou, mas Lalinha se manteve numa espera paciente, na sala; quando a vida já parecia retornar ao ramerrão do dia a dia, com o início da moagem da cana no inverno, eles voltaram a se encontrar. Numa dessas noites, a luzinha do lampião estava novamente na sala e, sutilmente, o novo encontro é descrito como se fosse o de Afrodite ou Ariadne, saída das espumas do mar, entrando no barco oscilante de Dioniso, o navegante, como ele era comemorado nas festas das Antestérias de Atenas (v. nota 54): "À noite o Buriti Bom todo se balançasse, feito *um malpreso barco*, prestes a desamarrar-se, um fio o impedia. Ela ousava. Tarde, nessa noite, a luz se avistava outra vez na sala. Lala veio, feliz, pelo corredor. Ela se fizera linda, queria que sua roupa fossem véus devassáveis, *se desvanecesse em espumas*. Iô Liodoro lá estava, no lugar. Esperava-a" (*Ibid.*, p. 498, grifos meus). No entanto, ela logo percebe, com toda lucidez, que ocorrera uma mudança, que a distância se restabelecera entre eles e iô Liodoro volta a chamá-la de "Minha filha", por várias vezes, com insistência. Lala teme que aquela frieza se devesse ao que havia se passado entre eles numa outra noite, da qual participaram também Glória e nhô Gualberto.

Tinha sido uma noite orgiástica, de embriaguez de restilo e vinho, na qual festejaram o amor e a vida, "era um preito", dizia iô Liodoro, e nela nhô Gualberto Gaspar abusara da filha do fazendeiro. Semelhante a numa festa báquica, nhô Gual aparecia ali como a manifestação mais crua de Pã, uma matéria sem alma, "Sobre informes, cegas massas", que buscava na beleza de Glória a realização de sua própria forma, "uma película de beleza se realizara", e a cujo ímpeto ela se entregava, "E Glória, dada"; o que, na visão de Lalinha, "era infame". Tinha sido assim aquela noite de excessos:

> "E vibrou, airosa, tanto ela imediatamente se *entusiasmara*, como seus olhos lhe agradeciam. Iô Liodoro pediu o restilo. Sorveram-no, ele e o compadre Gual, com palavras de gabo e estalos. Mas assim iô Liodoro, se alargando no contentamento, quis mais: fez o que nunca acontecia, no comum — mandou que Glorinha trouxesse também o vinho. O vinho-doce, espesso, no cálice, o licor-de-buriti, que fala os segredos dos Gerais, a rolar altos ventos, secos ares, a vereda viva. Bebiam-no Lala e Glória. — 'Virgem, que isto é forte, pelo muito unto — para se tomar, a gente carece de ter bom fígado...' — nhô Gual poetara, todos riram. Ria-se; e era bom. Bebia-o Lala, todos riam sua alegria, era a vida. Por causa dela, iô Liodoro mandara servir o vinho, era um preito. E o Gual, taimado, lambório, corçoou-se, os olhos dele baixavam em Glorinha, como para uma es-flor. Suas mãos velhacas procuravam o contacto do cor-po de Glória, os braços, quanto podia. Não era a vida? Sobre informes, cegas massas, uma película de beleza se realizara, e fremia por gozá-la a matéria ávida, a vida. Uma vontade de viver — nhô Gaspar. Pedia para viver, mais, que o deixassem. E Glória, dada. Era infame."
> (*Ibid.*, p. 494, grifo meu)

Ao saber que Glória se entregara a nhô Gualberto Gaspar, da sordidez do encontro, "do arrependido espasmo em hediondos braços, do valor estremecente de sua nudez", Lala percebeu também que iô Liodoro se afastava dela e perguntou a si mesma: "Glória, iô Liodoro, temiam que alguma coisa de beleza ali acontecesse, não queriam?" (*Ibid.*, p. 498). Havia de fato uma simetria entre um caso e outro, como se a posse de Glória por nhô Gual e o distanciamento de iô Liodoro dela significassem ambos a perda do verdadeiro amor, integrador de corpo e alma, do amor humano, "alguma coisa de beleza". Glória, ao se entregar a nhô Gualberto, "a matéria ávida", perdia a alma, uma sua parte de beleza; e Lala, com o afastamento de iô Liodoro, perdia a possibilidade de fruir na beleza do próprio corpo a força de vida de que ele era portador: "violador, macho, brutesco". Quando iô Liodoro, parecendo procurar manter a distância restabelecida entre eles, pergunta a Lala sobre a moagem da cana e tenta trazer a conversa para a rotina da fazenda, ela lhe responde enfurecida e recusa os novos termos da conversa: "— 'Nada. Nada. Nada.' Por que tanta hesitação? Seria ele também um covarde? Não via que todo assunto que ali não soasse de ódio ou amor, de voluptuosidade ou violência, cruelmente a ofendia? Um homem!" (*Ibid.*, p. 499). É o momento mais crítico entre os dois; Lalinha resiste absolutamente a interpor os assuntos corriqueiros entre os sublimes, as pulsões de vida e morte que tinham atraído um ao outro, e considera isso uma afronta. Ela tinha perfeita consciência do significado daquele encontro e se recusa a voltar ao que era antes, o que seria um regresso, com a perda de toda energia despendida na construção de uma relação inteiramente nova, com as promessas de vida e os riscos de morte. Assim, ela vai até o fim e o afronta com o olhar, penetra-o no mais fundo e íntimo, "ir até à pedra porosa de seu esqueleto", e o fere com o riso ferino, "riu serpentes":

> "Ah, depressa eles se refugiavam no uso, ramerravam, a lidada mudez da vida retomava-lhes o ser! Dentro de cada um, sua pessoa mais sensível e palpante se cachava, se retraía, sempre sequestrada; era preciso espreitar, sob capa de raras instâncias, seu vir a vir, suas trêmulas escapadas, como se de entes da floresta, só entrevistos quando tocados por estranhas fomes, subitamente desencantados, à pressa se profanando. Glória, iô Liodoro, temiam que alguma coisa de beleza ali acontecesse, não queriam? E todavia estava para acontecer, disso aqueles dias falavam, o marejo dos silêncios, as quinas dos objetos, o denso alago de um aviso se pres-

Pã e a ninfa

sentia. Ela queria. Não sofria de esperar mais. À noite uma luzinha débil acesa, um recanto de calor diferente, um ponto. À noite, o Buriti Bom todo se balançasse, feito um malpreso barco, prestes a desamarrar-se, um fio o impedia. Ela ousava. Tarde, nessa noite, a luz se avistava outra vez na sala. Lala veio, feliz, pelo corredor. Ela se fizera linda, queria que sua roupa fossem véus devassáveis, se desvanecesse em espumas. Iô Liodoro lá estava, no lugar. Esperava-a.

No entanto, ela pressentiu — houve, havia, uma mudança! Captava-a, mal chegou, nem bem ainda se sentara. O outro silêncio que se estagnava ali tocou-lhe a boca, com o surdo súbito bater de um lufo d'água. Sentou-se, já estava entre os gelos do medo? Algo mudara, terrível, deabismadamente, sabia-o: como se o soubesse havia tempos, como se uma espécie esconsa de conhecimento nela se tivesse acumulado, para naquele instante deflagrar. E seus pensamentos subiram em incêndio. Ela estava avisada, se resiliu, lúcida, lúcida — seu sentir era uma lâmina capaz de decepar no espaço uma melodia. E teve medo. Um medo pavor, como seu ser de repente não tivesse paredes. Vigiou.

— Minha filha...

Não pela voz, mansa, medida. Não que ele franzisse o cenho, severo se formalizasse. Mas ela via. Aquele homem não era mais o mesmo. Agora, estavam perdidos um do outro, era apenas uma linha reta que os ligava. 'Que eu tenha coragem!' — ela se disse, de seus dentes. E sorriu simplesmente. Assim esperava.

— Minha filha...

Absurdo. Desde um tempo, ele não quisera mais chamar-lhe assim, evitara. 'Minha filha...' O que ele dizia era nada, uma fala. Ah, tomava vagar para desferir a pancada, mastigava uma dilação morna, e com isso sua decisão de proferir por fim algo importante se confirmava: ele primeiro precisava anular o hábito sensual,

180   Buriti do Brasil e da Grécia

que em tantas noites se repassara entre eles. Conseguia-
-o, sim! Ah, ela avaliava bem aquilo — um generoso
desdém. Sabia-se afastada, despossuída. Apertou os lábios. Daí, rápida, sorriu, formava sua firmeza. Acudiu-
-lhe uma ideia de ódio. Aquele homem? Não, não eram
mais os outros olhos, olhos forçosos — que premiam,
que roçagavam. O homem que, ainda da derradeira
vez, estudava em seu corpo, adivinhado, as nascentes do
amor — como Deus a fizera — a beleza, a coisa. Da
última vez, a um momento, ele exclamara: — 'Você é tão
mimosa, tão levezinha, Lala. Você dormisse e eu num
braço podia te carregar para seu quarto...' Dissera-o não
risonho — e ela tinha ofegado, desejado temer que aquelas mãos iriam empolgá-la de repente, levando-a, quase
numa vertigem... Mas, agora, assim de uma vez, por
quê? Por quê?! Desastravam-se em sua cabeça todas as
conjeturas. Por causa daquela noite — com Glorinha e
Gual, ela e Glorinha? Como ele poderia ter sabido? De
novo receou. Ela era uma pedrinha caindo, à imensa
espera de um fundo. Mas iô Liodoro se retardava, de
propósito? — 'Que é que você acha da moagem, minha
filha?' — Ele perguntou. Ríspida, ela retrucou: — 'Nada. Nada. Nada'. Por que tanta hesitação? Seria ele também um covarde? Não via que todo assunto que ali não
soasse de ódio ou amor, de voluptuosidade ou violência,
cruelmente a ofendia? Um homem!

Ferisse-a, batesse-lhe, gritasse-lhe infames acusações — mas violador, macho, brutesco. Como poderia
chamar-lhe? 'Prostituta!'? E ela, desabrida — 'Sim, sou
uma, sim! Pois então?! Você me quer, me agarre, me
use!...' — ela responderia, bradaria, de pé, vibradamente desvestida, e bela... Um homem!... Sua saliva amargava. Ouvia o sangue golpear-lhe as fontes. Queria mostrar
calma. Perdida, já perdida, podia ser corajosa. Ah, a
maneira de ser calma era sorrir com desprezo. Olhá-lo,
intencional. Provocava-o: nele enterrar os olhos, aquele

A bela da cidade e o touro do sertão

desprezo, ir até à pedra porosa de seu esqueleto. Um homem! Ele desviava a mirada, fingia procurar no chão a garrafa de restilo — que ali não estava. Ela riu forte; riu serpentes." (*Ibid.*, pp. 498-9)

Depois disso, iô Liodoro, segundo Lalinha, "escurecera"; ele procurou mostrar-se natural e chamou-a então de "Leandra", como nunca ninguém antes a havia chamado. Possivelmente, ele agora explorava as possibilidades do sufixo, para ressaltar nela, mais do que o masculino dos usos e costumes, a independência das iniciativas e atitudes de mando naquela situação em que se encontravam, o *meandro* do labirinto amoroso em que se envolviam e poderiam se perder; e tornou a chamá-la de "minha filha", por duas vezes, para restaurar com ênfase os antigos obstáculos, e sugeriu-lhe que talvez ela devesse partir do Buriti Bom: "— Leandra, minha filha... Minha filha, quem sabe você não está cansada daqui da roça, destes sertões? Não estará querendo voltar para o conforto da vida de cidade?" (*Ibid.*, p. 499). Ela lhe diz que sim, que iria mesmo, em três dias, num carro de boi, com o carreiro Filiano, mas continuou a provocá-lo, com seduções e maldades. Ele manteve-se inabalável, porém ela percebeu que ele a desejava, "traíam-no os olhos: ele a desejava!". É então que ela faz para si mesma a pergunta crucial: por que o passado dos costumes e da tradição — nebuloso como uma sombra e pesado como uma montanha, são as metáforas sugeridas —, que precisava de outros séculos para ser superado, tinha mais ascendência sobre ele do que o presente e a realidade de seu corpo belo. Era isso que a angustiava: "Mas, assim, pior — tudo era terrível, irremediável, o que ia separá-los? Oh, um invisível limite, o impossível: maldição imóvel, montanha. Ele obedecia aquilo, a uma sombra inexistente — mais forte que a verdade de seu corpo — e seriam precisos anos, séculos, para que aquilo se gastasse?" (*Ibid.*, p. 500).

Ela sente que vive o momento decisivo de sua estada no Buriti Bom e que, se não souber agir, tudo poderá se perder; então, ela apela para a sedução da beleza do corpo, projeta-se ondulante aos olhos dele e acompanha os reflexos de si ali produzidos para ver como sofria, "no devoluto, no doível", o desdobrar-se de si em suas vistas, os movimentos "dela, lala" — nessa mesma expressão, com o seu nome iniciado por minúscula, como se fosse uma reverberação do pronome possessivo. Um pouco antes, de modo similar, ela já havia se reduzido a uma reles prostituta, com minúscula, "uma, lala". Para ela, era a sua vitória sobre ele igual à morte do Minotauro, mas não era o que queria, pois seria também a sua perda, "destruía nela o exato desejo", tudo o que procurava era "trazê-lo a ponto humano".[63] O que significava: nem ela transformar-se em Leandra, "Se pudesse, vestir-se-ia de homem", nem ele deixar de ser "o garanhão impetuoso, o deflorador e saciador", e se despojasse "da lendária compleição, da ardente dureza", para se lastimar e chorar como um sujeito fraco. Onde era possível o humano?

> "E então? Um homem. Pouquinho a pouco, aquele homem se torturava. Tremia, oh, sofria! Era a vitória dela. Preava-o, alterava-o, rodeava-o de outro ardente viver, queimava-o, crivava-o de lancinantes pontas, po-

---

[63] É deste modo objetivo, mas procurando manter toda a complexidade do mito, que Claude Vatin lê a significação do de Ariadne e Dioniso no contexto grego: "Na Grécia da primeira metade do século IV, particularmente em Atenas, a função do mito de Dioniso e Ariadne é clara: dar à instituição do casamento (que aparece muito frequentemente como um contrato de negócio passado entre dois homens, o sogro e o genro) um contraponto necessário de calor humano, de sedução amorosa. A estabilidade do casal não seria mais fundada somente no interesse financeiro e nas convenções familiares, mas sobre um amor recíproco, amor que não é mais do que ternura e indulgência na vida cotidiana. Este amor conjugal se alimenta do prazer carnal e, sobretudo, da atenção dada ao desejo do outro: a vontade de se esquecer de si mesmo em benefício do seu duplo conduz da união dos sentidos à comunhão das almas./ A significação propriamente espiritual do mito, que é também um mito de imortalidade, o abandono a Dioniso, parece também ter sido um pouco negligenciada (mesmo que ela não tenha sido esquecida) em proveito de uma celebração do amor das mulheres e da felicidade no casamento. Ariadne não é mais sofredora e solitária, ela é triunfante" (Vatin, *op. cit.*, p. 53, trad. minha).

dia matá-lo. 'Sou uma mulher-da-comédia, sim! E daí?!'
Crispado, iô Liodoro, ansiosamente olhado, por detrás
de fictos sorrisos. Aquele homem... Mas ele sofria, apenas. Ia chorar? Onde estava, então, o garanhão impetuoso, o deflorador e saciador, capaz de se apossar de qualquer desabusada mulher e dobrá-la a seu talante? Ah,
não chorasse! — porque, então seria outro. Para não
desprezá-lo, ela não queria ver-lhe a mágoa, não queria
ouvir pedidos de perdão, nem palavras sentimentais. Sabia: ele não ia ceder, nunca. Pois, bem, que não se lasti-
masse! Pelo menos, não fosse fraco. Não se despojasse,
diante dela, da lendária compleição, da ardente dureza.
Saberia ele, adivinhasse, que, se diminuindo assim, de-
fendia-se dela: destruía nela o exato desejo? Sim, ele não
se movia, e era enérgico, e se ameaçavam lágrimas em
seus olhos de homem. — 'Bem, boa noite!' — ela disse.
— 'O sono me chegou de repente.' Levantou-se.

Foi, sem se voltar, sabia que seu andar era simples,
sob o solto.

Seu quarto. E tombou no leito, convulsa.

O que chorava! Levantava os olhos. Como era tarde ali! — que tristeza... Teve medo de seus frascos de
perfumes. Lhe um ardor nas fontes, doía a cabeça toda,
queimava. E Lala pensou: 'Cão!' Sabia-se num acme.
Todo o ódio que podia experimentar. Aquele homem, na
sala, agora estaria bebendo. Uma vida inteira, bebesse!
Talvez somente o álcool o iria um dia abrandar, corroer-
-lhe a absurda austereza, trazê-lo a ponto humano. Chorou mais. Queria que o ser não a sufocasse. Não, o que
agora perdia era nada, fora apenas o molde incerto de
uma coisa que podia ter sido. A dor na testa. Ela estava
sem sua alma. Nada. Remorso e menos. Em si, um vazio
brusco, oprimente como ela se envergonhava: violara
sua raia de segurança. Quis chorar mais. Prostrara-se.
Era uma palidez, um rosto que jazesse. Sonhou, no último sono da noite, obscura borra de agonias.

Mil mãos a transformavam.

À hora mais cedo da manhã, Leandra se levantava. Cerrou os dentes. Longamente se lavou — seu rosto não devia reter vestígios de frenesias. Seus cabelos eram coisa que atirava para trás, com curto gesto. Sentia um prazer em dar de ombros. Queria mover-se, incitar-se, entregar-se aos preparativos. Se pudesse, vestir-se-ia de homem. Respirar mais. Queria em si uma rudeza. Nada temia, nada pensava. Ganhara um perceber novo de si mesma, uma indiferença forte e sã? De repente, estava separando suas roupas, em ideia já viajava. Desinteressava-se, densa, de qualquer futuro. O Buriti Bom, para ela, tivera fim." (*Ibid.*, p. 501)

A partir do despertar dessa manhã, na qual se sentia como se tivesse ganho "um perceber novo de si mesma, uma indiferença forte e sã?", vários fatos se precipitaram. Glória, que vinha saudá-la e chamá-la para o café, contou-lhe da carta que receberam e deixara a todos transtornados, pois revelava que a mulher que havia virado a cabeça de Irvino tivera um filho. O que, para Lala, era uma espécie de libertação: "A carta. Entendia, de uma vez. '... Ele vê Irvino em mim... Ele sabe que não sou mais de seu filho...'". Ela sai de si, derrama perfume nas mãos e no corpo e vê iô Liodoro como o touro e o cão: "Iô Liodoro — um pescoço grosso, só se um touro; e aquela falta de vergonha, só se um cão... Então, odiava-o?". Sabia que não, "amava-os", todos do Buriti Bom, e então sente-se dona de uma nova percepção, como se despertasse de uma sucessão de sonhos: "Um seguido despertar, de concêntricos sonhos — de um sonho, de dentro de outro sonho, de dentro de outro sonho... Até um fim?".[64] Na manhã seguinte, morre Maria

---

[64] Esse aspecto labiríntico do jogo entre sonho e realidade, no qual um se transforma no outro, lembra uma passagem de Nietzsche sobre a arte apolínea: "... enquanto o sonho é o jogo do homem como indivíduo com a realidade, a arte do artista plástico (no sentido amplo) é *jogo com o so-*

Behú, a santa rezadeira, mas, como compensação, o Chefe Zequiel, doente até então, sara. As mulheres da cozinha, controladoras dos fogos infernais, e que na novela formam uma espécie de coro de sátiros dos lugares subterrâneos, comentam: "— Bem dizia sempre o Chefe: que risadas, que corujas...". Lalinha, nas suas lembranças, sentindo a morte de Behú, a quem amava, diz para si uma bela frase: "— Morrer talvez seja voltar para a poesia...". O que tirava da morte a gratuidade e a falta de sentido, e era um consolo, pelo menos para ela — se a morte, para quem a sofre, se resume no fato, para quem a contempla não, se consola encontrando nela um sentido; embora a experiência da morte não possa nunca participar do conhecimento de si, pode porém ser matéria para o julgamento do outro. O mais grave vem pouco depois, quando Glorinha lhe confessa que se entregara de todo ao nhô Gaspar, "o Gual se autorizou de mim". Segundo Glória, ele havia conseguido tudo dela, portanto agora ela era "mulher" como Lala, e que depois disso já se encontrara com ele mais de três vezes. Lala fica indignada, diz que vai partir imediatamente para ir atrás de Miguel, e pede a Glória que jure não voltar a encontrar nhô Gaspar. Ela promete, mas diz que Lala lhe está "dando esperança atôa...". Lala diz para si mesma que "apenas importava a salvação de Glorinha", era a sua primeira decisão.

Glória se retira e ela espera iô Liodoro na varanda, sem nenhuma pintura, só com um pouco de pó de arroz, "sem refazer o penteado", e já se decidira a partir no outro dia, "Tenho de ir, amanhã mesmo, amanhã". Porém, quando ele chega e ela se aproxima dele, posterga por pelo menos um dia a decisão, "No mais tardar, depois-d'amanhã". Nesse encontro, ela não estava bem arrumada, como costumava andar, e acreditava também ter aca-

---

nho. A estátua, enquanto bloco de mármore, é algo muito real, a realidade da estátua, *enquanto forma real do sonho*, é a pessoa viva do deus. Durante o tempo em que a estátua plana diante dos olhos do artista como uma figura do imaginário, é ainda com a realidade que ele joga: assim que ele transpõe essa imagem no mármore, ele joga com o sonho" (Nietzsche, 2007, p. 24, trad. minha).

bado o jogo erótico entre eles, aquelas mediações que ao mesmo tempo continham e acentuavam suas pulsões; mas continuava com ela a iniciativa. Só não esperava que a presença de iô Liodoro trouxesse outras atrações e alterasse novamente suas relações. Ao contrário dos encontros anteriores, noturnos, o de agora se dava de dia, sem os fogos dos lampiões, e também mais diretamente, com toda a sinceridade de quem sabia o que era e o que queria. Só que ela não contava com o que poderia acontecer, "de repente, de repente, de repente": que fosse tomada por "uma onda de viver, o viço reaberto de uma ideia". Sente que "o corpo de iô Liodoro estava vivo ali", e ela toma a iniciativa de dizer, direta, sem rebuço, o que queria dos homens, que sabia que ele a desejava, e o convida a visitá-la à noite, no seu quarto:

"E iô Liodoro chegara. Ele estava ali, na outra ponta da varanda. Difícil pensar que aquele homem já a perturbara, que algum dia pudesse ter querido dele o óleo de um sorriso, um ressalto de luz. E ele, mesmo, era um obstáculo, o ar entre os dois. Ele, como o Buriti-Grande — perfeito feito. Só por um momento, seguiu, mais que pensou: que iô Liodoro, em relação a ela, estava intacto, não vivido demais, prometido. E que ele, sem o saber, precisasse dela; que tudo poderia, deveria ter-se passado de outro modo; que sempre estaria faltando uma coisa entre ambos, uma *coisa* mutuamente... Mas, leve, caminhou para ele, sem desejo nenhum, nem plano, sem necessidade da pessoa dele.
— 'O senhor sabe, por motivo sério eu tenho de ir-me embora, já. No mais tardar, depois-d'amanhã...' — disse, com o maior sangue-frio. Iô Liodoro não a fitou. Respondeu, não traiu surpresa em sua entonação: — 'Se é assim, lhe levo...' — 'Não é preciso. Acho que o Norilúcio pode me levar...' — ela ripostou; por um mínimo, se irritara. Agora, estava tranquila. Glorinha salva... Tudo encerrado. Os dois, aí um rente ao outro, debruçados no parapeito da varanda, olhando os cur-

A bela da cidade e o touro do sertão

rais: além; tudo terminado. Um nada, um momento, uma paz. E — de repente, de repente, de repente — uma onda de viver, o viço reaberto de uma ideia. Lala sorriu, achou aquilo tão simples, tão belo... Seu corpo se enlanguesceu, respirou-se fundo, por ela. O mais, que importava? Sim, ou não, nada perdesse. Devagar, voltou o rosto. Ele estava de perfil. Ela falou, mole voz, com uma condescendência, falava-lhe a princípio quase ao ouvido. Daí, continuando, se retomou também de lado, de longo, não queria ler-lhe nas feições o estupor. O que disse: — 'Você, escuta: sou livre, vou-me embora. Na cidade, vou ter homens, amantes... Você gosta de mim, me acha bonita, você me deseja muito, eu sei. Pois, se quiser, se vale a pena, estou aqui. Esta noite, deixo a porta do quarto aberta...' Disse. E saiu dali. Sua alegria era pura, era enorme. Gostaria de dançar, de rir atôa." (*Ibid.*, pp. 506-8)

Era maio, o mês da primavera europeia e do inverno do sertão; durante o jantar, ela fez questão de mostrar a iô Liodoro que já havia tomado posse de si, que era senhora de si, "uma estranha, uma *mulher*", e não sofria mais as influências do Buriti Bom. À noite, esperou-o nua, "em carne", no leito, o lampião aceso com a chama baixa, fazia um friozinho que a arrepiava, os seios, mas as mãos estavam quentes, e ela esperou-o aparecer "no quadro da porta". Ela não sabia se ele viria, enquanto isso recordava as Mulheres-da-Cozinha, que, como o coro de sátiros, teciam, entre outros, estes comentários dionisíacos: "— Alecrinzinho, é. O amor gosta de amores..."; "— Pois, todo patrão, que conheci, sempre foi feito o boi-touro; quer novilhas brancas e malhadas..."; "Homem, homem... Não sei! Basta um descuido"; "— Ora vida! São só umas alegriazinhas..."; "— Mocinha virgem, na noite do dia, só quando deita na cama é que perde o bobo medo..."; "— Macho fogoso e meloso acostuma mal a gente..."; "— Andreza, no jornal eles determinam é a História-Sagrada?" Foi então que ele apareceu: um vulto possante como o de um touro, que vinha respirando

A bela e o touro

para "conhecê-la", no sentido bíblico mesmo do termo, e ela se ria e dizia alegre e maliciosamente coisas ordinárias, enquanto se abria para recebê-lo, "Temos de encher bem as horas", na ânsia tanto de recuperar o tempo perdido, como de aproveitar as poucas que restavam:[65]

> "Aí, de repente, resvés a porta se abria. Era ele — o vulto, o rosto, o espesso — ocupava-a toda. Num aguço, grossamente — ele! Respirava, e vinha, para conhecê-la. De propósito, Lala riu e disse — o mais trivial, o mais sábia que pôde, o mais soezmente: — 'Anda, você demorou... Temos de encher bem as horas...'" (*Ibid.*, p. 509)

No santuário do Buriti Bom, onde todos viviam o contágio do deus e este participava da vida de todos, como no de Delfos, que era também o túmulo de Dioniso, estas "horas" a serem preenchidas como uma hierogamia, da *basilina* com o deus, também poderiam ser as finais de Lalinha e iô Liodoro (no mínimo como nora e sogro, para renascerem como amantes). Nesse sentido, a missão civilizadora da moça vinda da cidade não era apenas promessa de vida nova, mas também de mortes que a adubariam. Por isso a novela tem dois finais, este noturno e outro diurno. Com a sua ambiguidade, Lala Leandra poderia também estar cumprindo o papel da aranha e sua vítima, como Ariadne:

> "Ariadne, símbolo do feminino que se abandona por amor a Dioniso, é, ao mesmo tempo, o símbolo do sofrimento e da morte de todos os que se unem a ele. O

---

[65] Segundo Walter F. Otto, Dioniso, na luta com os Titãs, é na forma de um touro furioso que sucumbiu: "É uma luta terrível, malgrado o surpreendente poder de seus inimigos; porque a criança real toma sucessivamente a forma de animais os mais perigosos — e, inclusive ao fim, a de um touro furioso. É como touro que ele terminou por sucumbir" (Otto, 1969, p. 201, trad. minha).

seu túmulo era exibido em numerosos lugares. [...] O seu culto não compreendia apenas os dias de alegria, mas também os dias de luto." (Otto, 1969, p. 111, trad. minha)[66]

[66] Este final, que poderia indicar um segundo renascimento, junto ao do encontro de Miguel com Glória, tem também o significado de uma dupla morte, pois aproveitariam suas últimas horas para adubar o novo: "Ariadne, rainha das mulheres dionisíacas. A bela filha de Minos, nos diz Homero, foi carregada de Creta por Teseu; ele queria conduzi-la a Atenas, mas Ártemis a matou antes por ordem de Dioniso. O deus devia ter direito sobre Ariadne, porque esta história corresponde exatamente à história de Coronis, que foi igualmente morta por Ártemis, e isto por instigação de Apolo, por ter enganado o deus com um amante mortal. Ártemis é conhecida como a deusa que leva a morte às mulheres no parto. Coronis morre antes mesmo de dar à luz Asclépio, mas Ariadne, segundo a lenda que narra o seu culto cipriota, morre no parto" (Otto, 1969, pp. 62-3, trad. minha). Sobre o caráter ambíguo da principal festa dionisíaca, as Antestérias, como comemoração de vida e morte, de primavera e contato com o deus que se confunde com o próprio Hades, o *hieros gamos* da rainha com Dioniso, escreve Henri Jeanmaire: "A antiga festa na qual comemorava-se os mortos na primavera adquiriu um caráter em parte novo quando esta recepção dos do além foi compreendida como a recepção solene de Dioniso, vindo sobre o seu barco com as primeiras brisas da primavera, para renovar a sua aliança com a cidade, que ele esposou na pessoa da rainha" (Jeanmaire, *op. cit.*, pp. 54-6, trad. minha).

A bela da cidade e o touro do sertão

Epílogo

O Chefe Zequiel, o iluminado das trevas

Uma novela acústica

Desde a sua abertura, a novela "Buriti" coloca a audição como a forma de percepção mais aguda e solicitada para se saber daquele mundo novo do sertão, onde Miguel chegara, "na jungla", "país de medo". Na primeira vez, ele viera a cavalo, em companhia de dois caçadores, homens treinados a farejar, como os bichos, para capturarem as suas presas. Agora, no retorno ao lugar, depois de ano, fora de *jeep*, acompanhado de um outro moço, que não sabemos quem é e não participa da novela. O que melhor Miguel percebia também nessa volta era a mesma sinfonia de sons produzidos pelas correntes d'água, "um riinho", pelos ruídos das aves, dos animais e das brisas nos arbustos, como uma orquestração da natureza. A percepção do mundo pela audição, numa perspectiva de tempo e movimento, reforça o sentido nietzschiano e *vitalista* da novela, se levarmos em conta as distinções que o filósofo fazia entre o caráter musical do dionisismo e o plástico do apolíneo, e com tudo o que isso implica. Junto ao sentido auditivo, que deveria ser aguçado para a compreensão do que anunciava cada um daqueles sons, é enunciado também um dos temas mais fundos da obra: onde falta a luz para se poder guiar pela visão, sentido superior que permite ultrapassar a contemplação das belezas sensíveis e chegar às verdades simbólicas do mundo, "O sertão é de noite", tem-se que aprender a distinguir e decifrar cada som daquele "corpo de noturno rumor". Essa era a condição mesma da sobrevivência, pois se precisava entender as ameaças que os ruídos traziam. E já no início da novela também é lembrado o Chefe Zequiel, o pobre-diabo, meio abobado, mas com uma capacidade auditiva aguçadíssima. Ele, que quase não dormia e trocava a noite pelo dia, era capaz de diferenciar os sons mais baixos e distantes que lhe chegavam e decifrar as suas mensagens:

> "O Certo, que todos ficavam escutando o corpo de noturno rumor, descobrindo os seres que o formam. Era uma necessidade. O sertão é de noite. Com pouco, estava-se num centro, no meio de um mar todo. — 'A gente pode aprender sempre mais, por prática' — disse o primeiro caçador. Discorria da dificuldade em separarem-se sons, de seu amontoo contínuo. — 'Só por precisão' — completou o segundo, o setelagoano. E mais disse: que dirá, então, os bichos, obrigados a constante defesa ou ataque? O lobo, o veado. O rato. O coelho, que, para melhor captar os anúncios de perigo, desenvolveu-se um pavilhão tão grande? Principal, na jungla, não é tanto a rapidez de movimentos, mas a paciência dormida e sagaz, a arma da imobilidade. À cabecinha de um coelho peludo, sentado à porta de sua lura, no fim da tarde, devem chegar mais envios sonoros que a uma central telefônica. — 'Pois, p'ra isso, p'ra se conhecer o que está longe e perto...' — o setelagoano continuou. E, daí, silenciaram, depois falaram mais, desse e de outros assuntos. Falou-se no Chefe Zequiel." (Rosa, *op. cit.*, p. 390)

Como contraponto aos sons da natureza, havia o ruído do monjolo, a sua batida repetida e constante, tal o pêndulo de um relógio na marcação das horas, reiterado a cada momento na novela, como se fosse para lembrar que até lá, na fronteira dos Gerais, chegava *a história*, ou seja, o tempo criado pelos homens: "*O monjolo é humano*, reproduz a vontade de quem o fez e de quem o botou para trabalhar as arrobas de arroz" (*Ibid.*, p. 494, grifo meu). Ao contrário dos sons da natureza, o som do artifício criado pelo homem era regular e constante, além de não ser inútil, como

194   Buriti do Brasil e da Grécia

não era a vontade humana, ele estava voltado para a produção de algo, "quem o botou para trabalhar as arrobas de arroz". Quando Miguel distingue para Glorinha o ruído do socó do socar do monjolo, o som da natureza do da cultura humana, ela lhe diz que ele já estava aprendendo com o Chefe, que morava no próprio moinho, onde batia o monjolo. Segundo ela, o Chefe Zequiel sofria de má insônia e ouvia tudo, era capaz de distinguir todos os sons vindos da natureza, "escuta as minhocas dentro da terra", e dizia que ele aguardava um inimigo que estava para chegar, para o assassinar:

> "O Chefe Zequiel, ele pode dizer, sem errar, qual é qualquer ruído da noite, mesmo o mais tênue. — 'É bem. Ele há-de estar ouvindo, está lá no moinho, deitado mas acordado, a noite inteira, coitado, sofre de um pavor, não tem repouso. Quem sabe, na cidade, algum doutor não achava um remédio para ele, um calmante?' Aziago, o Chefe Zequiel espera um inimigo, que desconhece, escuta até aos fundos da noite, escuta as minhocas dentro da terra. Assunta, o que tem de observar, para ele a noite é um estudo terrível. — 'E faz tempo que ele tem essa mania?' '— Figuro que de muito. Mas só de uns dois anos é que veio em piorar...' O que o Chefe devassou, assim, encheria livros. Iô Liodoro e Dona Lalinha se levantaram. Maria da Glória se põe triste, dando boa-noite? Toma a benção ao pai. Dona Lalinha caminha serenamente. — 'Não vá sonhar com o socó, nem com o mutum...' — baixinho Glorinha disse. Sim, não. Não sonhar com Dona Lalinha... Pudesse sonhar com Maria da Glória, sonsa, risonha, sob o Buriti grande, encostada no Buriti grande. O monjolo trabalha a noite inteira..." (*Ibid.*, pp. 394-5)

Na visão pragmática e realista de nhô Gualberto Gaspar (o qual, como já vimos, tinha razões fundas para não gostar do Chefe Zequiel, pois era ele, nhô Gualberto, num grau mais imediato, a encarnação do inimigo e da ameaça pressentida como "o demo"), a audição aguçada de Zequiel, "por erro de ser", só vinha comprovar as suas limitações mentais e igualá-lo aos bichos, os quais, como ele, também tinham bons ouvidos. Desse modo, era do seu interesse desqualificá-lo e a tudo o que prenunciava:

> "[Dona-Dona] Apaziguava falar das coisas, e não das pessoas. Ou das pessoas voltadas para fora da roda, exemplo aquele Chefe Zequiel, homem que chamava os segredos todos da noite para dentro de seus ouvidos. Mas nhô Gualberto carecia de tudo reduzir a um consabido peguento e trivial, feito barro de pátio. Nhô Gualberto explicava.
>
> — Um bobo, que deu em doido, para divulgar os fantasmas... Ao acho, por mim, será doença. Mal o senhor sabe? Cada raça de bicho tem seu confim de ouvir, com isso já crescem acostumados. A gente, também. Cachorro, ouve demais. Por causa, eles dão notícia de muito espanto, que não se saiba. Eles uivam. Cachorro que às vezes dá de uivar, até secar a voz para sempre, vira fica mudo. O Chefe, por erro de ser, escuta o que para ouvido de gente não é, por via disso cresceu nele um estupor de medo, não dorme, fica o tempo aberto, às vãs... Daí deu em dizer que está sempre esperando...
>
> — Oé, vô': só se espera o demo, uai!
>
> — A ver. O demo tem seu silêncio. O Chefe espera é nada. O pobre! Até é trabalhador, se bem, se bem. Derradeiramente, é que faz pouco, porque carece de recompor seu sono, de dia..." (*Ibid.*, p. 406)

Miguel, antes ainda de conhecer o Chefe Zequiel, a caminho do Buriti Bom, acompanhado de nhô Gualberto, perguntou o que ele achava "desse bobo, que lá não dorme de noite?". A resposta do fazendeiro confirmou o que já havia dito, um tolo, mas acrescentou uma outra observação importante: falou dele como de um homem "cordo", "regrado" e, apesar de analfabeto, respeitoso das letras e do sagrado, os quais reunia e confundia na mesma inconsciência, como alguém que, pelas atitudes e palavras, pintava "o preto de branco". Esta metáfora resume a passagem, que, no fundo, simboliza *a função iluminada do vidente Zequiel*. (É apenas nesse sentido que ele pode lembrar o profeta Ezequiel: como o mediador a quem falava Iavé/Jeová, *o Vigia* que tinha visões alegóricas e apocalípticas, e as transmitia ao povo de Israel.) O Chefe também sacralizava os signos, usava as palavras mais corriqueiras como rezas, para se dirigir ao sagrado e tentar conter as ameaças; o mesmo ele fazia com *as visões acústicas noturnas* e amedrontadoras que tinha: ao narrá-las, ele as esclarecia e as serenava. Sem o saber e querer, nhô Gualberto acabava falando da positividade de seu costume de descrever aquelas *visões*, que veremos adiante, como se as palavras, por si só, transformadas em narrativas, tivessem o dom de esclarecer os enigmas pressentidos, "pinta o preto de branco":

> "Sovado um silêncio, Miguel falou, por desassunto: — 'O senhor o que mais acha desse bobo, que lá não dorme de noite?' '— Que é que eu acho do Zequiel, o Chefe? Tolo na toleima, inteiro. Exemplo ao senhor: quando tem missa ou reza em qualquer lugar, eh ele vai, e se consegue deparar com um papel escrito, ou livrinho de almanaque ou pedaço velho de jornal, ele leva, não sabe ler, mas ajoelha e fica o tempo todo sério, faz de estar lendo acompanhante, como fosse em livro de horas-de-rezar...' Afora a mania do inimigo por existir, o Chefe era cordo, regrado como poucas pessoas de bom juízo. — 'Por nada que não trabalha em dias-de-domingo ou dia-santo.' Uê, uê. — 'Senhor verá: ele descreve tudo o que diz que divulgou de noite — o senhor pedindo perguntando. Historeia muito. Eh, *ele pinta o preto de branco*...'" (*Ibid.*, p. 419, grifo meu)

Quando Miguel chegou ao Buriti Bom, conheceu Maria Behú e percebeu que "Tudo o que nhô Gualberto Gaspar dissera, se desmentia". Ele conhece o Chefe Zequiel e se reconhece: o Chefe confirmava muito do que fora dito sobre ele, mas, para sua surpresa, Miguel via-se também igual a ele, pela consciência que tinha de si, *"Ele tem fé com muita astúcia"*, é assim que o aprecia. Para Miguel, "o que ele pensara nesse momento, do Chefe, melhor poderia aplicar a si mesmo". O Chefe Zequiel, como ele, em outros termos, reunia a crença com a inteligência, a fé com a astúcia. Quanto à primeira qualidade, dava a ela um propósito pacificador e terreno, de procurar a paz na terra, simbolizado pelo gesto de presentear a palha a amigos e inimigos. Ele compartia com o outro o pouco que tinha, só a palha do milho, a sua parte mais pobre e descartável. É este o valor simbólico da palha, como na expressão comum, "não vale uma palha" ou "matou por uma palha". Porém, nhô Gualberto interpretava esse gesto como sendo só interesseiro e, para comprová-lo, reduzia o valor semântico da segunda qualidade, da "astúcia", tirava-lhe a ambivalência, que poderia significar também "inteligência prática", "sabedoria" e "prudência", *metis*, e a tornava unívoca, com o sentido só de astuto e ardiloso. Mas, pelo acento que a expressão inteira tinha no texto (ela vem sublinhada, em itálico, *"Ele tem fé com muita astúcia"*) e no pensamento de Miguel, que se identificava precisamente com esse lado do Chefe, se fosse apenas como a entendia nhô Gualberto, que ele dava a palha para receber o mais precioso, o fumo, seria quase uma confissão: ela revelaria o lado só interesseiro e astuto tanto do Chefe como o de Miguel, como o de querer casar-se com Maria da Glória, por ela ser filha de grande fazendeiro. Porém, essa redução, se poderia explicar a "astúcia" de Zequiel, de querer trocar palha por fumo, nada esclareceria sobre a "fé", que não tinha uma função só mística, de veneração do sagrado. Ela se referia também à ação pacificadora que tinha a reza para ele, "carecia de trazerem soldados, acabar com os perigos d'acolá, guardar bem o moinho", este como a obra humana e útil a sua sobrevivência, além de seu ato mesmo de doação, de presentear a todos com o nada que tinha, uma palha:

"Orgulhava-se de tudo, e assim foi que chamou o Chefe, para mostrá-lo a Miguel. O Chefe saía de seu sono diurno. De dia, não ouvia aqueles selvagens rumores? Ah, não — *Nhônão...* De dia, tudo no normal diversificava. De noite, sim: — *Nhossim, escutei o barulho sozinho dos parados...* O Chefe era baixote e risonho, quando respondia sabia fazer toda espécie de gestos. Risonho de sorriso, apesar de sua palidez. E ele muito se coçava. Prometia contar tudo, detalhado, do que ouvia e não ouvia, do buracão da noite. Mas carecia de trazerem soldados, acabar com os perigos d'acolá, guardar bem o moinho. E viesse um padre, rebenzer. Daí, saiu, voltou, vinha com umas espigas de milho, a palha delas; escolheu uma, melhor, ofereceu a Miguel. Deu outra a nhô Gualberto, guardou uma para si, e olhava, esperando que alguma coisa acontecesse. — 'Eh, uai: ele quer fumo, eh ele não tem fumo nenhum... — nhô Gualberto vozeirou — ...Ele deu palha, para pedir fumo...' O bobo mesmo assentiu. *Ele tem fé com muita astúcia...* — pensou Miguel, teve de pensar. E se surpreendeu, descobrindo: o que ele pensara nesse momento, do Chefe, melhor poderia aplicar a si mesmo." (*Ibid.*, p. 423)

Quatro paisagens sonoras noturnas

A primeira grande descrição do animado universo sonoro mental do Chefe Zequiel nos é dada pelas recordações de Miguel, baseadas no que o próprio Zequiel lhe havia contado, o que gostava de fazer. Ela seria também a primeira de uma série de quatro *paisagens sonoras noturnas*: um tipo de representação composta de figuras e cenas soturnas, com as respectivas sonoridades, que nos remetem tanto a uma atmosfera plástica em movimento como a um mundo de ruídos fantasmagóricos. O estudo de cada uma dessas paisagens e de suas variações pode nos ajudar a entender quais eram as ameaças ao Buriti Bom e que atormentavam o Che-

Epílogo: O Chefe Zequiel, o iluminado das trevas

fe Zequiel. O que chamei de *Paisagem 1* reproduz, numa descrição altamente expressiva, as fantasmagorias de uma noite encantada, animada de bichos, cenas e sonoridades decorrentes dos nomes e das palavras empregadas. Essa expressividade tem em vista produzir no leitor também um certo efeito encantatório: em parte, para que experimente algo semelhante ao que deveria viver o Chefe Zequiel, a partir do que ele apreciava descrever, "ele descreve tudo o que diz que divulgou de noite", e, em parte, para que se distraia e lhe passem desapercebidos certos detalhes significativos. Miguel a recorda como um universo carregado de ameaças, violências e mortes, povoado de bichos agourentos, grotescos e soturnos. Sem dizer dos espíritos que o animavam, como o Tagoaíba (espírito da lama, do tupi *taguá, taguaba*, o "que vem contra" e se opõe ao espírito elevado de Deus). Tudo lembra muito a "Noite de Valpúrgis", do *Primeiro Fausto*. Miguel contrasta esse mundo infernal que o Chefe Zequiel "escrutava" (verbo, cuja fonética funde perfeitamente o ato de *escutar* com o de *perscrutar*), composto de repercussões sonoras, "a treva falando no campo", com as preocupações que o ocupavam no momento em que inicia a descrição, todas de motivos elevados: Maria da Glória, iô Liodoro, o Buriti Grande, Dito, seu irmãozinho morto ainda menino, as belas estrelas e as inquietações que a vida lhe despertava:

> "Quando Miguel temia, seu medo da vida era o medo de repetição. Agora, as estrelas procuravam seu ponto. Elas eram belas, sobre o sertão feio, tristonho. Quase davam rumor. O que era próximo e um, era a treva falando nos campos. Aquela hora, noutra margem da noite, o Chefe Zequiel se incumbia de escrutar, deitado numa esteira, no assoalho do moinho, como uma sentinela?
>
> Como o chefe ouvia, ouvia tudo, condenado. Quem o inimigo era? Quem vinha? A noite traspassa de longe, e se pertence mais com o chão que uma árvore, que uma barriga de cobra. Tem lugar onde é mais noite do que em outros. — *Ih!* Um inimigo vinha, tateando, tentean-

do. Custoso de se conhecer, no som em sons: *tu-tu...
tut...* Na noite escutada. — *Diacho!* De desde que o sol
se some, e os passarinhos do branco se arrumam em
pios, despedidos, no cheio das árvores. Aí começa o groo
só, do macuco, e incoam os sapos, voz afundada. Com
as corujas, que surgem das grotas. O clique-clique de um
ouriço, no pomar. O nhambu, seu borborinho. O ururar
do uru, o parar do ar, um tossir de rês, um fanhol de
porteira. A certo prazo, os sapos estão mais perto, em
muito número; a tanto, se calam. O sacudir do gado. O
mato abanado. — *Zequiel, você foi ouvir, agora teme!*
Visonha vã, é quem vem, se acerca do moinho, para não
existir. Tagoaíba. O mau espírito da parte de Deus, que
vem contra. Tudo o Chefe não sabe, amarrado ao horror. A anta ri assoviando. Atrás, em cada canto do campo, tem uma cobra, espreitante. O vento muda: traz voz,
marmúgem. Os ariris cantam, sibilam as sílabas; piam
no voo; esses viajam, migram à noite. São praga dos
arrozais. O latido de cães longínquos é um aceso — os
nós, manchas de fogo. Cachorro pegou o cheiro dum
bicho, está acuando. Esse bicho de certo errou o rumo
de manejo do vento. Agora, recomeçam os sapos: eles
formam dois bandos. Lua desfeita, o silêncio se afunda,
afunda — o silêncio se mexe, se faz. O urutau, que o
canto dele encantado de gente, copiando: é um homem
ou mulher, que estão sendo matados, queixas extremas.
Depois, tanto silêncio no meio dos rumores, as coisas
todas estão com medo. Então, o que vem, é uma cobra
desconforme, cor de olhos. Calamidade de cobra. Um
mau espírito, ainda sem nenhuma terra. Todos na casa-
-da-fazenda dormem, o povo, todo o mundo; o inimigo
não é com eles. O Chefe, não; não se concede. Se descui-
dar, um segundo, um está ali, ao pé dele, dentro dele.
Não se tem porta, para esse, para se fechar. Tramela nem
cadeado! Esfria, afria, o que é da noite — toalhados de
frio. O inimigo não vem. Só se um cachorro avisar, só se

Epílogo: O Chefe Zequiel, o iluminado das trevas

um cachorro uivar uivos. De baque, de altos silêncios, caiu, longe, uma folha de coqueiro, como elas se decepam. Se despenca das grimpas, dá no chão com o murro e tosse. A *tão!* — *tssùuu...* Os dois seguidos barulhos: o estampido, e depois o ramalhar varrente, chichiado. De tempos, sem razão, o coqueiro perde uma daquelas largas palmas, já amarelas no empenado da folha, mas o encape ainda todo verde-claro. Instante, latiram, daí. Um cachorro caça juízo. E puxou um silêncio tão grande, tão fino em si, tão claro, que até se escuta curuca no rio. A ruguagem. — '*É peixe pedindo frio!*' Um sapo rampando. Outro barulhinho dourado. Cai fruta podre. Daí, depois muito silêncio, tem um pássaro, que acorda. Mutum." (*Ibid.*, pp. 412-3)

Assim como o pássaro que acorda no final do trecho citado, a palavra *mutum* desperta na memória de Miguel cenas terríveis, que teria vivido no seu lugar de origem, as quais irão compor logo a seguir a *Paisagem 2*. Ele começa se referindo aos lobos, porém, na continuidade, veremos que eram os homens os verdadeiros lobos, inclusive pior que eles, quando matavam com frieza e crueldade os animais piedosos; com suas ações, eles invertiam os valores que comumente atribuímos a uns e outros, como se fosse dos homens a crueldade e dos animais a piedade. O tatu, que, em "Campo Geral", apelava a Jesus para não morrer,[67] agora, quando acuado pelos cachorros dos caçadores, "levanta as mãozinhas cruzadas", ou, numa outra passagem, o tatu-peba, que, quando caçado, rosna e "quer traçar no chão uma cruz". A mesma piedade mostravam os tamanduás mansos, que se abraçavam amorosos na hora da morte cruel — lembrando as súplicas à Nossa Senhora —, descrita em detalhes e com uma frieza chocante. A narração

[67] "Funga, quando o cachorro pega. Pai tirava a faca, punha a faca nele, chuchava. Ele chiava: *Izúis, Izúis!...* Estava morrendo, ainda estava fazendo barulho de unhas no chão, como quando entram no buraco" (Rosa, *op. cit.*, p. 34).

que então se segue impressiona e parece dizer que, pior do que as ameaças noturnas trazidas pelos sons dos bichos híbridos que se entredevoravam, como o da "anta que ri assoviando" e o da "cobra desconforme", eram as que vinham com os homens; as suas partes noturnas e violentas atentavam tanto contra os seres da natureza como aqueles bichos da noite que ameaçavam os homens. Aplacar a violência destes, para que ela não se voltasse também contra eles mesmos, era o verdadeiro sentido da religião, com finalidade muito terrena, de Miguel; por isso, ele dizia: "As pessoas grandes tinham de repente ódio umas das outras. Era preciso rezar o tempo todo, para que nada não sucedesse. A noite é triste". A frase final, que sintetiza a violência e a crueldade do que foi narrado como a vida da noite, qualificada como triste, só nos prepara para o que então se seguirá. Assim como a natureza tinha um lado noturno, do qual os homens também faziam parte, portanto a ser duplamente temido, ela tinha uma face radiosa, que vinha com a manhã, anunciada pelos pássaros, cheia de vida pacífica e esplendor. Isto virá depois do texto abaixo citado, mas não caberá aqui comentar:

> "O mutum se acusa. O mutum, crasso. As pessoas mais velhas conversavam, do que havia entre o mato e o campo. — 'Lobos?' — 'Têm achado muita bosta deles. E ouvido urrarem, neste tempo de frio...' Os lobos gritam é daqui agora, no tempo-de-frio, à boca da noite, ou até às oito horas. Gritam, na cabeceira da vereda. Lobo dá um grito feio: — *Uôhh! Uôuhh!*... A fêmea grita responde: — *Uaáh! Uáh!*... Eles têm dor-de-lua. Nessas horas, os lobos enlouqueceram. O mato do Mutum é um enorme mundo preto, que nasce dos buracões e sobe a serra. O guará-lobo trota a vago no campo. As pessoas mais velhas são inimigas dos meninos. Soltam e estumam cachorros, para irem matar os bichinhos assustados — o tatu que se agarra no chão dando guinchos suplicantes, os macacos que fazem artes, o coelho que mesmo até quando dorme todo-tempo sonha que está

Epílogo: O Chefe Zequiel, o iluminado das trevas

sendo perseguido. O tatu levanta as mãozinhas cruzadas, ele não sabe — e os cachorros estão rasgando o sangue deles, e ele pega a sororocar. O tamanduá. Tamanduá passeia no cerrado, na beirada do capoeirão. Ele conhece as árvores, abraça as árvores. Nenhum nem pode rezar, triste é o gemido deles campeando socorro. Todo choro suplicando por socorro é feito para Nossa Senhora, como quem diz a salve-rainha. Tem uma Nossa Senhora velhinha. Os homens, pé-antepé, indo a peitavento, cercaram o casal de tamanduás, encantoados contra o barranco, o casal de tamanduás estavam dormindo. Os homens empurraram com a vara de ferrão, com pancada bruta, o tamanduá que se acordava. Deu um som surdo, no corpo do bicho, quando bateram, o tamanduá caiu pra lá, como um colchão velho. Deixaram que ele se reaprumasse, se virando para cá, parecia não estar entendendo que era a morte, se virou manso como um bicho de casa, ele percebia que só por essa banda de cá era que podia fugir. O outro também, a fêmea. No esgueirar as compridas cabeças, para escapar, eles semelhavam tontos, pedintes, sem mossa de malícia, como fossem receber alguma comida à mão. Era de pôr piedade. Os homens mataram, com foiçadas e tiros, raivavam. Os tamanduás se abraçavam, em sangues, para morrer — aquelas caudas ainda levantaram e bateram, espaço, feito palma seca de buriti, na poeira, chiou-chiaram, chocalhado, até um fim... Caminhando, no vau da noite, se chega até na beira do Inferno. As pessoas grandes tinham de repente ódio umas das outras. Era preciso rezar o tempo todo, para que nada não sucedesse. A noite é triste." (*Ibid.*, pp. 413-4)

A longa descrição que se segue, a *Paisagem 3* das visões auditivas noturnas do Chefe Zequiel, procura trazer o que dizia dele o povo do Buriti Bom; segundo as recordações de Miguel, um motivo de riso. Ela é feita, de início, com mais objetividade, apresentando o mundo de ruídos da noite, dos mais insignificantes aos maiores, mas todos identificáveis; não há silêncio nem som desconhecido, todos têm a sua fonte nomeada, é um peixe que "espiririca", "um gemido de rã". Porém, a partir de certo momento, a narrativa começa a derivar e delirar, os sons naturais se antropomorfizam ou ficam caóticos, os jacarés "gritam", uma coruja "miou", e se misturam com os agouros de três corujas, com duendes, com "o quibungo", o feiticeiro, e com as recordações fantásticas da infância de Miguel, do tempo do Mutum, que lhe vêm à cabeça. Isto, até a chegada do Sol e o retorno da manhã, com o canto dos pássaros, os berros da vacas e o vento nos buritizais, mudando "o coração da gente". O mesmo que acontece a cada final das paisagens noturnas, de modo a acentuar o contraste entre o dia radioso e a noite soturna. Apesar da aparência ainda um tanto fantástica da noite, de sons que descrevem um mundo carregado de ameaças e maus presságios, os seres agora são mais variados e naturalizados, e, por mais sobrenaturais que pareçam, "Os duendes são tantos", e selvagens que sejam, "é a anta que espoca do lamaçal", não é a eles que o Chefe teme: "Teme a inimiga — uma só". Porém, não é dito nem fica claro o porquê do feminino e quem ela poderia ser; somente num outro momento, um pouco adiante, ele continua e esclarece a razão do feminino: "A pessoa que vem vindo, não me dá pestanas". Do que se pode depreender que, apesar de todas as ameaças e os agouros da natureza e da noite, ele teme uma pessoa, humana, homem ou mulher, inimigo ou inimiga:

> "O Chefe Zequiel. Que voltando da roça, ele passava, no terreiro. Primeiro, todos dele riam. Depois, comentavam seus incompreensíveis padecimentos. Mas riam, também, do que ele contasse. Sempre.
> O Chefe Zequiel:
> — '...*Mesmo muito antes do primeiro galo em-cantar, que foi, um cão uivou no terreirinho do José Abel...*'
> O Chefe, ele escuta, de escarafuncho. Trás noite, trás noite, o mundo perdeu suas paredes. Fere um grilo, ser-

Epílogo: O Chefe Zequiel, o iluminado das trevas   205

razim. Silêncio. E os insetos são milhões. O mato — vozinha mansa — aeiouava. Do outro mato, e dos buritis, os respondidos. Mais frio e cheio de calor, o Brejão bole. Um peixe espiririca. Um trapejo de remo. Um gemido de rã. O seriado *túi-túi* dos paturis e maçaricos, nos pirís do alagoado. Nunca há silêncio. As ramas do mato, um vento, galho grande rangente. As árvores querem repetir o que de dia disseram as pessoas. Frulho de pássaro arrevoando — decerto temeu ser atacado. — *Nhanão, iàssim... Quero ver as três corujas?!* Os sapos se interrompem de súbito: seu coro de cantos se despenhou numa cachoeira. No silêncio nunca há silêncio. Se assoviaram e insultaram os macacos, se abraçam com frio. Tiniram dentes. Reto voa o noitibó, e pousa. O urutau-pequeno, olhos de enxofre. O chororocar dos macucos, nas noites moitas, os nhambus que balbuciam tremulante. Se a pausa é maior, as formigas picam folhas; e as formigas que moram em árvores. — *Ih!...* Os duendes são tantos, deles o Chefe não tem medo. Teme a inimiga — uma só. O toque de lata é de um boi ladrão, tangendo seu polaco. O vento muda é para se benzer em cruz. O rouquejo forte que os jacarés gostam de gritar, repetido. Esfriou mais, os jacarés para o meio do rio retombam, onde as águas rolam mornas. Maior é a mata, suas entranhas, onde os bichos têm seu caminho de ofício, caminhos que eles estudaram de tudo; o tênue assopro com que eles farejam. Uma coruja miou, gosmenta. A coruja quer colóquio. Sapos se jogam de sua velha pele. Esses são feiticeiros. *Sempre que há um desgosto muito fundo, há depois um grande perigo... Deu tumbo. Nos Gerais, o vento arranca as árvores agarradas pelos cabelos. O chão conserva meses o gurgo das trovoadas. As irmãzinhas estão dormindo. Se a onça urrar, no mato do Mutum, todos da casa acordarão dando pranto, é preciso botar os cachorros para dentro, temperar comida para os caçadores... Um homem com a espingarda, homem de cara chata, dôido de ruivo, no meio da sala, contando casos de outras onças, que ele matou. Tinha as botas até quase no meio da coxa, e de entradas alargadas, botas de chocolateira. Ninguém, nessa madruga, não tinha medo desse homem...* Há um silêncio, mas que muitos roem, ele se desgasta pelas beiras, como laje de gelo. E dão um too: é a anta que espoca do lamaçal, como um porco de ceva. Se o senhor quiser ouvir só o vento, só o vento, ouve. Cada um escuta separado o que quer. A pessoa que vem vindo, não me dá pestanas. *As irmãzinhas estão dormindo... Vão matar o Quibungo... E tem uma cachorrinha, latindo, de lá do Céu...* Quem tapa a noite é a madrugada. Os macaquinhos gritam, gritam, não é bem de frio — dançam ao redor de um trem nu. Cobra grande comeu um deles. Sucuri chega vem dentro de roça. Um macaco pulava num pé só, sacudia no ar uma perna tesa dura de frio, entanguida, ele assim parecia até um senhor. Mas, muito antes da luz das barras, os passarinhos percebem o sol: pio, pingo, pilgo, silgo, pinta-alecrim... De manhã, mudam o coração da gente. O cantagalo. As vacas assim berram. Ao largo, os buritis retardam o vento. *— Iôssim, nhôssim...* — o Chefe tossia." (*Ibid.*, pp. 427-8)

Um pouco adiante, depois de Miguel reconhecer o seu amor por Maria da Glória e a alegria desse encontro, no movimento do tempo e do mundo, sempre lembrado pelo "ranjo do monjolo", o "monjolo trabalha a noite inteira", a narrativa volta a descrever a noite do Chefe Zequiel, a *Paisagem noturna 4*. Só que agora a multiplicidade de sons deixa de ser caótica e ganha um sentido muito preciso, que é o de descrever o lado noturno e agressivo do mundo da natureza, no qual todos vivem à caça do outro, para matar ou morrer, numa luta de todos contra todos, que faz do medo e da ferocidade as tônicas da vida, onde impera a traição, a violência e a lei do mais forte: "Os da noite: como sabem ser sozinhos!". Era justamente o que levava o Chefe Zequiel a rezar, se

Epílogo: O Chefe Zequiel, o iluminado das trevas   207

benzer e apelar para as forças mágicas, riscar "o signo-salomão". No meio da violência, o que o Chefe temia era "a *coisa*", "A môrma. Mulher que pariu uma coruja", que ele repete outras vezes, como "a môrma, mingau-de-coisa", monstro com carantonha de mulher, como as Górgonas. Ela expressa, antes de mais nada, e como tudo nesta paisagem (do núcleo ou coração da treva), a disformidade, "mingau-de-coisa". Mas, assim como "todo dia tem sua noite", toda noite tinha também o seu dia, que vinha sempre acompanhado do canto dos pássaros, seres angélicos que o anunciavam, "todos os barulhinhos da noite eles resumem no contrário, fazem alegria", e da claridade, que demorava a chegar, "a aurora rosiclara", pois antes tinha de atravessar o miolo de trevas da noite, "Onde agora, é o miolo maior, trevas. Horas almas. A coruja, cuca". Nesse centro escuro tudo perdia a forma; tanto os bichos, "bicho não tem gibeira", "bichos de todos malignos formatos", como os sons, "Tem formas de barulhos que ninguém nunca ouviu, não se sabe relatar", que se estropiavam para exprimir os ruídos guturais das trevas disformes. A descrição compõe um quadro sonoro grotesco, formado por palavras truncadas e onomatopeias, constituindo o seu momento mais expressivo e expressionista, devido aos traços fortes que carregam nas deformações, dos seres e das palavras. Elas explodem as formas e distinções de tudo e criam um universo caótico de fragmentos ruinosos. É quando a narrativa procura reproduzir de muito perto o movimento de imagens sonoras e mimetizar como ele deveria se passar na cabeça do Chefe Zequiel, para quem a noite não era tão "viajável" quanto para os outros:

> "O Chefe Zequiel, por certo, ouvia toda agitação de insônia. — *Ih, uê... Quando a coisa piora de vir, eu rezo!* — o Chefe se benzia. No chão e na parede do moinho, ele riscou o signo-salomão. O Chefe Zequiel mede o curto do tempo pelo monjolo. Espera os galos. Do que ele sabe, conquisidor, teme o com o til do Cão, o anhanjo. Ele não tem silêncio. Desde de quando dão voado os morcegos-pequenos, que vêm morder a veia-do-pescoço

dos cavalos e das mulas, soprando doce, de asas, em quando no chupo, e aqueles animais amanhecem lambuzados de sangue. Os ratos espinhosos, que farejam com uma venta e depois com a outra, saem de seus buracos, no chão da mata. Um crocitar grosso: o jacu-assu. Depois, o gangolô de aviso, em pescoço de boi. Canta a rã, copos de olhos. O zuzo de asas, degringolando, dos morcegos, que de lugar em lugar sabem ir — somente pelos canais de escuridão. Só não se ouve é lontra nadar e mergulhar, e a coruja estender asas. Mas ela alimpa o bico. Dá estalos, rosnou, a coruja-branca, rouca raiva. Quando assim, é coruja doente, que as outras corujas estão matando. Quem perdeu uma moedinha de tostão, no campo, ela pega a tinir, sozinha. O senhor ouve o orvalho serenar. E umas plantas dão estalos. A coruja está sempre em contra-luz de qualquer lumiado em pratear de folhas. Ela baixa, num revence. O ratinho dá um tão diabo de grito, afiante, que ele a irrita. Seguiu-se uma sossegação, mas enganosa: todos estão caminhando, num rumo só, os que têm sua vivenda no campo ou no mato. Eles vão contra o vento. Todos são sorrateiros. Os da noite: como sabem ser sozinhos! Trotam ou pulam, ou se arrastam, esbarrando para pressentirem as cobras, enrodilhadas onde os trilhos se cruzam. Uns deixaram em buracos de oco de pau seus moles filhotes, num bolo, quentinhos e gorduchos, como meninozinhos, num roçar de pelugens, ainda têm os olhos fechados. Os olhos do gato-bravo braseiam. O rio virou de lado de dormir, gole d'água, gole d'água. Coruja, no meio da noite, pega os passopretos, empoleirados nos bambus ou nas mangueiras fechadas. Pega. Os outros passopretos arrancam, dão alarme, gritam: — *Chico! Chico!*... Os bois dormem como grandes flores. Deitados nos malhadores, o cheiro deles é mais forte. Os cavalos comem no escuro. Crepita, o comer deles, tererê. E às vezes bolem com as éguas, vão longe com aqueles relinchos, sobem morro galo-

Epílogo: O Chefe Zequiel, o iluminado das trevas

peando. Denegrim, manso e manso, a *coisa*. Doem as costas do Chefe, a partir dos ombros. De da testa, e em baixo no pescoço, esfriam dedadas de suor, que oleia. O pior, é que todo dia tem sua noite, todo dia. Evém, vem: é a coisa. A môrma. Mulher que pariu uma coruja. Cachorro desperta e renova latido de outro cachorro longe, eles levam notícia errada a uma distância enorme. Homem quiser dormir, é como ter vertigem. Essa que revém, em volta, é a môrma. Sobe no vaporoso. — Desconjuro! Tem formas de barulhos que ninguém nunca ouviu, não se sabe relatar. O Chefe guarda todos eles na cabeça, conforme não quis. Não quis, até aos respingos do campo, até aos galos, no pintar da aurora. Então, o xororó pia subindo uma escadinha — quer sentir o seu sol. Mas o que demora para vir, o que não vem, é mesmo esse fim da noite, a aurora rosiclara. Onde agora, é o miolo maior, trevas. Horas almas. A coruja, cuca. O silêncio se desespumava. A coruja conclui. Meu corpo tremeu, mas só do tremer que é ainda das folhagens e águas. Para ouvir o do chão, a coruja entorta a cabeça, abaixando um ouvido despido. Ela ouve as direções. A jararaca-verde sobe em árvore. — *Ih*... O *úu*, o *úu*, enchemenche, aventesmas... O vento úa, morrentemente, avuve, é uma oada — ele igreja as árvores. A noite é cheia de imundícies. A coruja desfecha olhos. Agadanha com possança. E õe e rõe, ucrú, de ío e úo, virge-minha, tiritim: eh, bicho não tem gibeira... Avougo. Ou oãoão, e psìuzinho. Assim: tisque, tisque... Ponta de luar, pecador. O urutau, em veludo. *Í-éé*... *Í-éé*... *Ieu*... Treita do crespo de outro bicho, de unhar e roer, no escalavro. No tris-e-triz, a minguável... É uma pessoa aleijada, que estão fazendo. Dou medidas de três tantos! Só o sururo... Chuagem, o cru, a renho... Forma bichos que não existem. De usos, — as criaturas estão fazendo corujas. Dessoro d'água, caras mortas. Querereú... Ompõe omponho... No que que é, bichos de todos malignos formatos.

Buriti do Brasil e da Grécia

O uivo de lobo: mais triste, mais uivoso. Avoagem, só eu é que sei dos cupins roendo. Para outros, a noite é viajável. Que não tenho pai nem mãe, meus menos... É a môrma, mingau-de-coisa, com fogo-frio de ideia. Dela, esta noite, ouvi só dois suspiros, o cuchusmo. Morte- mente. Malmodo me quer, me vem, psipassa... Quer é terra de cemitério. Um som surdoso. Izicre, o iziquizi- nho, besouro que sobe do cano dum buraco. Divulgo de bichos que vão ferrar o dente no canavial. Uê, uai, a árvore sabe de cor suas folhas secas todas. O monjolo bate todos os pecados... — *Raspa, raspa, raspador...* Porco-do-mato, catete. Porco-do-mato morre de doen- ça. Tamanduá também morre de doença. Lobo. Tem horas em que até o medo da gente por si cansa, cavável. Uixe, ixinxe, esses são os que estão aprendendo o correr d'água do rego. Ela não veio. Ela veio, escaravelhando. Ouvi, ouvi! Só o sururo... Quer vir com um frio que nem defunto aguenta... O senhor tema o dormir dos outros, que estão em aragem. O senhor tema. Unha de coruja pega bichinho, ratos, i-xim, que nem anel num dedo. O senhor tema tudo. Ess' estão feito cachorros debaixo de toalha duma mesa. O senhor, quando não consinta! Não consinta de jeito nenhum de ninguém pisar nem cuspir em riba de seu cuspe, nem ficar sabendo onde... Ela vem, toda noite, eh, virada no vaporoso. Não sei quem é que ela está caçando. Eu sou tão pobre... *O tatu velho falou:* — *Gente, não vai ficar nem um tatu, no mundo?* Ódio de pessoa pode matar, devagaroso. O senhor não queira dormir com a língua de fora da boca, gago-jago. Dia é dia, é quando galo canta último, os cachorros pegam pedindo angu, as galinhas rebaixam do poleiro. É um alívio, Deus dito. Afinal, pássaros com o canto, todos os barulhinhos da noite eles resumem no contrário, fazem alegria. Sabiá: papo com tantos forros de seda. Uai, para ele dar essa doçura de estilo, o pássaro carece de muitas energias. Uai, por isso, sistema que eles comem tanto.

Epílogo: O Chefe Zequiel, o iluminado das trevas

Rolou, rolou, pomba! Quem canta superfim é só passarinho sozinho..." (*Ibid.*, pp. 431-3)

O coro das Mulheres da Cozinha

Foi num encontro do Chefe Zequiel com Maria da Glória e Lalinha, "duas fadas", que a sua atitude atenta e interpretativa dos sons da noite foi melhor explicitada. O diálogo dele com elas deixa também mais claro o que o levava a isso e o que procurava. Ele era capaz de distinguir cada um dos sons, mesmo os menores, o que os produzia e de onde vinham. Glorinha tinha isso como um grande préstimo para a propriedade, "um talento da fazenda, com que o Buriti Bom pudesse contar — nos portais da noite, sentinela posta". O que ele tinha era uma intuição profunda de que havia algo por trás de todos aqueles ruídos, que ele não sabia dizer o quê, como se fossem avisos pressagiosos de um ser mais estranho: "o afadigado insistir com que ele, contando de tudo, como que procurava exprimir alguma outra coisa, muito acima de seu poder de discernir e abarcar". Porém, ele não se deixava envolver passivamente pelos ruídos e sofrer as suas ameaças e perturbações; ele se esforçava para interpretá-los, queria saber o que diziam e o que tinham por trás. Para o Chefe Zequiel não bastava discernir as suas fontes, saber o que os produzia e de onde vinham, existia uma significação maior que não cabia em seu fraco entendimento: "Como se ele tivesse descoberto alguma matéria enorme de conteúdo e significação, e que não coubesse toda em sua fraca cabeça, e todas as inteiras noites não lhe bastavam para perseguir o entendimento daquilo". Esse desconhecido era o que lhe provocava a tristeza e o medo, "havia anos pagava ao medo todas as horas de suas noites, tenso na vigília", com o que se resignava e não considerava necessário compartilhar. Era esse "medo tão grande" que o levava a rezar, na cozinha, junto com o pessoal pequeno da casa, que, ao contrário de nhô Gualberto Gaspar e outros do lugar, não zombava dele, o respeitava:

"E, ante Glória e Lalinha, o Chefe se desmanchava desdentado todo num riso, era igual lhe tivessem surgido de repente duas fadas. Principalmente pronto a um ajoelhar-se-de-adorar aos pés de Lalinha, ela mesma o percebera. — 'Nhãssim, nhãssim...' — ele em afã redizia —; tudo o que ela quisesse ou sentisse ou pensasse devia de ser a própria razão. Mas, quando se afastavam, ele murmurava alguma coisa, que Glória dizia entender e seria: — 'Nhãssim, madaminha linda...' Ali, no lugar, ele fizera um roçado, defendera-o com tapume de varas. Amendoim — era o que aquele ano tinha plantado. O chão ali era bom, e a terra clara — ah, como carecia de ser, ele em seu papagueio explicava. Porque o amendoim, quando produz, abaixa os ramos, para enterrar uma por uma as frutas, escondendo-as; e elas tomavam na casca a cor da terra. Mas, já tinha perdido a esperança de colher bem bastante. — 'É porque estou caipora...' — dizia. Maria da Glória interpelara-o, sobre o que andava ouvindo, de transnoite, e o rosto dele, vinda dos olhos, deu sombra duma tristeza. Lalinha se estarrecia. Era aquilo possível, só de se pensar — que o pobre diabo havia anos pagava ao medo todas as horas de suas noites, tenso na vigília? E podia descrever, relatar imensa e pequenamente tudo o que vinha parar a seus ouvidos, como enteava. — Tudo — e era nada. — 'Que é que adianta, escutar, nessas noites em que o que tem é só chuvarada de chuva?' — Maria da Glória brincava. Ah, nhãnão, sinhazinha: tem muitas toadas de chuvas diferentes, e tudo o mais, que espera, por detrás... Podia contar, de todo cricril; do macho e da fêmea quando as corujas currucam, dar aviso da coruja-grande, que pega pintos no quintal; ou para que lado se comboiavam, no clareio da manhã, as capelas de macacos. Ou quando ameaça de mudar o rodeio do vento. O gugugo da juriti, um alvoroço de ninhos atacados: guaxo guincha, guaxo voa. O pica-pau medido, batendo pau, batendo tempo. Lontra bufando

Epílogo: O Chefe Zequiel, o iluminado das trevas

— uma espécie de miado — antes de mergulhar. O gongo dos sapos. O gougo do raposão. Ou ao luar uma bandeira de porcos-do-mato, no estraçalho. Essas vantagens Maria da Glória interpretava e esclarecia, ela apresentava o Chefe Zequiel como se ele fosse um talento da fazenda, com que o Buriti Bom pudesse contar — nos portais da noite, sentinela posta. Mas, não, Maria da Glória, por de demasiado perto o ter, mal o compreendesse, nem desse tino do constante agoniado padecer que o aprisionava. Bastava notar-se-lhe a descrença de olhos, o tom, o afadigado insistir com que ele, contando de tudo, como que procurava exprimir alguma outra coisa, muito acima de seu poder de discernir e abarcar. Como se ele tivesse descoberto alguma matéria enorme de conteúdo e significação, e que não coubesse toda em sua fraca cabeça, e todas as inteiras noites não lhe bastavam para perseguir o entendimento daquilo. Ah, e o fato de resignar-se, de não achar que os outros precisassem de compartilhar daquele medo tão grande. — 'O Chefe todo-o-tempo tem dor-de-cabeça. Não é, Chefe?' Tinha, sim, era verdade — ele sorria, grandes cantos da boca, seus olhos miravam miúdo. E tinha, entanto, a voz boa e um jeito delicado, todo cumpridor de tudo, o respeito, seguindo sua vidazinha no benquerer das obrigações. Trabalhava. Temia a noite, pontualmente, o pingo do barulho menor. Por isso, ao entardecer, vinha à cozinha, deixavam-no entrar no corpo da casa. Exultava quando havia rezas conjuntas — era um meio de diminuir o espaço da noite, o sozinho. Ajoelhado, era o mais obediente ao rangido das orações, não cochilava. Tudo terminado, ele ainda relutava em ir-se; e indagava sempre: — 'Tem as indulgências?' Parecia querer um recibo, um papel, ou pensava que as indulgências fossem uma cédula de dinheiro. Ou, então, vinha ouvir música, quando punham a vitrola. Ficava a distância. Repetia: — 'Toca violins...' E Tia Cló, as criadas, o pessoal pequeno, todos o respeitavam, aceitadamente, ninguém zombava dele, deixavam-no ser a sério seu na tolice, se bem fosse um pobre-de-deus, vindo nem se sabia de onde, e ali acolhido por caridade." (*Ibid.*, pp. 460-1)

Durante a festa de São João, no Buriti Bom, nos são dadas duas informações complementares sobre o Chefe Zequiel. A primeira por iô Liodoro, quando explica aos convivas que o Chefe nem sempre fora assim, só agora "Desandado é que ele está". E exalta as suas várias qualidades, de que, antes de começar a trocar a noite pelo dia, além de bom assador de mandioca e batatas, era trabalhador, destacando ainda a capacidade que tinha de apreender e diferenciar com precisão os sons dos bichos e dos riachos do campo. Como prova, mandou que lhes definisse "de ouvido o que no redor do mundo àquele momento vinha-se passando". O que mais uma vez nos informava a respeito da extrema sensibilidade auditiva do Chefe Zequiel era o fato de ela, pelo ponto de vista de iô Liodoro, só ser extraordinária enquanto fato empírico, não tendo nada de sobrenatural, assim como não sugeria haver algo oculto ou com um significado maior em tudo que ouvia. Para o fazendeiro, o que ele escutava não prenunciava nada, nem ameaças nem inimigo:

> "Diziam: quem as assava melhor [mandiocas e batatas-doces] era o Chefe Zequiel, feliz da grande festa que destruía a noite, e sempre trabalhador. — 'Desandado é que ele está, o pobre, nos derradeiros tempos...' — iô Liodoro dava explicação. Que o Chefe plantava do que queria, o lucrozinho para si, e fechava sua roça no lugar que ele mesmo escolhesse. Mas transportava consigo, cada manhã, uns mantimentos, guardava latas e cabaças no ranchinho da roça, lá ele fazia questão de cozinhar seu almoço. Com isso, perdia tempo. E, de agora, por conta de abrir em claro as noites, de dia em vez de trabalhar ele vadiava, deitava para se dormir, boas horas. O que entendia era do ofício dos barulheiros do

Epílogo: O Chefe Zequiel, o iluminado das trevas   215

campo, quando que querendo ver visagens... E iô Liodoro avocava volta de si seus hóspedes, os senhores, os rapazes — chamava a atenção para o esquipático do Chefe, seus sabidos, seus pasmos. Mandava o Chefe definir de ouvido o que no redor do mundo àquele momento vinha-se passando: de quantos desses socós vagavam pelo de-comer, em voos por cima do brejo; de onde grilava o grilo bem danadim, com mais ponta e forte brasinha de canto; da raposinha a todos visitadora, que dá três certos passos adiante, e, por respeito da vigiação alheia, arrepende um; do ratão-do-campo, gordo, que range dentes, e do rato-espim que demora horas para sair de sua casa, num quá de grota; do rio, que era um sapucaí de todo tom e som — com os pulos-fora das matrinchãs, pirassununga do peixe-preto e do mandi-roncador em frio; do alouco da suindara, quando pervoa com todo silêncio para ir agarrar, partir os ossos dos camondongos e passarinhos; da coruja olhuda e do bubulo do corujão-de-orelhas." (*Ibid.*, pp. 471-2)

E quem nos transmite a segunda informação complementar é Maria Behú, ao relatar um sonho que teve com o Chefe, no qual lhe pediu que rezasse, porém não uma reza salvífica, e sim voltada para "se aliviar daqueles pavores", cuja origem residia num desconhecido bastante terreno. Maria Behú e Tia Cló, tendo ao fundo e como coro as mulheres da cozinha, eram as pessoas que o amparavam, não só com conselhos religiosos e imagens proféticas, como a do sonho da primeira, que o vira vestido de profeta, "em opa azul, e sobrepeliz", mas também com roupas e comidas caseiras saborosas, como a "borbulhante canjica":

"Maria Behú contava: sonhara com o Chefe, em opa azul, e sobrepeliz, servindo de coroinha ou sacristão, na matriz do Arraial... Chamava o Chefe, queria aconselhá-lo, que se pegasse com Deus, rezasse mais, melhor remédio para se aliviar daqueles pavores. O Chefe pregara na parede do moinho uma folhinha com estampa de santo — mas que isso não lhe bastava. E o Chefe esquivava o olhar, escutava-a submisso e muito inquieto. — "Ele respeita muito a Maria Behú..." — alguém dissera. Com efeito, era a Behú quem mais zelava por ele, dava-lhe severo e caridoso amparo. Comprava a fazenda, costurava-lhe as roupas; agora mesmo, para a festa, fizera-lhe um duque novo, de bom riscado. E o Chefe, tido tonto, se saía com tontices — perguntavam-lhe o que era a noite, e respondia: — 'A noite é o que não coube no dia, até'. Não se importava com risos. Tinha suas penas próprias. Rejubilava-o o de-comer. Quando vinha Tia Cló, com o bando de criadas e ajudadoras, serviam os pratos-fundos repletos da borbulhante canjica — de leite, coco, queijo, manteiga e amendoim, com paus de canela nadantes." (*Ibid.*, p. 473)

Já próximo do final da novela, nos é oferecido um pequeno quadro, sintético, mas ricamente expressivo, pela singeleza e grau de condensação dos elementos reunidos, do movimento concreto da passagem do tempo. Este deixava de ser um fato abstrato para adquirir um rosto, cujos traços são compostos pela mistura das manifestações da natureza e das ações humanas. Com isso, a narrativa sintoniza o seu próprio desenvolvimento, os novos fatos que nos irá relatar, com o movimento do tempo concreto, que só se realiza graças às injunções dessas duas forças: as da natureza e da cultura. Assim, quando "os dias começaram a passar com outra pressa", na entrada do inverno, "balançava-se o vir do frio", precipitaram-se também os fatos dionisíacos: as aproximações perigosas entre nhô Gualberto Gaspar e Maria da Glória e entre iô Liodoro e Lalinha. O bater do monjolo se tornava persistente, "o monjolo, o monotom do monjolo", e, com os impulsos de vida que representavam a formação dos dois novos casais, também vinham com o inverno as doenças e os anúncios de morte, estando doentes Maria Behú e o Chefe Zequiel. É este o quadro extraordinariamente sintético do novo tempo, dentro do qual se dará esse

Epílogo: O Chefe Zequiel, o iluminado das trevas

momento de morte e ressurreição dionisíaco-cristã, com vinhos doces e sacrifícios:

"Fazia tempo que cessara a cerração de águas. O tempo era claro, balançava-se o vir do frio. A camélia plantada por mão de Lalinha deu flor. Honrou-se o aniversário de Maria Behú, e o de iô Liodoro, festejaram-se tão simples como sempre, tomava-se vinho-do-porto e do de buriti, perfumoso vinho óleo. As primeiras boiadas engordadas se enviaram. Mataram, rio adiante, duas onças-pretas. Passou-se a Semana-Santa." (*Ibid.*, p. 481)[68]

[68] É possível reconhecer por trás de todo esse movimento dionisíaco de morte e vida — apreendido pela intuição do Chefe Zequiel, fundada na sua capacidade auditiva, como se fosse a própria música do mundo da natureza e dos fenômenos, o que equivalia a sua essência ou coisa em si — as ideias de Nietzsche e o seu conceito de trágico, em especial nestas duas passagens: 16/ "[...] só a partir do espírito da música compreendemos um prazer na destruição do indivíduo. Porque através dos exemplos isolados de tal destruição torna-se claro para nós apenas o eterno fenômeno da arte dionisíaca, que expressa a vontade na sua onipotência, de certo modo por detrás do *principium individuationis*, a vida eterna para além de todo o fenômeno e apesar de toda a destruição. O prazer metafísico perante o trágico é uma tradução da sabedoria dionisíaca, instintiva e inconsciente, para a linguagem imagética: o herói, fenômeno supremo da vontade, é negado para prazer nosso por ser apenas fenômeno e a vida eterna da vontade não ser tangida pela sua destruição. 'Cremos na vida eterna', clama assim a tragédia, enquanto a música é a ideia imediata desta vida. Totalmente distinto é o objetivo do artista plástico: aqui, Apolo supera o sofrimento do indivíduo através da luminosa glorificação da *eternidade do fenômeno*, aqui a beleza vence sobre o sofrimento inerente à vida, a dor é de certo modo subtraída, pela arte da mentira, aos traços da natureza. Na arte dionisíaca e no seu simbolismo trágico, a mesma natureza fala-nos com a sua verdadeira voz, sem disfarce: 'Sede como eu sou! Sob a incessante mudança dos fenômenos, a mãe primordial eternamente criadora, eternamente impelindo à existência, encontrando eternamente uma satisfação nessa mutação dos fenômenos!'/ 17/ "Também a arte dionisíaca nos quer convencer do eterno prazer existencial: simplesmente, devemos procurar tal prazer não nos fenômenos mas por detrás dos fenômenos. Devemos reco-

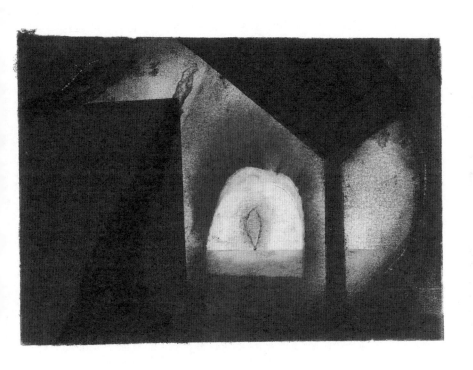

O *cortejo de morte e vida*

Maria Behú adoece, reza e agradece a Deus por lhe ter conservado o sono calmo, que lhe abria a vista para a amplidão e a permanência, simbolizadas pela imagem de um "branco mar", como um espaço livre de eventos: "os sonhos que colhia de um branco mar, eram sonhos tão belos — em seu espaço nada acontecia". Também o Chefe Zequiel adoece ou, mais propriamente, vive uma crise, porém segue um caminho distinto do de Maria Behú. Enquanto esta entra num estado de rezas e beatitude, indo ao encontro sereno da morte e da paz, como se para ela fosse a entrada numa vida mais elevada, ele vive um momento agoniante de metamorfose, como o das borboletas quando deixam o casulo: "aquele enjeito de criatura, que queria sair de seu errado desenho, chegar a gente". E as suas visões acústicas, "seus ouvidos enxergavam", se tornam mais enigmáticas, "o descomposto das visões". Porém, agora a inimiga mostrava o seu rosto ou a sua máscara, ambos se confundiam, o que, de certo modo, era a própria *zoé*, o movimento inexorável de vida e morte, uma se alimentando da outra.[69] Ela aparece como duas imagens enigmáticas e ambivalen-

nhecer como tudo o que nasce tem de estar pronto para um doloroso declínio, somos obrigados a olhar para dentro dos horrores da existência individual — e contudo não devemos ficar transidos: uma consolação metafísica arrebata-nos momentaneamente à engrenagem das figuras em mutação. Somos realmente, por curtos instantes, a própria essência primordial e sentimos os seus irrefreáveis avidez e prazer existenciais; a luta, a tortura, a destruição das aparências, surgem-nos agora como necessárias perante o excesso de inúmeras formas de existência que se impulsionam e chocam num ímpeto vital, perante a exuberante fecundidade da vontade universal; somos perpassados pelo furioso espinho destes sofrimentos no mesmo instante em que nos tornamos, por assim dizer, um só com o incomensurável prazer existencial originário e em que pressentimos a indestrutibilidade e eternidade de tal prazer, em êxtase dionisíaco. Apesar do pavor e da compaixão, somos os felizes seres vivos não como indivíduos mas como *a* coisa viva, fundindo-nos como o seu prazer procriador" (Nietzsche, 1997, pp. 117-9).

[69] A partir deste momento, o 'dionisismo' de Rosa aproxima-se mais do de Nietzsche — pelo modo quase pagão com que passa a reverenciar o culto à vida e naturalizar a morte, como elementos integrantes do ciclo do eterno retorno —, do que do de Kerényi, que não via um antagonismo radical

tes, como dois oximoros — e, de certa forma, redundantes, pois devem dizer as mesmas coisas —, mas que, quando lidas, reúnem ao mesmo tempo que a vida e a morte, o alto e o baixo: uma, é a de uma vaca de queixo metálico, precioso e indestrutível, que trazia os panos mortuários nos cornos (lembrando que os cornos da vaca sempre foram usados para representar a Lua) e as flores da vida, que nasciam das suas "partes" excrementícias, como o lírio branco na lama do pântano; e a outra, é a da Lua que passava igualmente pelas terras adubadas de estercos, que alimentavam a nova vida, e pelas terras mortas dos cemitérios, que guardavam a morte: "A vaca fora de todo dono, que tem os queixos de ouro e ferro e uns restos pretos de mortalha enrolados nos cornos dos chifres, mas que fica num alto de morro, de costas mostrando suas

entre ele e o cristianismo: "Os dois tipos: *Dionisos e o Crucificado*. — Há de verificar-se: o homem *religioso* típico — se é uma forma de *décadence*? Todos os grandes modernos são doentes ou epiléticos —: mas não deixamos então de fora um tipo do homem religioso, o *pagão*? Não é o culto pagão uma forma de agradecimento e de afirmação da vida? Não haveria de ser o seu supremo representante uma apologia e divinização da vida? O tipo de um espírito bem-aquinhoado, arrebatado e transbordante... o tipo de um tipo de que recolhe em si e *redime* as contradições e tudo o que é problemático na existência!/ — Aqui ponho o *Dionisos* dos gregos: a afirmação religiosa da vida, da vida inteira, não negada ou dividida; — é típico: que o ato sexual desperte profundeza, mistério, veneração./ Dionisos contra o 'Crucificado': aí tendes vós a oposição. *Não* é uma diferença no que toca ao martírio — o martírio tem um outro sentido. A vida mesma, a sua eterna fertilidade e o seu eterno retorno, condiciona o tormento, a destruição, a vontade de aniquilamento... No outro caso, o sofrimento, o 'Crucificado como inocente', vale como objeção contra esta vida, como fórmula de sua condenação. — Adivinha-se: o problema é o do sentido do sofrimento: se é um sentido cristão ou se é um sentido trágico... No primeiro caso, ele deve ser o caminho para um ser bem-aventurado; no segundo, *o ser vale como bem-aventurado o bastante* para justificar ainda uma imensidão de sofrimento. — O homem trágico afirma o mais acre sofrimento: é forte, pleno, divinizante o bastante para tanto. — O cristão nega até a sorte mais feliz sobre a Terra: é fraco, pobre, deserdado o bastante para sofrer de toda forma na vida... 'o Deus na cruz' é uma maldição sobre a vida, um dedo indicador para libertar-se dela; — o Dionisos posto em pedaços é uma *promessa* para a vida: saindo da destruição, ele voltará sempre ao lar, renascido" (Nietzsche, 2008, § 1.052, pp. 504-5).

Epílogo: O Chefe Zequiel, o iluminado das trevas   221

partes, que cheiram a toda-flor e donde crescem hastes de flores? A baba lua, cá tão em baixo tendo de se passar por cima de imundícies de esterco e de terra de cemitério?". Mas, para os que estavam vivos e, como o Chefe Zequiel, eram capazes de percebê-la, a *zoé* vinha como as mãos esvoaçantes e assassinas implacáveis: "que eram só no adejo umas mãos, que dava ideia — pensamento dumas roxas mãos, que por estrangulação rodeavam". Fazendo coro à agonia do Chefe Zequiel, como o coro de sátiros da tragédia grega ou as suas irmãs modernas, as bruxas de Shakespeare, ficavam as Mulheres da Cozinha, em torno do fogo e do incenso do café, tecendo os seus comentários:

"Também o Chefe Zequiel mais imordido se mostrava, agravava-se no pavor fantasmoso. Não era um estado de doença? Emagrecia diante da gente, entre um começo e um fim de conversa. Calava agora o que fino ouvia, não ouvia; sua, a que era uma luta, sob panos pretos. Que até suas costas se cansavam. Dava pena. Como se o poder da noite de propósito pesasse sobre aquele enjeito de criatura, que queria sair de seu errado desenho, chegar a gente, e o miolo da noite não consentia, para trás o empurrava. E ele piorara, quase de repente. Agora, se escondia. Ainda, um dia, tinha chegado cedo da roça, alegre, com sua enxada, seu boné na cabeça, a bengalinha de sassafrás, a capanga de coisas. Era um dia-santo de guarda, ele não sabia, se esquecera, tinha ido trabalhar mesmo assim, não era pecado? Diante da varanda, explicava às pessoas seu engano, não tinha culpa, e depunha a enxada, a bengalinha, alargando seus pés para poder gesticular — falava, ria, olhava para cima, tirando o boné, parecia crer que, oculto em algum lugar, Deus também o ouvisse e mangasse com ele, de lá do forro do céu, manso modo: — 'Você pecou de bobo, Chefe! Foi trabalhar, de bobo, só...'

Todos gostavam do Chefe. E, agora, em piora, mudara: nem ia mais à roça, se esquivava das pessoas, quase não saía do moinho, mesmo de dia. Negava-se a relatar o descomposto das visões que seus ouvidos enxergavam. Se assustava de morrer? Tinha medo de estrangulação. O supro da inimiga, que morcegava mais perto, que havia. Que coisa? Falasse naquilo — o aoal abraçável, fossícias minhocas, a anta-cega. A vaca fora de todo dono, que tem os queixos de ouro e ferro e uns restos pretos de mortalha enrolados nos cornos dos chifres, mas que fica num alto de morro, de costas mostrando suas partes, que cheiram a toda-flor e donde crescem hastes de flores? A baba lua, cá tão em baixo tendo de se passar por cima de imundícies de esterco e de terra de cemitério? A não, ele tinha declarado confissão de dizer: que eram só no adejo umas mãos, que dava ideia — pensamento dumas roxas mãos, que por estrangulação rodeavam. O Chefe Zequiel mesmo não sabia. E as mulheres da cozinha, que eram moças e velhas, risadinhas tossicavam e conversavam irmãs as novidades repassadas, como os acontecimentos da vida chegavam a elas já feitos num livro de figuras, ali entre resinas e fumaças, as mulheres-da-cozinha leve se diziam:

— Ele devia de tomar chá de erva-do-diabo...

— Sei assim, de um parente meu que ensandeceu: quem fica pobrezinho de não dormir, acaba é com sofrer de amores...

— É?! Morde aqui... Prega na parede...

— Olhe: pior, para cristão, é quando a lua tira o juízo...

— Dentro da lua, diz-que moram umas coisas...

— Tem loucura de lua e loucura de sol, Virgem Maria...

— Parece que ele tem é nevralgias...

Elas torravam café, o ar ardia naquele cheiro entrante, crespo quente e alargado. Elas eram muitas, sempre juntas, falavam sempre juntas, as Mulheres da Cozinha." (*Ibid.*, pp. 481-2)[70]

---

[70] Sem entrar aqui na intrincada discussão sobre o papel e o significado

Epílogo: O Chefe Zequiel, o iluminado das trevas

Tanto Maria Behú como o Chefe Zequiel pedem socorro à Lalinha quando esta vai visitá-los. À primeira, na sua santidade, como sabemos, pouco irá adiantar, nem a vinda do médico, que estava para chegar. Mas, ao segundo, ela trouxe um alento de confiança, para que o lugar se recompusesse na sua inteireza: "no Buriti Bom carecia de não haver doença, nenhuma desdita". Aqui também as Mulheres-da-Cozinha continuam fazendo o papel do coro e comentam os acontecimentos, "bisbilhavam seus sentidos", como bruxas e corujas agourentas que se referiam às forças mágicas, a quem queriam apelar. Com isso, elas desnaturalizavam aquele movimento ambivalente das imagens enigmáticas, que simbolizavam o processo da vida inextinguível, a *zoé*, que punha e repunha a tudo e a todos no seu ciclo, representado aqui pelo tempo da moagem da cana, o inverno, depois da colheita, inclusive com a ceifa de Maria Behú. Enquanto aquelas imagens, como a da vaca e a do passeio da Lua, revelavam o destino no ciclo terreno da natureza, os comentários das Mulheres da Cozinha encobriam-no e colocavam-no nas mãos da fatalidade do que estava escrito na

do coro da tragédia grega, as Mulheres da Cozinha, tal como estão aqui representadas, como uma espécie de "coro de sátiros", e pelas funções que cumprem, de comentadoras agourentas de várias passagens, entre elas as cenas que acompanham as agonias do Chefe Zequiel, e pelo tema que desenvolvem nos comentários, o do movimento implacável da vida e a busca mágica de sua contenção, parecem corresponder bem a uma das partes, a mais positiva, que Nietzsche atribuía ao coro da tragédia grega: "Da mesma maneira, creio, o grego civilizado sentia-se suprimido perante o coro dos sátiros: e esse é o efeito mais próximo da tragédia dionisíaca, o fato de o Estado e a sociedade, e em geral as clivagens entre um ser humano e outro, darem lugar a um poderosíssimo sentimento de unidade, que tudo reconduz ao coração da natureza. A consolação metafísica — com a qual, como aqui já sugeri, cada tragédia verdadeira se despede de nós —, segundo a qual a vida, no fundamento das coisas e apesar de toda a mutação dos fenômenos, é indestrutivelmente poderosa e plena de prazer, tal consolação surge em carnal nitidez sob a forma de coro de sátiros, *coro de seres naturais que vivem por assim dizer por detrás de toda a civilização, permanecendo inextinguíveis e sempre os mesmos, mau grado toda a mutação das gerações e da história dos povos*" (Nietzsche, *op. cit.*, p. 58, grifo meu).

224   Buriti do Brasil e da Grécia

História Sagrada, das forças mágicas a serem aplacadas com rezas de Anjas e carne de lombo de anta-nova:

"Também para o Chefe Zequiel, mais coitado. O estado dele desanimava. Não saía do moinho, senão chamado instantemente, mal se alimentava. Maria Behú pediu para vê-lo, trouxeram-no até ao começo do corredor. Mas não quis, por lei nenhuma, aproximar-se do quarto. Gemia, se debatia, pegava a tremer. — 'Deixa, não faz mal...' — Behú disse. O Chefe, na desrazão do espírito, onde colocava o centro de seu pavor? Contaram que ele estava passando pior, no moinho, que todo se lastimava. Lala foi até lá, com Tia Cló e Glorinha, viu-o deitado na esteira, profuso de horror, de suor. Ao avistá--la, então pareceu melhorar, tomou um alento, para ela sorriu. Dava pena, de certo não ia viver muito? Não, não podia ser, ele também carecia de se curar, de recobrar confiança, no Buriti Bom carecia de não haver doença, nenhuma desdita.

E as Mulheres-da-Cozinha bisbilhavam seus sentidos:

— O padre vier, quem é que comunga também? Ele traz tanta partícula?

— Recado para minha irmã Anja, na Lapa, vir, para rezar junto...

— Se o frio não consegurar, logo, é ruim: diz que já estão por aí muita febre...

— Às vez, tenho medo de castigo.

— Sinhana Cilurina falou, tudo está regrado na História Sagrada...

— Pobre do Chefe pegou mania de fastio. Devia de comer lombo de anta nova, mor de desencaiporar...

— É o frio que não aprova. Tudo está pronto para a moagem, e estão demorando de moer..." (*Ibid.*, p. 491)

Epílogo: O Chefe Zequiel, o iluminado das trevas

A inexorabilidade desse movimento cíclico e contraditório é comprovada logo depois, enquanto uma pulsão impossível de resistir, a qual trazia justiças e injustiças, como a morte de Maria Behú e a salvação do Chefe Zequiel, o quadro ruinoso e encrencado a que se verá reduzida a Grumixã e os novos alentos que animarão o Buriti Bom, com o retorno de Miguel.[71] Agora ele arrastava consigo também os destinos de nhô Gualberto Gaspar e de Maria da Glória, que, se dependesse do julgamento dos homens, jamais deveriam se cruzar, mas se encontravam como uma irresistível manifestação da força da vida. Isto se revela num trecho que relata uma comemoração dionisíaca, regada a vinho-doce, que já vimos em parte, e onde vence essa força subterrânea do descontrole e do gozo, mas que, em última instância, levava à vida ou era a sua própria força que se manifestava. E é assim que ela aparece e é descrita, neste pequeno trecho onde a palavra "vida" e derivados são repetidos por sete vezes, como se o autor quisesse significar a manifestação da vida imortal. Depois vem o remorso do "espírito" de Lalinha, por sentir que foi "escravo" daquilo que deveria dominar, e só então ele passa a julgar moralmente os próprios atos e começa a se punir e se responsabilizar:

[71] A parte final da novela — com um fim noturno, quando se efetiva o encontro entre Lalinha e iô Liodoro, que já apreciamos, e outro diurno, com a chegada de Miguel ao Buriti Bom em pleno dia, seccionados pelos asteriscos, mas como se fossem as pontas reunidas do mesmo círculo —, nos afirma cada vez mais o balanço cíclico do *Eterno retorno*, do Nietzsche dos fragmentos póstumos, de *A vontade de poder*, esse movimento profundo que arrasta atrás de si também a história: "Com a palavra '*dionisíaco*' é expresso: um ímpeto à unidade, um remanejamento radical sobre pessoa, cotidiano, sociedade, realidade, sobre o abismo do parecer: o passionalmente doloroso transporte para estados mais escuros, mais plenos, mais oscilantes; o embevecido dizer-sim ao caráter global da vida como que, em toda mudança, é igual, de igual potência, de igual ventura; a grande participação panteísta em alegria e sofrimento, que aprova e santifica até mesmo as mais terríveis e problemáticas propriedades da vida; a eterna vontade de geração, de fecundidade, de retorno; o sentimento da unidade da necessidade do criar e do aniquilar" (Nietzsche, 1983, § 1.050, p. 393).

"O vinho-doce, espesso, no cálice, o licor-de-buriti, que fala os segredos dos Gerais, a rolar altos ventos, secos ares, *a vereda viva*. Bebiam-no Lala e Glória. — 'Virgem, que isto é forte, pelo muito unto — para se tomar, a gente carece de ter bom fígado...' — nhô Gual poetara, todos riram. Ria-se; e era bom. Bebia-o Lala, todos riam sua alegria, *era a vida*. Por causa dela, iô Liodoro mandara servir o vinho, era um preito. E o Gual, taimado, lambório, corçoou-se, os olhos dele baixavam em Glorinha, como para um esflor. Suas mãos velhacas procuravam o contacto do corpo de Glória, os braços, quanto podia. *Não era a vida?* Sobre informes, cegas massas, uma película de beleza se realizara, e fremia por gozá-la *a matéria ávida, a vida. Uma vontade de viver — nhô Gaspar. Pedia para viver, mais, que o deixassem. E Glória, dada.* Era infame.

No quarto, depois. Podia dormir? Agitava-se, não media sua angústia. Como surpreender, adivinhar, por detrás do silêncio, cada grão de som? O Chefe, o Chefe alucinado, espavorido, de atalaia no moinho, o Chefe Zequiel, que os ruídos da noite dimidiava, poderia ele dissociar cada rumor, do que se passasse lá dentro da casa? O que acontecesse — nhô Gaspar, maldestro, indestro, de certo, ante o milagre de Glória; Glorinha, vencida, como uma gata esfregadeira; estalo e tinido de risos... Revoltava-se. *E seu espírito, pendido escravo, castigava-se com o imaginar aquilo.* Como se tudo decorresse dela, de sua abjeta visão, ah, não imaginar, não pensar — dormir... Queria o sono, como quisesse o esfriar de uma ferida." (*Ibid.*, p. 494, grifos meus)[72]

---

[72] Aqui estamos próximos daquilo que Nietzsche considerou como "a arte trágica" e da sua linguagem simbólica: "Apolo e Dioniso se fundiram. Já que o elemento dionisíaco se infiltrou na vida apolínea, e que de acréscimo a aparência fixou-se como limite, a arte trágico-dionisíaca não tem mais valor

Epílogo: O Chefe Zequiel, o iluminado das trevas

Nesse movimento de vida e morte, plantio e colheita, os destinos do Chefe Zequiel e de Maria Behú (assim como o da Grumixã e do Buriti Bom) estavam ligados, um compensava o outro; desse modo, quando Behú morre e se santifica, Zequiel sara e sofre a sua perda, como se dissesse que a morte também era a salvação e a vida a dor. E as "Mulheres-da-Cozinha" continuavam o coro e comentavam os fatos, como carpideiras e vozes da tradição, de mentalidade supersticiosa e arcaica, murmurando entre si o cumprimento dos agouros e os cuidados a serem tomados segundo as crenças populares.[73] Aqui se torna evidente o contraste entre a visão culta do autor, fundada numa leitura sofisticada da filosofia

de 'verdade'. Seus cantos e suas danças não são mais uma embriaguez instintiva da natureza: a massa exaltada do coro dionisíaco não é mais essa multidão popular tomada pela pulsão primaveril. A partir de agora, a verdade é *simbolizada*, ela se serve da aparência, ela pode e deve também, na sua finalidade, empregar as artes da aparência. Mas uma grande diferença surge já com relação à arte anterior, naquilo que os meios artísticos da aparência são *em seu conjunto* chamados em socorro, para que as estátuas se coloquem assim em marcha, as pinturas das ações periféricas [périactes] se desloquem, o mesmo cenário exigindo do olhar que ele esteja ora diante de um templo, ora diante de um palácio. Assim, constatamos uma *certa indiferença frente à aparência*, que deve nesse momento abandonar as eternas prerrogativas e as suas exigências soberanas. A aparência não é mais absolutamente percebida como *aparência*, mas como *símbolo*, como signo da verdade. De onde a fusão — escandalosa em si — dos meios da arte. O emblema mais manifesto desse desprezo da aparência é a máscara. Ao espectador é então ditada a exigência dionisíaca de se representar todas as coisas sob o sortilégio do encantamento, de não ver jamais mais do que o símbolo, de considerar que o mundo inteiro visível da cena e da orquestra é o *império do milagre*. Entretanto, onde está o poder que transporta na tonalidade de uma alma que cresce aos milagres, e pela qual ele vê o encantamento de todas as coisas? Quem possui o poder da aparência e conduz sua força ao plano do símbolo?/ É a *música*" (Nietzsche, 2007, pp. 54-5, trad. minha).

[73] Peter Szondi discorre sobre o caráter ambíguo das predições dos oráculos da tragédia grega, assim como o dos dramas barrocos de Shakespeare e Calderón de la Barca, que, quando interpretadas só pela metade, conduzem ao erro trágico, que parece ser a sua verdadeira função e razão de ser (ver Peter Szondi, 2004, pp. 95-6).

A máscara e a música

e mitologia dionisíacas, e a "popular" das mulheres da cozinha, que nunca ultrapassa os limites das crenças e superstições populares, revestidas, porém, de uma aparência enigmática, como se, uma vez bem decifradas, pudessem trazer uma grande verdade. Estas últimas, na estratégia literária do autor, cumprem a função de um contraponto lírico e expressivo que constrói a aparência, equilibra e dá volume ao tema intelectual do dionisismo aqui simbolizado: a vida como uma força inexorável que arrasta atrás de si os homens e a história, provocando justiças e injustiças, pois está além do bem e do mal, além de qualquer moral e julgamento dos homens, resultando, no entanto, sempre em uma harmonia tensa e instável de forças contrárias. Ao homem cabia a ação, como a de Lalinha, não de recusa e negação dessa força, mas de sua vivência e busca de controle (além de muita reza para o seu apaziguamento), de modo a estabelecer com a mesma uma convivência, para tirar dela o melhor proveito, o que seria a sua humanização. Daí o erótico aparecer na novela como a expressão máxima do humano: a bela que faz da fera o seu parceiro e a sua força:

"Como os buritis bulhavam com a brisa — baixinho, mil vezes. O buriti — o duro verde: uma forma. Mas Maria Behú entendia: — 'O buriti relembra é o Céu...' Ela se fora antes. Todos, enquanto vivendo, estão se separando, para muitos diferentes lugares. Maria Behú, também princesa. Morrera sozinha de todos, ninguém escutara nada no estado da noite. Nem o Chefe? Ah, o Chefe agora estava são, de repente, aparecera à porta da cozinha, com seu caneco para o café e o leite, e sorridente, explicava: — 'Deus é bom! Dores... Daí, sem saber, eu adormeci conseguido, não aconteceu nada... Acho até que estou sarado...' O Chefe ainda não soubera da morte de Maria Behú; quando disseram a ele, então foi depositar o caneco num degrau, e chorou muito.

E vinham, todasmente, as Mulheres-da-Cozinha, rezavam junto ao corpo, entre si falavam cochichado:

— Bem dizia sempre o Chefe: que risadas, que corujas...

— Coitadinha, a lindeza dela!

— É santa. Não se cose mortalha?

— Ela vai vestidinha com vestido.

— É preciso ir recolher tudo o que é da roupinha dela, que está quarando no quintal, na corda...

— Carece de não passar a ferro, e guardar, bem antes do enterro ter de sair...

— Uma morta santinha, assim, até me dá vaidades...

— Muitos morrem na lua-nova..." (*Ibid.*, pp. 504-5)

A última referência ao Chefe Zequiel fala de sua cura; ela fazia parte do apaziguamento geral que vivia o Buriti Bom: morria Maria Behú, iô Liodoro conhecia Lalinha, chegava Miguel, o salvador de Maria de Glória e do Buriti Bom, de jeep, "esses progressos", em maio, e a Grumixã ficava para trás: "As paredes da Grumixã continham velhices", "Para trás, a Grumixã virava longe" (*Ibid.*, pp. 511-2). Dona-Dona havia tido uma melhora na sua loucura e nhô Gualberto Gaspar se resignava com o pedido que Miguel iria fazer a iô Liodoro, a mão de Glorinha:

"Com o sol equilibrado, dia maior calmo, em que o céu ganha em grau. — 'Sabe? O Chefe Zequiel civilizou: diz-se que, de uns quinze dias para cá, não envigia a noite mais, dorme seu bom frouxo. Acho, de umas pílulas, que para ele da Vila trouxeram, ocasião do enterro de Maria Behú: símplice de cânfora, que parece...' — nhô Gualberto tinha noticiado. Transatos, resenha do Chefe Zequiel, morador no moinho. Tudo o que ele sabia. — 'Tomou sossego...' Para trás, a Grumixã virava longe. O cerradão, as beiras, com as cambaúbas retrocadas, a estrada fofa de areia, vagarável. Uma areia fina clara, onde passarinho pode banho de se afundar e es-

Epílogo: O Chefe Zequiel, o iluminado das trevas

penejar: todo ele se dá cartas. Mas, a vasto, do que o Brejão dá e do que o rio mói, a gente já adivinhava uma frescura no ar, o sim, a água, que é a paz dessas terras. E o Buriti Bom enviava uma saudade, desistia do mistério. O Buriti Bom era Maria da Glória, dona Lalinha." (*Ibid.*, pp. 512-3)

O primeiro final da novela foi o do encontro noturno de Lalinha com iô Liodoro, um encontro de despedida e morte, pelo menos dos laços de parentesco dos dois, das suas condições de nora e sogro. Depois dos asteriscos, temos o segundo final, agora diurno e radioso. Ele, de certo modo, reproduz os finais gloriosos anunciados pelos cantos dos pássaros que sucediam a cada uma das *Paisagens acústicas tenebrosas* vividas pelo Chefe Zequiel. O retorno de Miguel ao Buriti Bom é, na verdade, não um final, mas um recomeço carregado de esperanças, com a promessa de formação com Maria da Glória de uma nova família com fundas raízes na tradição patriarcal, nas de iô Liodoro. Ele vinha de *jeep*, como moço da cidade, veterinário; era a chegada do moderno, "esses progressos", como dizia nhô Gualberto Gaspar, para renovar a tradição. O casamento de Miguel com Glória reintegraria e completaria o destino de um menino desgarrado pela desintegração da frágil família patriarcal do Mutum, que não prosperara, ocorrida logo na primeira estória do livro, "Campo Geral". E fundaria uma nova família que salvaria o Buriti Bom, tanto de suas ameaças externas, como nhô Gualberto e a Grumixã, como das internas, os destinos dos dois irmãos, amigados com ex-prostitutas, e de Maria Behú, solteirona e agora morta, que poderiam levá-lo à extinção. Com isso, se completaria a dança do *Corpo de baile*, essa dança cíclica do eterno retorno que arrasta na sua cauda a história, com um fim que era um começo, e se fecharia o círculo da primeira epígrafe do livro, de Plotino. Era uma bela imagem simbólica que procurava reunir e não opor a permanência e a mudança, e reproduzia o *disegno interno* ordenador da novela: a vivência das várias estórias de amor girando em torno do Buriti-Grande, a árvore axial e totêmica. Assim como essa figuração se ajustava intei-

Buriti do Brasil e da Grécia

ramente à sua interpretação contextualizada e trabalhada como um dos seus temas centrais, o da relação do mito com a história, do mito grego do dionisismo com a sua vigência transitória no sertão do Brasil: "Num círculo, o centro é naturalmente imóvel; mas, se a circunferência também o fosse, não seria ela senão um centro imenso". Por isso, a última palavra dessa estória noturna é "dia", numa frase formada só pelo complemento, sem sujeito nem verbo: "Diante do dia". O quê, senão o recomeço?[74]

[74] Como já observei noutro lugar, o que me interessou aqui foi apreciar como Guimarães Rosa se aproveitou literariamente da ideia de Nietzsche do eterno retorno na representação do processo histórico-social brasileiro em sua novela, sem deixar de conter também uma aspiração de como os fatos deveriam se passar. Enquanto contraponto crítico, gostaria de acrescentar estas ponderações de Domenico Losurdo, depois de citar um trecho de *Além do bem e do mal*: "A cosmodiceia, afirmada e perseguida desde o início, agora assume a forma mais completa, e ela, junto com o mundo, justifica cada etapa singular do processo evolutivo e da vida do teórico da cosmodiceia. Vimos Nietzsche assumir tons iluministas na polêmica contra a visão unilinear do tempo e contra as expectativas e as esperanças que se ligam a ela. Mas a linguagem à qual recorre para anunciar a doutrina do eterno retorno é claramente religiosa. Ela visa não só à justificação, mas também à 'redenção' da realidade no seu conjunto. Por outro lado, ao dar os primeiros passos para a afirmação do eterno retorno, Nietzsche parecia antes reservar esta sorte só aos crentes de tal doutrina: 'Os que não acreditarem nisso deverão acabar extinguindo-se, por sua natureza! Só quem mantém a sua existência eternamente capaz de repetir-se permanecerá; mas entre estes será possível uma condição que nenhum utopista pôde imaginar'. A utopia à qual se faz referência aqui é a da libertação do peso da moral com a afirmação da inocência do devir: é uma utopia que, segundo uma dialética não insólita, também à luz da experiência histórica posterior, tende a configurar-se como distopia" (Losurdo, *op. cit.*, p. 484).

Epílogo: O Chefe Zequiel, o iluminado das trevas

Bibliografia citada

ARAUJO, Heloisa Vilhena de. *A raiz da alma*. São Paulo: Edusp, 1992.

_____. *O roteiro de Deus*. São Paulo: Mandarim, 1996.

BELLO, Júlio. *Memórias de um senhor de engenho*. 2ª ed. acrescida de três capítulos. Rio de Janeiro: José Olympio, 1948.

BENJAMIN, Walter. *Passagens*. Willi Bolle e Olgária C. F. Matos (orgs.). Belo Horizonte/São Paulo: Editora UFMG/Imprensa Oficial, 2006.

BIZZARRI, Edoardo. *João Guimarães Rosa: correspondência com seu tradutor italiano*. 2ª ed. São Paulo: T. A. Queiroz/ICIB, 1981.

BURKERT, Walter. *Antigos cultos de mistério*. Trad. de Denise Bottman. São Paulo: Edusp, 1992.

CAMILO, Vagner. *Da Rosa do Povo à rosa das trevas*. 2ª ed. São Paulo: Ateliê Editorial, 2005.

CAMPOS, Augusto de; CAMPOS, Haroldo de. *Revisão de Sousândrade*. 2ª ed. revista e aumentada. Rio de Janeiro: Nova Fronteira, 1982.

CANDIDO, Antonio. *Brigada ligeira e outros escritos*. São Paulo: Editora Unesp, 1992.

CASCUDO, Luís da Câmara. *Locuções tradicionais do Brasil*. São Paulo: Global, 2008.

DETIENNE, Marcel. *Dioniso a céu aberto*. Trad. de Carmem Cavalcanti. Rio de Janeiro: Jorge Zahar, 1988.

_____. *A escrita de Orfeu*. Trad. de Mário da Gama Kury. Rio de Janeiro: Jorge Zahar, 2003.

FREYRE, Gilberto. *Casa-grande & senzala*. 9ª ed. Rio de Janeiro: José Olympio, 2 vols., 1958.

_____. *Sobrados e mucambos*. Rio de Janeiro: José Olympio, 1951, 3 vols.

_____. *Aventura e rotina*. Rio de Janeiro: José Olympio, 1953.

GRAVES, Robert. *La Dea bianca*. 2ª ed. Trad. de Alberto Pelissero. Milão: Adelphi, 1998.

HOLANDA, Sérgio Buarque de. *Tentativas de mitologia*. São Paulo: Perspectiva, 1979.

HOMERO. *Odisseia*. 3ª ed. Trad. de Carlos Alberto Nunes. São Paulo: Melhoramentos, 1960.

HOUAISS, Antônio. *Dicionário Houaiss da Língua Portuguesa*. Rio de Janeiro: Objetiva, 2001.

JEANMAIRE, Henri. *Dionysos: histoire du culte de Bacchus*. Paris: Payot, 1991.

KERÉNYI, Károli. *Dioniso*. 3ª ed. Trad. de Lia Del Corno. Milão: Adelphi, 1998.

LOSURDO, Domenico. *Nietzsche: o rebelde aristocrata*. Trad. de Jaime A. Clasen. Rio de Janeiro: Revan, 2009.

MARTINS, Nilce Sant'Anna. *O léxico de Guimarães Rosa*. São Paulo: Edusp, 2001.

MENESES, Adélia Bezerra de. *Cores de Rosa*. São Paulo: Ateliê Editorial, 2010.

MONTI, Martino Rossi. *Il Cielo in Terra: la grazia fra teologia e estética*. Turim: UTET Libreria, 2008.

NIETZSCHE, Friedrich. *Ditirambos de Diónisos*. Ed. bilíngue, versão de Manuela Sousa Marques. Lisboa: Guimarães, 1986.

_____. *La Vision dionisiaque du monde*. Trad. de Lionel Duvoy. Paris, Allia, 2007.

_____. *O nascimento da tragédia*. Trad. de Helga Hoock Quadrado. Lisboa: Relógio d'Água, 1997.

_____. *A vontade de poder*. Trad. de Marcos Sinésio Pereira Fernandes e Francisco José Dias de Moraes. Rio de Janeiro: Contraponto, 2008.

_____. *Nietzsche*. Trad. de Rubens Rodrigues Torres Filho. São Paulo: Abril Cultural, 1983 (Coleção Os Pensadores).

OTTO, Walter F. *Dionysos: le mythe et le culte*. Trad. de Patrick Lévy. Paris: Mercure de France, 1969.

_____. *L'Esprit de la religion grecque ancienne: Theophania*. Trad. de Jean Lauxerois e Claude Roëls. Paris: Berg International, 2006.

_____. *Os deuses da Grécia*. Trad. de Ordep Serra. São Paulo: Odysseus, 2005.

PASSOS, Cleusa Rios Pinheiro Passos. *Guimarães Rosa: do feminino e suas estórias*. São Paulo: FAPESP/Hucitec, 2000.

PINTO, Roquette. *Rondônia*. 3ª ed. São Paulo: Companhia Editora Nacional, 1935.

POSENER, Georges (org.). *Dictionnaire de la Civilisation Égyptienne*. Paris: Hazan, s/d.

ROHDE, Erwin. *Psique: la idea del alma y la inmortalidad entre los griegos*. Trad. de Wenceslao Roces. Cidade do México: Fondo de Cultura Económica, 2006.

RONCARI, Luiz. *O Brasil de Rosa: o amor e o poder*. 1ª reimpressão revista. São Paulo: Editora Unesp/Fapesp, 2004.

_____. *O cão do sertão*. São Paulo: Editora Unesp, 2007.

ROSA, João Guimarães. *Corpo de baile*. 2ª ed. Rio de Janeiro: José Olympio, 1960.

SCHWARZ, Roberto. *Sequências brasileiras*. São Paulo: Companhia das Letras, 1999.

SOARES, Claudia Campos. "As faces do amor em 'Buriti'", em *Veredas de Rosa III*. Lélia Parreira Duarte *et al*. (orgs.). Seminário Internacional Guimarães Rosa. PUC/Minas, Belo Horizonte: 2007.

SZONDI, Peter. *Ensaio sobre o trágico*. Trad. de Pedro Süssekind. Rio de Janeiro: Jorge Zahar, 2004.

TRABULSI, José Antonio Dabdab. *Dionisismo, poder e sociedade*. Belo Horizonte: Editora UFMG, 2004.

VATIN, Claude. *Ariane et Dionysos: un mythe de l'amour conjugal*. Paris: Rue d'Ulm, 2004.

VIANNA, Oliveira. *Populações meridionais do Brasil*. 4ª ed. São Paulo: Companhia Editora Nacional, vol. 1, 1938.

Bibliografia citada

Sobre os desenhos

As imagens deste livro são de autoria de Eduardo Haesbaert, e foram realizadas em pastel seco sobre papel no ano de 2013.

p. 19: *Pã e Eros*, 9,5 x 14,5 cm

p. 31: *O tempo e o drama*, 11 x 14,4 cm

p. 37: *A devoração*, 10,5 x 14,5 cm

p. 43: *O garanhão*, 22 x 14,5 cm

p. 45: *A máscara, a posse. Bichos*, 22 x 15 cm

p. 51: *Mênade e coribante*, 22 x 14,5 cm

p. 61: *Ariadne abandonada*, 11 x 15 cm

p. 69: *O touro*, 11,5 x 15 cm

p. 77: *Touro e feras*, 11 x 14,5 cm

p. 85: *As três Graças e beleza*, 10,5 x 15 cm

p. 93: *Gula e dança*, 11,5 x 15 cm

p. 99: *Pã e a bela*, 11 x 15 cm

p. 103: *Máscaras dionisíacas*, 11 x 14,5 cm

p. 121: *Árvore, santuário, ninfas e sagitários*, 11 x 15 cm

p. 129: *Dioniso e as mênades*, 11 x 15 cm

p. 147: *Ariadne e Dioniso/ A bela e o touro. A pantera*, 11 x 15 cm

p. 155: *Dioniso/ Dioniso e Ariadne*, 10,5 x 15 cm

p. 163: *Lampiões*, 10 x 15 cm

p. 175: *Dioniso e Ariadne*, 10,5 x 15 cm

p. 179: *Pã e a ninfa*, 10,5 x 14,5 cm

p. 189: *A bela e o touro*, 10,5 x 15 cm

p. 219: *O cortejo de morte e vida*, 10,5 x 14,5 cm

p. 229: *A máscara e a música*, 10 x 14,5 cm

Sobre os autores

Luiz Roncari nasceu em Iacanga, SP, em 1945, e fez toda a sua carreira acadêmica na Universidade de São Paulo. Formado em História, tornou-se mestre em História Social com uma dissertação sobre a obra de Machado de Assis no contexto literário-cultural brasileiro, e doutor em Literatura Brasileira, com uma tese sobre o romance e a criação literária. Seu trabalho de livre-docência versou sobre a obra de Guimarães Rosa. Fez seu pós-doutorado na Itália, como bolsista da CAPES na Università degli Studi di Roma "La Sapienza", onde desenvolveu um projeto de estudo sobre as fontes bibliográficas e iconográficas do dionisismo. Atualmente é professor titular da área de Literatura Brasileira da FFLCH-USP e pesquisador-bolsista do CNPq. Publicou o romance *Rum para Rondônia* (1991); e os livros de ensaio *Literatura brasileira: dos primeiros cronistas aos últimos românticos* (1995/2002), *O Brasil de Rosa: o amor e o poder* (2004) e *O cão do sertão: literatura e engajamento* (2007).

O artista plástico Eduardo Haesbaert nasceu na cidade de Faxinal do Soturno, Rio Grande do Sul, em 1968. Estudou desenho e pintura na Escola de Artes ASPES, de Santana do Livramento, e desenho e gravura e no Ateliê Livre da Prefeitura de Porto Alegre. Foi assistente do pintor Iberê Camargo entre 1990 e 1994, e hoje coordena o Acervo e o Ateliê de Gravura da Fundação Iberê Camargo, em Porto Alegre, onde vive e trabalha.

Os desenhos reproduzidos em *Buriti do Brasil e da Grécia* foram realizados a convite de Luiz Roncari, dialogando livremente com as figuras, os lugares e as paisagens sugeridas no livro. Desde 2001, Eduardo Haesbaert realiza regularmente exposições de seu trabalho, que se desdobra em gravura, pintura, vídeo e fotografia.

Este livro foi composto em Sabon,
pela Bracher & Malta, com CTP da
New Print e impressão da Graphium
em papel Pólen Soft 80 g/m² da Cia.
Suzano de Papel e Celulose para a
Editora 34, em novembro de 2013.